国家社科基金资助项目（项目号：10BSS008）

日本的畜产扩张政策研究
（1918—1945）

丁晓杰 著

2017年·北京

图书在版编目(CIP)数据

日本的畜产扩张政策研究:1918—1945/丁晓杰著.—北京：商务印书馆,2017
ISBN 978-7-100-15513-7

Ⅰ.①日… Ⅱ.①丁… Ⅲ.①畜牧业—经济史—研究—日本—1918—1945 Ⅳ.①F331.363

中国版本图书馆 CIP 数据核字(2017)第 283221 号

权利保留,侵权必究。

本书由内蒙古自治区
高校人文社会科学重点研究基地
中国北疆史研究中心资助出版

日本的畜产扩张政策研究
(1918—1945)

丁晓杰 著

商 务 印 书 馆 出 版
(北京王府井大街 36 号 邮政编码 100710)
商 务 印 书 馆 发 行
北 京 冠 中 印 刷 厂 印 刷
ISBN 978-7-100-15513-7

2017 年 12 月第 1 版　　　开本 850×1168　1/32
2017 年 12 月北京第 1 次印刷　印张 10¾
定价:35.00 元

目 录

绪论 ·· 1
一、研究目的及意义 ·· 1
二、先行研究的检讨 ·· 6
三、资料以及研究方法 ·· 8
四、本书的构成 ·· 13

第一章　卢沟桥事变前日本的牧羊业 ································· 19
一、九一八事变前的对外战争与日本牧羊业的起伏 ········· 19
　1. 日本牧羊业的开端 ··· 19
　2. 第一次世界大战后的发展 ······································· 23
　3. 殖民地朝鲜的牧羊业 ··· 27
二、日本牧羊业向中国东北的扩张 ··································· 32
　1. 日满绵羊协会的设立 ··· 32
　2. 日满绵羊协会的活动 ··· 36
　3. 东洋拓殖株式会社在朝鲜的绵羊活动 ······················ 43
三、抗日战争全面爆发后日本牧羊范围的扩大 ·················· 45
　1. 日本占领华北、蒙疆地区 ······································· 45
　2. 日满绵羊协会改称"东亚绵羊协会" ························· 47
四、本章小结 ·· 48

第二章 日本在伪蒙疆实行的统制经济政策 ………… 50
  一、"日、满、支经济圈"内蒙疆的地位 ………… 50
    1. 蒙疆的矿产资源 ………… 51
    2. 蒙疆的畜产资源 ………… 53
    3. "日、满、支经济圈"内蒙疆的地位 ………… 56
  二、伪蒙疆统制经济的背景 ………… 59
    1. 蒙疆的防共地位 ………… 59
    2. 蒙疆的特殊性 ………… 60
    3. 统制经济的目的 ………… 65
  三、蒙疆统制经济的措施 ………… 68
    1. 政策法规 ………… 69
    2. 输出入组合的设立 ………… 71
    3. 统制经济下的"一项事业一社"主义 ………… 73
  四、蒙疆统制经济的内容 ………… 77
    1. 金融 ………… 78
    2. 交通 ………… 79
    3. 铁矿石·煤炭·其他矿产物 ………… 81
  五、本章小结 ………… 83

第三章 蒙疆畜产政策的形成 ………… 85
  一、畜产行政机关的整备强化 ………… 86
    1. 蒙古联盟自治政府畜产局(后为畜产部) ………… 87
    2. 蒙古联合自治政府牧业总局 ………… 89
    3. 兴蒙委员会 ………… 92
  二、关东军的蒙疆畜产指导方针 ………… 96

1. 蒙疆地区绵羊、羊毛以及羊毛皮配给统制要纲 …………… 97
　　2. 蒙疆地域动物毛配给统制要纲 ………………………………… 98
　　3. 蒙疆羊毛同业会的设立 ……………………………………… 100
三、围绕《蒙疆畜产政策要纲》畜产政策的展开 …………… 102
　　1. 服从军事需求的方针 ………………………………………… 106
　　2. 马以及绵羊的改良增殖事业 ………………………………… 107
　　3. 畜产收购统制 ………………………………………………… 111
　　4. 家畜防疫机关的整备强化 …………………………………… 115
　　5. 经济监视署的设置 …………………………………………… 122
四、本章小结 ……………………………………………………… 125

第四章　日本占领地畜产资源调查 …………………………… 127
一、伪蒙疆政权成立前日本在内蒙古进行的各种调查
　　 ………………………………………………………………… 128
二、满铁调查部与兴亚院进行的各种调查 …………………… 130
　　1. 最初的畜产调查——仅限于铁路沿线的调查 …………… 131
　　2. 草原深处调查的实施 ………………………………………… 135
　　3. 伪蒙疆政权时期最大规模的牧业状况调查——铃木队调查
　　 ………………………………………………………………… 139
　　4. 第一次绵羊改良事业失败后关于"绵羊改良增殖事业"的调查
　　 ………………………………………………………………… 142
三、西北研究所实施的草原生态及游牧关系调查 …………… 146
　　1. 对以前调查的批判 …………………………………………… 147
　　2. 西北研究所的生态学视野调查 ……………………………… 148
　　3.《西北研究所内蒙古调查队报告》 …………………………… 151

四、本章小结 ……………………………………………… 153

第五章 伪蒙疆政权的绵羊改良增殖事业 …………………… 155

一、蒙疆绵羊改良计划的制定 ……………………………… 155
  1. 日本企划院的《羊毛生产力扩充大纲计划》………… 156
  2. 蒙疆羊毛改良方策要纲案 ……………………………… 159
  3. 蒙疆畜产振兴会议 ……………………………………… 162

二、第一次绵羊改良事业及其失败 ………………………… 164
  1. 善邻协会的绵羊改良事业 ……………………………… 165
  2. 日系会社的绵羊改良事业 ……………………………… 166
  3. 伪蒙疆政府的绵羊改良事业 …………………………… 170
  4. 东亚绵羊协会在蒙疆的绵羊改良活动 ………………… 173
  5. 第一次绵羊改良事业的失败 …………………………… 174

三、蒙疆绵羊改良计划的修正 ……………………………… 176
  1. 第一修正期 ……………………………………………… 176
  2. 第二修正期 ……………………………………………… 179

四、改良事业的再启——蒙古绵羊协会的设立及其活动
  …………………………………………………………… 182
  1. 蒙古绵羊协会设立的背景 ……………………………… 182
  2. 蒙古绵羊协会的绵羊改良活动 ………………………… 185

五、本章小结 ………………………………………………… 191

第六章 伪满洲国的绵羊改良活动 …………………………… 194

一、《羊毛生产力扩充大纲计划》中关于伪满洲国绵羊
    改良的规定 ……………………………………………… 194
  1. 九一八事变前东北的绵羊改良概况 …………………… 194

2. 日满绵羊协会 ·· 195
　　3.《羊毛生产力扩充大纲计划》中关于伪满洲国绵羊改良········ 199
　二、绵羊改良活动概况·· 200
　　1. 伪满洲国政府的绵羊改良活动································ 200
　　2. 东亚绵羊协会的改良活动······································ 206
　三、本章小结··· 209

第七章　华北绵羊改进会的绵羊改良活动························· 211
　一、"华北绵羊改进会"的设立背景及经纬························ 211
　　1.《北支那绵羊改良增殖计划实施要领》的制定·············· 211
　　2. 华北绵羊改进会的设立·· 216
　二、华北绵羊改进会活动概要······································ 217
　　1.《华北绵羊改进会事业计划要纲》··························· 217
　　2. 1942 年以后的改良活动措施及事业计划··················· 218
　三、本章小结··· 225

第八章　二战前日本在中国绵羊改良的失败······················ 226
　一、蒙古家畜的生存因缘与当时蒙古人生活的关系············ 226
　　1. 蒙古家畜的生存因缘··· 227
　　2. 家畜与当时蒙古人生活的关系······························· 228
　二、日本的绵羊改良严重脱离当时草原牧民生活实际········· 232
　　1. 改良在试验阶段的成功·· 232
　　2. 改良严重脱离当时草原牧民生活实际······················ 234
　三、本章小结··· 239

第九章　日系蒙疆羊毛同业会在羊毛流通领域的统制········· 241
　一、事变前羊毛收购机关、收购习惯以及收购形态············ 242

1. 生产地市场的羊毛交易 …………………………… 242

　　2. 中继市场的羊毛交易 ……………………………… 244

　　3. 消费市场的羊毛交易 ……………………………… 246

　二、羊毛流通领域中蒙疆羊毛同业会的统制 …………… 249

　　1. 事变后西北贸易的衰退 …………………………… 250

　　2. 日系蒙疆羊毛同业会的设立 ……………………… 251

　　3. 收购活动 …………………………………………… 257

　　4. 蒙疆羊毛同业会的解散 …………………………… 263

　三、本章小结 ……………………………………………… 270

第十章　畜产流通领域中蒙古皮毛股份有限公司的统制 …… 273

　一、蒙疆羊毛同业会解散后的畜产品收购形态 ………… 274

　　1. 驻蒙军的羊毛直接收购 …………………………… 274

　　2. 豪利希亚的设立 …………………………………… 277

　二、设立新畜产物统制机关的必要性和目的 …………… 284

　　1. 促进收购 …………………………………………… 285

　　2. 统制配给与强化输出 ……………………………… 285

　　3. 统制皮毛类的价格 ………………………………… 286

　　4. 强化蒙旗民众生活必需物资的供给 ……………… 287

　三、蒙古皮毛股份有限公司的性质及业务内容 ………… 289

　　1. 蒙古皮毛股份有限公司设立要纲 ………………… 290

　　2. 蒙古皮毛股份有限公司的性质及构成 …………… 291

　　3. 业务活动 …………………………………………… 295

　四、本章小结 ……………………………………………… 297

余论　畜产物生产及流通领域以外的考察及今后的课题 …… 300

一、畜产物生产及流通领域以外的考察 …………………… 300
  1. 蒙旗建设运动 ………………………………………… 300
  2. 牧野政策 ……………………………………………… 304
  3. 畜产物加工处理方面的统制 ………………………… 309
二、结论与今后的课题 …………………………………… 315

附录 部分在蒙疆从事绵羊改良的日本技术人员 …………… 321

参考文献 ………………………………………………… 323

绪 论

一、研究目的及意义

本研究注目于第一次世界大战后到第二次世界大战结束时，日本在其本土、殖民地朝鲜、中国大陆的东北、华北以及内蒙古等地，尤其以西部内蒙古为中心的伪蒙疆为主实施的畜产扩张政策，试从畜牧业经济史的角度分析日本的畜产大陆扩张政策。特别是通过这期间日本在伪蒙疆等地进行的绵羊改良、畜产资源调查、家畜防疫机构的设立整备以及畜产品（主要以羊毛为主）的收购活动等，从占领地伪蒙疆欲向以日本为中心的"大东亚共荣圈"提供畜产品这一新视角，来考察日本战前及战争期间大陆政策。

日本的牧羊业与对外扩张战争息息相关，并且日本牧羊业的起伏也与当时世界羊毛的供给状况紧密相连。战前日本牧羊业的发展是战争刺激的产物。从明治维新后到九一八事变前，日本的牧羊计划可以说没有连续性。日俄战争、第一次世界大战曾一度促进了日本牧羊业的发展，并且当时日本的殖民地朝鲜也被纳入日本的牧羊事业中。九一八事变后，日本的牧羊业开始迈出国门，日本欲将中国东北作为大陆的绵羊改良基地开展改良活动。在这里设立了"日满绵羊协会",作为日本经济圈内绵羊增殖事业的实施指导机关担当其工作。可以说由此为日本羊毛国策的正式开始。卢沟桥事变后,华北、西部内蒙古地区也成为日本的占领地,这里成了日本羊毛政策的新天地。伴随着日本牧羊范围的扩大,日满绵羊协会改称为"东亚绵羊协会"。从此日本的牧羊事业范围包括日本本土、朝鲜半岛和中国的伪满洲国地区、华北地区、伪蒙疆地区。伪蒙疆地区的绵羊改良事业,成为当时日本羊毛政策中的重要一环,日本占领当局将新占领地的伪蒙疆政权作为羊毛政策的主战场,进行绵羊改良、对羊毛的收购输出实行统制。

日本建立伪蒙疆政权后,为向日本及伪满洲国提供战略资源,并确保永远控制该占领地域,必须实现经济上的自立,即发展地域经济,取得该地域民众的拥护。为达到这一目的,从1938年开始,日本占领当局制定了伪蒙疆地域经济开发计划。同年末,响应日本战时物资动员计划的伪蒙疆地区,在制定自身战时物资动员计划的同时,开始进行物资调查及实施积极的产业开发。为此设立了为数众多的日本人经营的企业,以重要战略资源铁矿石、煤炭、畜产资源为中心进行开发建设。

当时,作为"大东亚共荣圈"的一环,在畜产资源方面伪蒙疆政权地域的作用非常重要。该地域是当时日本势力圈内最大的畜产基地。而且具有该地域经济特色的羊毛以及绵羊、马、牛、皮革等畜产资源,与铁矿石、煤炭并称为伪蒙疆的"三大资源"。该地方当时保有400万只绵羊,50万匹马,50万头牛等家畜[①]。并且,该地

---

① [日]兴亚院:《兴技调查资料第52号 蒙疆畜产资源调查报告书》,东京,1940年,第60页。

域以及西北地区经由该地输往华北地区的羊毛,每年约达1350万公斤,占中国全年输出量的70%左右,相当于1938年日本羊毛总需要量的13%①。

关于二战前日本羊毛工业的原料羊毛的供给情况,1938年大阪市产业部编辑的《羊毛需给统制》一书中,有这样的记述:"我国的牧羊事业曾屡屡制定计划,但几乎都以失败告终。现在(指1935年—作者注)内地(指日本—作者注)拥有的绵羊不过约四万七千只,所以(羊毛工业)使用的原毛绝大部分依赖进口,而且输入羊毛几乎全部仰仗澳洲。(中略)1935年,羊毛输入额为184098000斤,金额191761000日元。其中澳毛的输入量占全体输入量的94%,金额占输入总额的95%"②。由此可知,二战前日本的羊毛供给几乎完全依赖海外进口。

所以,对当时的日本而言,伪蒙疆地域的畜产资源,尤其是羊毛资源,在日本战时经济中具有重要意义。当时,马是骑兵部队以及军事运输的重要工具;羊肉、牛肉、马肉是民用以及军用的重要肉食供给源;而羊毛及各种皮革是生产军用被服以及兵器辅助品不可欠缺的原料。

确保这些畜产品的补给供应,对战时日本经济来说是重要的课题。日本占领当局认为要确保伪蒙疆的"牲畜和畜产物作为日本共荣圈内唯一的生产市场,并必须期待其增产"③。

伴随着伪蒙疆政权的出现,该地域被编入了所谓"日、满、支经

---

① [日]川村得三:《蒙疆经济地理》,东京,丛文阁,1941年,第173页。
② [日]大阪市产业部:《羊毛的需给统制》,大阪,1938年,第4—5页。
③ [日]中村信:《蒙疆的经济》,东京,有光社,1941年,第9页。

济圈"。日本企图把伪蒙疆地域建设成为其工业原料的供给地和军需物资的供应地。由伪蒙疆地域提供的原料第一是国防工业、重工业的基本原料,特别是铁矿石和煤炭;第二是作为军需资源非常重要的羊毛以及其他的畜产品。

本研究不以铁矿石和煤炭为研究对象,只以为获得重要战略资源羊毛,日本把伪蒙疆作为"日、满、支经济圈"的畜产品供给地而备受重视这一点进行历史考察。畜产开发作为当时产业开发的重要一环,从伪蒙疆政权出现到崩溃一直贯穿始终。并且地域经济不是孤立的,与其他日本占领地域的交易密不可分。因为当时羊毛、皮革、马等是"日、满、支经济圈"内的匮乏资源,故日本在占领该地域时期,作为军需民用资源,企图欲将该地的家畜、动物皮毛等众多畜产资源向日本、伪满洲国、华北等地供给输出。

从以上目的出发,日本统治该地域之际,为获得畜产资源,实施了畜产统制政策。即在伪蒙疆的家畜以及畜产品的生产以及流通流域,通过伪蒙疆政府采取强制限制或指导措施,对畜产资源实行统制政策。其中关于羊毛的统制在畜产统制中居于核心地位。即对于绵羊的增殖改良、羊毛的收购以及地域外输出,由政府实行统制。

但是,迄今为止学界对伪蒙疆时期实行的畜产统制政策的意义了解甚少,并且对畜产统制政策的经纬也缺乏应有的研究。中日双方对这一问题的研究都处于空白状态。即关于伪蒙疆政权实施的畜产政策全过程研究的著作尚未出现。换言之,关于在该地域日本实行的畜产政策的研究,还未引起应有的关注。为此,笔者以此为研究课题,主要通过分析日本的畜产扩张政策,尤其是伪蒙疆政权的畜产政策的展开过程，欲解明1918至1945年日本畜产扩张政策的实态。

笔者的研究是从畜牧业经济史的视角出发，研究当时日本占领下伪满洲国、华北、伪蒙疆地域实行的畜产政策。尤其侧重分析伪蒙疆政府实行的畜产政策中的绵羊改良活动过程，通过对畜产收购统制政策的实施分析，在阐明日本支配统治这些地域的同时，解明其进行的畜产调查、绵羊改良、家畜防疫设施的整备、畜产品收购统制的实施与日本战时经济的联系，试图确立它应有的历史位置。

二战后，关于伪蒙疆的回忆录等资料文献某种程度上较为充实，但像江口圭一的《资料：日中战争期鸦片政策》、森久男《德王研究》那样的真正意义上的学术研究并不多见。关于伪蒙疆经济研究更是如此，仅有柴田善雅的《蒙疆占领地货币金融政策的展开》一文，能称得上是学术研究性的文章。与20世纪80年代开始呈现出的对伪满洲国、华北、华中占领地经济充满活力的研究相比，关于伪蒙疆畜产业的研究，几乎完全处于空白状态。

进行伪蒙疆畜产研究，其意义有四：首先，总括战后关于这一问题的研究史，填补研究空白。其次，通过解明伪蒙疆政权时期畜产政策的形成过程，全面、系统地填补伪蒙疆政权时代的畜产统制政策研究的空白，确立伪蒙疆畜产在日本现代史以及日本占领中国时期经济史的位置。再次，在中国抗战史研究中，作为日本占领当局在占领地实行的统制经济政策的重要支柱之一，通过解读畜产统制政策的实施过程，对关于日本在全占领地域实施的统制经济研究，从具体个案的角度作出努力。也就是说，通过对伪蒙疆畜产的研究,对日本与中国、日本与亚洲问题,即所谓被忘却了的亚洲问题进行再考察,具有重要意义。最后,研究二战前日本的畜产扩张政策,从畜产资源掠夺这一特殊领域丰富二战前日本对经济外扩张研究的内涵;揭露日本打着"提高民生"的幌子开发、控制占领地、殖民地畜产资源,为侵略战争经济服务的本质,从新的研究视角审视日本战前的大陆政策。战后,日本右翼势力一直否认和美化日本过去对中国及亚洲邻国的侵略。因此,有必要从多视角、多领域深入细致地研究日本侵略中国及邻国的历史事实。所以,从畜产扩张政策这一新视角和新领域切入,研究和澄清当年日本经济掠夺殖民地、占领地的具体史实,能为批驳日本右翼势力美化侵略战争的言行和理论,提供新的历史理论依据和研究成果。同时也从新视角、新领域为爱国主义教育提供教材;为当今我国发展畜牧业提供历史经验借鉴。

二、先行研究的检讨

如学界所知,国内外关于二战前日本对外扩张之研究,主要集中在政治、军事、经济、外交、文化等领域,并且积累了相当的研究成果。但经济领域中关于日本的畜产扩张政策研究尚属起步阶段。国内2002年以前,仅有宝音朝克图的"伪蒙疆政权的物资统制政策——羊毛统制",同"家畜统制"(《内蒙古大学学报》2001年1、5期)两篇论文,对伪蒙疆时期的羊毛、家畜统制政策从法令法规、绵羊改良、羊毛收购、家畜输出统制等做了梗概性介绍。由于资料的制约,缺乏深入细致的探讨,实证性较低。另金海著《日本占领时期内蒙古历史研究》(内蒙古人民出版社2005年)一书中,关于日本在伪蒙疆时期对畜产资源的掠夺和统制做了近4000字的简短介绍。此外,《内蒙古民族通史》第5卷(内蒙古人民出版社2005年),关于日本占领内蒙古时期的畜产政策略有叙说。以上各研究仅局限于内蒙古地域,不能从东亚全局上把握二战前日本的畜产扩张政策。

国外对该问题之研究主要在日本。尽管日本在战前经济史研究领域已经积累了相当的成果,但关于畜产问题的研究也非常薄弱。目前仅有内田知行、柴田善雅编著《日本的蒙疆占领——1937—1945》(2007年研文出版)一书中,对蒙疆时期的畜产问题有所涉及,但属于通史叙述中的一部分,为粗线条概说,缺乏系统性和连贯性。另2009年,森久男发表了"关东军的内蒙工作与大蒙公司的设立"(爱知大学《中国21》期刊,2009年5月)一文,对伪蒙疆时期的畜产收购机构之一大蒙公司的设立进行了介绍分析。这是仅可见到的国外关于二战前日本畜产问题的研究成果,而且局限于伪蒙疆。可以说,国外对二战前日本的畜产政策研究尚处于萌芽状态,目前还未见到全方位研究这一问题的论著出现。

近年来,笔者撰写了"日本的对外扩张战争与牧羊业"系列论文,分别发表于《世界历史》、《中国经济史研究》、《抗日战争研究》、《史学集刊》、《史学月刊》、《中国农史》、《历史档案》、《社会科学战线》、《社会科学研究》、《中国农业大学学报》、《中国21》(日本)等学术期刊,对二战前日本在其本土、朝鲜、伪满洲国、伪蒙疆、华北等地为获得羊毛资源进行的绵羊改良以及畜产品收购统制政策进行了分析研究,取得了阶段性的成果。但由于成果发表时受篇幅的限制，不能尽抒本意，尚处于分散状态，有待加强提高研究的系统性和连贯性。故非常有必要对其归纳整合，以专著的形式完整体现和刻画当年日本畜产扩张政策的全貌。

三、资料以及研究方法

关于伪蒙疆政权的研究，与其他占领地的研究相比较，受到资料的制约。这不仅是由于日本对这一地域的占领时间较短，不像在伪满洲国，有"满铁"调查部那样庞大的调查部门，没有投入大量人力和资金实施地域调查研究也是原因之一。伪蒙疆的企业中调查部门设置比较齐全的仅有蒙疆银行。因为与伪蒙疆相关联的日本方面的行政机关，除去在外公使馆，仅有1939年3月设立的"兴亚院蒙疆联络部"，所以并没有更多的文书资料。兴亚院的资料，虽说是收集了系统调查的资料，但关于伪蒙疆的文献资料可以说很有限[1]。但是日本国立公文书馆的亚洲历史资料中心（アジア歴史資料センター）电子化的大量的有关战前的资料中，登载着相等数量的有关伪蒙疆政权时期的资料。本研究使用了大量该中心的史料。

还有，当时伪蒙疆政权时代的政策方案制定、政府公文等，几乎都是用日、汉两种文字做成，并且有相当数量的出版物和报纸、杂志等在日本内地出版，无论质量方面还是数量方面，日本的收藏

---

[1] [日]本庄比佐子・内山雅生・久保亨编：《兴亚院与战时中国调查》，东京，岩波书店，2002年。该书介绍，由兴亚院作成的1250份资料中，有关蒙疆的资料有100份左右。

机关所藏的有关伪蒙疆的资料，都相对于中国的收藏机关收藏丰富（比如当时出版的日文版报纸《蒙疆新闻》，中国所有的收藏机构都无保存，而日本的国立国会图书馆以微缩胶卷的形式，保存其大部分）。所以，研究战前日本的畜产扩张问题，日文第一手资料非常重要。

第二次世界大战前，日本为开发和增产占领地的畜产资源，"满铁"调查部和兴亚院等机构，从1938年到1945年年初，对殖民地、占领地域的畜产资源进行数次调查。调查的结果以公开和非公开的形式刊行，目的是为畜产资源开发提供政策咨询和技术参考。本研究将这些调查报告作为第一手资料使用，主要如下。

1934年年初，日本成立了军部的外围组织"善邻协会"，其所属的调查部对包括畜产资源在内的蒙古问题和所谓"伊斯兰教问题"进行了各种调查。1938年，由善邻协会调查部编集的《蒙古大观》出版，其中对蒙古的畜产做了梗概介绍。另，该协会发行的定期刊行物《善邻协会调查月报》（后更名为《蒙古》），也对东、西部内蒙古的畜产情况做过介绍，但只是粗略概说。

同一时期，作为日本对全中国有关畜产方面的调查资料，出版了《满洲畜产资源调查报告》（1935年，满铁经济调查会）、《北支那畜产调查资料》（1937年，满铁调查部）等。

日本建立伪蒙疆政权后，为制定该占领地域的绵羊改良政策，1938年，"满铁"调查部职员山崎武雄、野崎克己，作为畜产专门调查员，由伪满洲国派往伪蒙疆，开始对该地域的羊毛资源进行调查。其调查报告，以《蒙疆政权管内羊毛资源调查报告》之题名，作为"满铁产业调查资料 第57篇"，1939年6月在大连公开发行。

1939年,仍然是为了解羊毛问题为目的,日本兴亚院技术部派农林技师、兴亚院嘱托斋藤弘毅,兴亚院技术部员户田佑二、市川章雄来伪蒙疆继续进行关于羊毛问题的调查。其调查报告书——《蒙疆畜产资源调查报告书——关于绵羊改良增殖之调查》,作为"兴技调查资料第五十三号",1940年9月,由兴亚院发行。该报告书中的各个章节中附有大量统计数据,是研究伪蒙疆政权时期畜产政策的重要资料。同一时期,满铁调查部和东亚研究所,分别在上海附近和华北各地,进行了畜产的集散状况和畜产资源分布状况的调查。其后出版了《上海畜产集散概况》(1939年,满铁调查部);《关于支那重要畜产资源的分布之调查》(1940年,东亚研究所)。

　　进入1940年,与前两次仅以绵羊为调查对象不同,为探明一般畜牧的真相,开始第一次组织综合性的关于伪蒙疆地域的畜产资源调查。主要组织者为兴亚院蒙疆联络部,兴亚院技师铃木勇担任调查队队长。此次调查活动的报告书《蒙疆牧业状况调查报告》,由队长铃木勇以下各调查员分担执笔完成,1941年11月,由兴亚院政务部发行,当时属于加"密"字的机密图书。

　　1941年夏,兴亚院派遣农林技师惣津律士、嘱托技术员二瓶信、技术员宫岛利秋等到伪蒙疆,对该地域的绵羊改良增殖事业进行调查。1943年1月,调查结果作为"蒙疆调查资料第七十二号",以《蒙疆绵羊改良增殖状况报告书》之标题,由"大东亚省"总务局发行。同年,为调查伪蒙疆地区的绵羊卫生状况,兴亚院还向该地区派遣了专门调查队。主要在进行绵羊改良的察哈尔盟一带进行了调查。1943年,由日本"大东亚省"发行了此次调查的报告书——《关于蒙疆绵羊卫生状况调查报告书》。

1944年9月到1945年2月,在张家口的属于"大东亚省"的西北研究所组成调查队,以伪蒙疆地域的蒙旗地带的察哈尔盟的大部分和锡林郭勒盟的东、西苏尼特旗为对象,对家畜收容能力的实态、家畜增产的具体政策实施了综合调查。3月,参加调查的梅棹忠夫以调查结果的概要为基础,做了题为《西北研究所内蒙古调查队报告》的成果报告。调查资料整理过程中,日本战败投降。在住张家口的日本人全部退到北京、天津等待回国。1946年,今西锦司和梅棹忠夫将西北研究所的田野调查记录、成果原稿等大部分带回日本,战后以各种形式出版发表。梅棹忠夫将当时报告会的草稿整理后,收录在1990年由日本中央公论社出版的《梅棹忠夫著作集 第二卷 蒙古研究中》中。

关于日本的畜产扩张政策研究的资料不能说很多,但以经济政策研究为中心的关于畜产政策研究方面,当时发行的各种调查报告,可以说是非常宝贵的基本资料。此外在日本,出版发行了很多当时伪蒙疆关系者的回忆录,这些虽称不上研究成果,但因为包含着很多有价值的资料,对本问题的研究也可作为主要的参考资料而使用(如骆驼会本部编《高原千里——内蒙古回顾录》1973年;同《回想内蒙古——内蒙古回顾录》1975年;蒙银会编《蒙银春秋》1978年等)。此外还有内蒙古自治区、呼和浩特市、张家口市等编辑的为数众多的文史资料作为地域史公刊发行,可为本研究提供参照。

本书旨在研究自一战后到二战结束时日本的畜产扩张政策。以伪蒙疆经济史研究的薄弱环节、畜产政策中的绵羊改良以及羊毛流统制为中心,填补以及弥补中日双方关于此研究中的空白点,使研究更上一层楼。研究采用的具体方法如下。

第一,本课题研究以马克思主义唯物史观作指导,通过大量收集国内外相关资料,尤其是日方的资料,从中汲取了课题所需要的内容,并依据收集到的大量新史料,重现和复原了当年日本畜产扩张政策的全貌,并对其进行了客观分析,提出自己的观点。同时笔者到当年日本进行畜产活动的我国东北、内蒙古、河北、山西等省区进行了田野考察,了解了当时畜产活动的实态,增加了感性认识。

第二,在国际关系史论、东亚史、中日关系史的大前提下分析研究日本当时实行的畜产政策。即将日本在殖民地、占领地推行的畜产扩张政策融入当时的国际关系、日本政治史、经济史,与其他日本占领地和殖民地的关系中去考察,突破仅有的先行研究中只涉及伪蒙疆地域畜产活动的局限,在大视野下审视日本当年推行的畜产扩张政策。

第三,在研究方法上注重微观实证性研究,因为这是关于战前日本畜产政策研究中的薄弱环节。但这并不意味完全抛弃宏观考察,而是在宏观考察日本的殖民地、占领地统制经济政策的基础上,着重微观研究了日本在其本土、殖民地、占领地实施的畜产政策以及相关的史实。对相关史实力求以史料为依据,避免概念化、简单化、口号化的倾向。通过深入细致的实证性研究,解明了日本在其本土、殖民地、占领地实施的畜产政策的经纬,明晰了日本对殖民地、占领地畜产资源的掠夺开发与当时日本战争经济之关系;揭露日本打着"提高民生"的幌子开发、控制殖民地、占领地畜产资源,为侵略战争经济服务的本质;扩大了战前日本经济扩张政策研究的内涵,从新的研究领域揭露当年日本经济掠夺殖民地、占领地的实态,从畜产扩张这一新视角分析考察战前日本的大陆政策。

第四,资料运用方面,为追求历史事实的客观性、实证性、正确性,将大量运用作者多方收集到的关于二战前日本畜产方面的新史料,采取以原始文献资料为主,回忆录资料为辅的原则,利用中日双方的文献资料及回忆录资料,尤其侧重利用日方档案文献资料,可以对日本战前的畜产扩张政策进行社会科学的分析,尤其可以充分在经济政策史、畜产史的领域进行分析论证。

四、本书的构成

根据以上设定的问题点和研究的方法论,本书分十章,对一战后到二战结束前日本的畜产扩张政策进行考察。

第一章,卢沟桥事变前日本的牧羊业。主要对明治维新以后到卢沟桥事变后的1938年,日本在其本土、殖民地朝鲜、伪满洲国进行的牧羊事业进行介绍阐述。即对这一时期日本政府在日本本土、朝鲜、伪满洲国实施绵羊改良增殖事业的背景、过程介绍的同时,探究战争与日本牧羊业起伏的历程,将日本的绵羊事情置于世界羊毛供给状况之下进行考察。并且探讨卢沟桥事变后,日本为什么在占领地为蒙疆、华北等地实施羊毛政策的原因。

第二章,日本在伪蒙疆实行的统制经济政策。首先简略说明所谓"蒙疆政权",重点论述蒙疆统制经济政策的形成。在介绍该地域的铁矿石、煤炭资源,尤其是具有该地域经济特色的畜产资源的同时,也涉及当时日本相关的这方面的资源状况。由此论证所谓"日、满、支经济圈"内伪蒙疆所处的地位,检讨为确保日本经济圈内的这些资源,日本在伪蒙疆地区实行统制经济政策的背景、措施以及具体内容。由此导入下一章本论文的核心内容之一畜产统制政策的实施,并奠定以后各章将要讨论内容的基础。

第三章,蒙疆畜产政策的形成。这一章,通过与伪蒙疆畜产政策形成相关的畜产行政机关的整备强化,关东军的关于蒙疆畜产资源统制的指导方针,尤其是围绕《蒙疆畜产政策要纲》,蒙疆畜产政策的展开,厘清伪蒙疆畜产政策的形成过程,为以后各章所论述到的生产领域以及流通领域所进行有关畜产具体措施的检讨做一个基础铺垫。

第四章,日本占领地畜产资源调查。为掠夺占领地域畜产资源,为战争经济服务,由南满洲铁道株式会社调查部和兴亚院(1942年后为大东亚省)等机构,从1938年开始到1945年年初,日本对伪蒙疆等占领地内的畜产资源进行了数次调查。公开或秘密出版了相应的调查资料,欲为攫取这些地区的畜产资源提供政策咨询和技术参考。这些调查也是日本占领当局在占领地区实施的畜产政策的重要一环。本章对这些调查的经纬以及刊行的资料按年代顺序分别介绍,并以此分析日本的伪蒙疆等占领地区畜产政策的形成。

第五章,伪蒙疆政权的绵羊改良增殖事业。本章在阐述日本在伪蒙疆地域进行的绵羊改良增殖事业的同时,通过对这一问题的研究,来阐述、分析占领地蒙疆羊毛资源的开发与日本战时经济的关系。日本将伪蒙疆地域编入"日、满、支经济圈"后,伪蒙疆被赋予的重要任务之一,就是为日本提供重要的军需资源羊毛。1938年9月,日本企划院讨论通过《羊毛生产力扩充大纲计划》,制定了在日本内地以及在殖民地、占领地的羊毛增产方针。伪蒙疆政府响应这一计划,也制定了该地域的绵羊改良增殖计划。根据这些计划,以日本的民间商社为中心,开始推进伪蒙疆的绵羊改良事业。但是,到1941年夏天为止,这一绵羊改良计划,并没有按计划顺利推进。于是为克服绵羊改良事业失败后显现出的弱点,伪蒙疆政府在1941年10月设立了"蒙古绵羊协会",欲将绵羊改良事业在政府的统制下进行。

第六章,伪满洲国的绵羊改良活动。日本在1932年3月扶植成立伪满洲国后,欲全面开发"满洲"的资源,弥补其资源不足并为进一步扩大侵略战争做准备。羊毛资源的开发是其中之一。为获得军需资源羊毛,日本在伪满洲国进行绵羊改良。此章对伪满洲国时期绵羊改良的背景、制定的改良计划以及具体进行的改良活动、带来的改良效果等方面进行论述、分析,揭露日本在打着"提高民生"的幌子下,在我国东北地区进行绵羊改良,目的是为其对外侵略战争提供军需羊毛之本质。

第七章,华北绵羊改进会的绵羊改良活动。1937年7月,日本挑起卢沟桥事变占领华北、平津地区后,通过华北政务委员会实业总署下属的华北绵羊改进会,计划对当地原种蒙古绵羊以及寒羊进行改良,目的是增加羊毛产量并改善毛质,欲为日本提供军需羊毛。

第八章,二战前日本在中国绵羊改良的失败。本章通过对蒙古牧民、家畜绵羊、草原这三位一体的草原生活实际与当时日本进行的绵羊改良对蒙古人衣、食、住影响的分析,揭示日本在伪满洲国、伪蒙疆等地绵羊改良推广普及活动失败的原因。当时日本在伪满洲国、伪蒙疆等地进行绵羊改良,是以增加产毛量,提高毛质为主,目的是获得羊毛资源。即企图将肉、皮兼用型的蒙古原种绵羊改良为毛用型,以便为日本的对外侵略扩张提供急需的羊毛资源。但这与当时草原牧民的生活实际相冲突,故普及工作无法推广。

第九章,日系蒙疆羊毛同业会在羊毛流通领域的统制。作为伪蒙疆统制经济政策的重要一环,为进行羊毛统制,日本占领当局占领该地域之初,设立了蒙疆羊毛同业会。目的是确保伪蒙疆的羊毛资源;实行一元化的收购输出政策;振兴西北贸易;还要"实现边境民族大团结的政治经济使命"。但是,同业会利用垄断统制的特权,强行压价收购。军部、日本羊毛输入业者的愿望、计划与日本商工省的羊毛输入限制之间发生了矛盾,再加上同业会自身存在的弱点,设立后不到一年,不得不解散。

第十章,畜产流通领域中蒙古皮毛股份有限公司的统制。对伪蒙疆政权后期新设立的、从生产市场到中继市场,欲对畜产品进行垄断统制的"蒙古皮毛毛股份有限公司"进行叙述、探讨。1943年9月,在伪蒙疆,作为有关畜产物的新的统制机关,设立了特殊会社"蒙古皮毛股份有限公司"。其目的是将全部该地域的畜产资源全部把握在政府手中,统制以前处于分散状态的畜产关系者,设立更加强有力的统制机关,与蒙疆羊毛同业会时期的从毛栈、毛店等收购羊毛不同,欲从生产市场的生产者手中直接收购畜产品。并且将畜产品的收购成绩与返程物资的配给挂钩,彻底把握该地域的畜产资源,力图为日本的战争经济做贡献。

余论,畜产物生产及流通领域以外的考察及今后的课题。对抗战时期与日本推行的羊毛统制政策密切相关的牧野政策、畜产品的加工处理方面的统制,以及在当时畜产物的主要生产地蒙旗地带推行的"蒙旗建设运动"进行阐述说明。

二战前,日本的畜产扩张政策,主要体现在所谓"蒙疆"地区,但这一伪政权存在时间不足八年。与"满洲国"等战前日本的殖民地相比,言及较少。尤其是从畜产政策这样经济史的角度进行的研究几乎没有。因此,对战前日本畜产扩张政策进行研究,不仅仅是填补研究空白或弥补研究中存在的不足,在考虑战后日本与中国、与内蒙古的关系方面也具有积极意义。进入21世纪的今天,日本与中国等亚洲国家之间,对于日本发动侵略战争所造成的隔阂远远没有消除。相互间历史认识的相异,并不会随着时间的流逝而自然消失。为逐步消除这一历史认识的相异,对于过去的历史,有必要跨越国界从多方面进行探讨。

解析战前与日本密切相关的占领地畜产扩张政策,也应该是其中的重要一环。现在,围绕有关战争的议论,在各个国家一直是议论不断,今后,更加有必要超越国境立场的讨论。20世纪90年代以后,关于日本殖民地和占领地的经济研究,已经召开了多次的国际研讨会,但关于畜产扩张问题,目前尚未言及。正是由于这种危机感,作者对日本战前的畜产扩张政策进行综合性研究,利用目前收集到的资料进行考察,通过深入细致的实证性研究,解明日本在其本土、殖民地、占领地实施的畜产政策的经纬,明晰日本对殖民地、占领地畜产资源的掠夺与当时日本战争经济之关系;扩大战前日本经济扩张政策研究的内涵,从新的研究领域揭露当年日本经济掠夺殖民地、占领地的实态,从畜产扩张这一新视角分析考察战前日本的大陆政策。

第一章 卢沟桥事变前日本的牧羊业

一、九一八事变前的对外战争与日本牧羊业的起伏

1. 日本牧羊业的开端

日本国内鼓励饲养绵羊是明治维新以后的事。进入明治时代,毛织物随着其他欧洲物质文明进入日本,日本人开始逐渐爱用毛呢、毛毯类,于是需求量渐增,毛织物日益普及。尤其是1870年随着新军事制度的确立,陆海军开始着用西式军服;1872年,邮局职员和铁路职员也开始着用制服。与此同时,政府官员也开始着用西服。于是,官方需用毛织物的量越来越大,毛织物的输入急剧增加。

为了减少从海外进口毛织物的依赖,根据当时的内务卿大久保利通的提案,战前旧日本陆军制绒所的前身——千住制绒所,于1879年建成并开始投产①。使用原料用毛几乎完全依赖从海外进

---

① 千住制绒所建成后,管理由内务省转交给农商务省,1888年又移交给陆军省管

口,使巨额外汇流向海外。

日本政府作为抑制羊毛输入政策的第一步,认为必须发展本国的牧羊业,于是开始积极鼓励发展牧羊业。即为了达到毛织物自给之目的,认为首先应该鼓励日本国内的牧羊业。与此相伴,毛纺工业会自然随之兴起隆盛。根据大久保利通的提案,1875年在千叶县设立了面积达2900余町步(1町步约合14.8亩——作者注)的官营牧场。此牧场从设立到1880年的五年间,由美国及中国输入了5200多只绵羊,将此与政府直营的下总牧羊场饲养的美利奴种羊以及中国种羊相交配,力图培育繁殖出杂交种羊,将其所产羔羊贷放到民间,或无偿分配,进行牧羊生产的培养。还有,由于千住制绒所的设立,开始进行羊毛收购,试图发展牧羊业[①]。

在北海道开拓使管辖地域,从1872年到1879年期间,从中国、美国等国输入种绵羊1000多只,饲养在七重劝业试验场、札幌牧羊场、结梗野牧羊场,力图繁殖,将所产羔羊分配给民间[②]。

但是,1881年日本全国饲养着约7000余只绵羊,到1892年减少至约3000只[③]。计划所期待的目标未能达成,以失败告终。饲育未能成功的主要原因是"只考虑大规模饲养,未能采用小规模饲育的方法;饲育管理方法欠妥当;缺乏饲养绵羊的有经验的技术

理。制定了有关羊毛收购等方面的制度,尽管数量少,但已经从羊毛生产者手中收购羊毛,供千住制绒所使用([日]农林省畜产局编:《本邦内地绵羊饲育的沿革》,1939年,第15页)。

① [日]财团法人三井报恩会:《本邦的绵羊与本会的绵羊增殖设施》,1938年,第2—3页。

② [日]《本邦的绵羊与本会的绵羊增殖设施》,第3页。

③ [日]农林省畜产局编:《本邦内地绵羊饲育的沿革》,1939年,第28—29页。

人员"等①。所以,当时给广大世人以"在我国饲养培育绵羊是没有希望"②的可悲印象,此后,绵羊的饲养培育呈现自由放任状态。所以,日本羊毛工业,从最初开始就不得不全面依赖从海外进口原料。当时千住制绒所所使用的原毛,初为中国产羊毛,但由于中国产毛质量差,很快被澳洲产羊毛所取代③。

之后,日本的羊毛工业,经过甲午战争、日俄战争,急速发展,从1895年起,设了众多的民间毛纺工厂。这期间,使日本羊毛工业隆盛发达的主要原因是:首先,两次战争的军需膨胀以及热潮式的民需刺激。其次,由于关税改革羊毛输入税废除的同时,提高毛织物的进口税。

从军需方面看,1894年日本和清朝关系紧张之际,千住制绒所的产量由前年的86万尺增加到167万尺,到1895年,激增至226万尺。到日俄战争时,其生产水平激增到400万尺—500万尺④。还有,由于日俄战争中,陆海军共同出兵,军用呢绒需求量增大,远远超过原料用毛以及官制制绒所的生产能力。因此,大量民间羊毛工业厂家新建,政府对这些民间企业的订货增加,因此也促进了毛纺工业设备的更新。

关于关税改革。明治中期以后,对于羊毛以及毛织品的海关税,为保护培育日本国内的毛纺工业而进行了改革,这对现实中的

---

① [日]《本邦内地绵羊饲育的沿革》,第30—31页。
② [日]《本邦的绵羊与本会的绵羊增殖设施》,第3页。
③ [日]毛织物中央配给统制株式会社:《大东亚共荣圈纤维资源概观》(第一部 羊毛资源·第一辑 本邦之部),毛织物中央配给统制株式会社,1943年,第2页。
④ [日]伊东光太郎:《日本羊毛工业论》,东京,东洋经济新报社,1957年,第37页。

羊毛工业的兴旺发达起了非常重要的作用。对于羊毛的输入关税，1867年规定征收5%的海关税，日本政府为达成培养羊毛工业的目的，早有对羊毛原料课税不合理，有必要尽早废止的呼声。从1896年4月起，根据法律第58号规定："由外国输入的羊毛，从明治二十九年（1896年）四月一日起免除海关税"①，羊毛进口日本为免税。

另一方面，对毛线和毛织物的进口关税也是在1867年制定的，但根据1899年的关税自主权确立以及在此基础上的关税定率的实施，毛线在原来税率的10%、毛织物从原来税率15%的基础上，又提高了3—4倍。到1906年关税定率法修订之际，以上两项又分别大幅度提高到15%—25%、30%②。目的是阻止羊毛制成品的进口从而保护日本国内的同类制品。

但是，当时日本毛织工业的生产能力有限，不能满足军需供给，大部分不得不依靠进口。由于日俄战争的刺激，之后日本要实现羊毛自给的舆论日渐高涨，农商务省1908年在北海道的月寒设立了种牧场。计划逐步在这里实施鼓励牧羊业③。

但当时的澳洲产羊毛物美价廉，在日本本土发展牧羊事业，问题颇多。主要问题是受自然条件的制约，即湿度大，容易发生畜疫，并且疫情传染快。还有牧野面积狭小，饲料困难。所以日俄战

---

① JACAR（アジア歴史資料センター）Ref. A03020220399，1896年「御署名原本・明治二十九年・法律第五十八号・輸入羊毛海関税免除」，国立公文書館蔵。
② 《日本羊毛工业论》，第37页。
③ 《大东亚共荣圈纤维资源概观》（第一部 羊毛资源・第一辑 本邦之部），第2页。

争后一度喧嚣一时的牧羊观,随着时间的流逝逐渐冷却。1914年第一次世界大战爆发,日本朝野关于羊毛自给的呼声再次被重视起来。

2. 第一次世界大战后的发展

1914年第一次世界大战爆发,欧美各国与亚洲的贸易交往几乎陷于断绝状态。但协约国向日本订购的军需品数额数量大增,日本的生产规模迅速扩大,对外贸易显著增加,即呈现所谓"战争景气"。由于战争,纺织业也迅速发展起来,对亚洲各国的纺织品出口额显著增加,超过英国,占据第一位①。日本的羊毛纺织工业也迎来了黄金时代。新企业纷纷建立,对外出口一直增加。但从羊毛资源方面来看,出现了严峻的原毛进口困难。因为1916年11月,英国政府以军需用为名,对其自治领澳洲的羊毛实行征购,禁止自由对外出口。其结果使日本的羊毛输入断绝,羊毛制品价格腾贵。

为解决急剧增加的军需、民需以及外需羊毛制品,不得已日本只好进口质量稍差的南非、南美以及中国产羊毛。当时的舆论曾感叹"如果从这些地方也不能期待补给的话,问题就更严重了"②。这情景再次给日本朝野以强烈刺激,使之痛感实现羊毛自给的必要性。于是日本政府于1917年设置了临时产业调查局,以"日本

---

① [日]大久保利谦:《日本全史》(第10卷·近代Ⅲ),东京大学出版会,1964年,第114—122页。

② 《大东亚共荣圈纤维资源概观》(第一部 羊毛资源·第一辑 本邦之部),第2页。

内地为主,在各殖民地,南满洲、东部内蒙古以及支那等诸外国,进行关于羊毛的需给供给,绵羊的饲养状况以及绵羊及羊毛平时及战时的政策调查,以确立绵羊增殖的方针策略"[1]为目的,在羊毛自给的方针基础下,着手进行绵羊政策的研究调查,最后得出的判断是,在日本进行绵羊事业是可行的结论,决定了绵羊增殖的方针策略。

在"临时产业调查局的设置及经过"中,作为在日本内地绵羊增殖的方针策略,曾写道:"使内地绵羊增殖之事,如上所述,参照考虑各方面的情况,认为牧羊百万只计划是切实可行的"[2]。计划的主要内容有:(1)从 1918 年度开始,在全国主要地域设立五处种羊场;(2)从北美、欧洲、澳洲、新西兰等地每年输入 5000 只原种绵羊;(3)在种羊场繁殖输入的种羊,并向民间分配;(4)在各地方鼓励设立各种绵羊设施;(5)向海外派遣研修人员[3]。

为实现上述目标,根据临时产业调查局的调查,决定从 1918 年到 1942 年的 25 年间,在日本内地饲养绵羊约 100 万只,年产毛量 600 万磅(1 磅约合 453.6 克)。制定了陆海军人、警察以及交通机构从业人员的被服原料自给的计划[4]。

作为行政机关,1918 年 4 月于农商务省农务局内设"绵羊课",担当相关业务的指导监督工作。从 1918 年到第二年,除北海道的龙川外,又设立了月寒(北海道)、友部(茨城)、北条(兵库)、熊

---

[1] 《本邦内地绵羊饲育的沿革》,第 32 页。
[2] 同上书,第 33 页。
[3] 同上书,第 36 页。
[4] 同上书,第 35—36 页。

本(熊本菊池郡合志村)五处种羊场,掌管种绵羊的输入、繁殖、分配等。此外,为了临时收容输入的绵羊,在横滨和神户设置了绵羊收容所①。这样,日本的绵羊事业,在政府的保护鼓励政策下,在种绵羊的输入、繁殖、牧场的设置,以及绵羊的贷放,宣传讲话会,绵羊饲养奖励金、羊毛奖励金的发放等方面迈出了第一步。

计划所需预算为 1918 年度为 331658 日元,第二年度为 676705 日元,最高的 1922 年度为 1724141 日元。从 1918 年度开始进行绵羊饲养奖励,种绵羊输入只数,1921 年高达 1399 只②,沿着计划目标顺利实施。

但是,众所周知,其后伴随着经济界出现的不景气,1922 年以后日本政府数次进行所谓财政整理,各个方面都受到影响。绵羊奖励事业仍处于未整备阶段,即被缩减经费,缩小规模。关于绵羊奖励的经费,如前所述,曾拨出大量预算。但是经过数次财政整理,预算被大量削减,1925 年度仅为 505940 日元③。此外,绵羊增殖计划的时间,也由于 1922 年财政整理,延长为 28 年。1924 年度财政整理的结果,计划被延长为 34 年。特别是作为指导奖励中枢机构的前述五处牧羊场,其机能尚未发挥,就被废止或缩小。仅剩北海道的龙川、月寒两家牧场。其余的三家牧羊场分别在 1923 年和 1924 年停办。种绵羊的输入也逐渐减少。1924 年农商务省农务局内设置的绵羊课也与畜产课合并④。

① 《本邦内地绵羊饲育的沿革》,第 37—39 页。
② 同上书,第 39—40 页。
③ 同上书,第 49 页。
④ 同上书,第 37 页。

更为严重的是,1931年行政财政整理的结果,第二年的绵羊事业预算被削减到最低的130000日元,只相当于1922年预算的十三分之一。龙川种羊场也在1931年6月被废止,仅剩月寒牧羊场一场。最终"在昭和六年(1931年),由于奖励预算极度削减,200万只增殖计划不得已终止"①。1932年种绵羊输入数仅为359只②,至此,日本的百万只绵羊增殖计划无可奈何地被终止。

经过数次的行政财政整理,日本的绵羊事业跌入低谷。经费不足确实是招致绵羊事业不振的主要原因,但这只是表面现象,实际还有其他潜在原因,即经费使用不当,并未出现应有的效果,这也是绵羊事业失败的原因之一。

也就是说在巨额预算的使用方面,其中大部分并没有用在绵羊的饲养奖励方面。而是被上层或中层吸收。因为一年内有百万以上的经费预算,实质准备并不充分,而一年内又必须将预算消费尽,奢侈到钱多的不知如何使用的程度。例如,横滨、神户等贸易港的家畜检疫所分配到的经费,与绵羊输入相关份额并不多,牛、马、猪、鸡等的各种预算,全部记到了绵羊的头上。还有,为了培养优秀的技术人员,很多与畜牧业相关的人员,使用巨额经费,到海外视察、留学。但这些人因为原来多为官吏精英,归国后,其中很多人未必从事绵羊事业,到其他地方高就的并不稀奇,其海外视察、留学的效果对绵羊事业几乎毫无作用③。即绵羊事业失败的背后,潜藏着与真正的绵羊事业毫无关系的原因很多。

---

① 《本邦内地绵羊饲育的沿革》,第37页。
② 同上书,第40页。
③ [日]朝鲜总督府编:《绵羊及绵羊事业研究》,京城,1934年,第36—37页。

但是,同一时期,民间的绵羊数量却在逐渐增加。那是由于1929年的世界经济危机后的农村救济政策,日本政府提倡将绵羊饲养作为副业,于是民间的绵羊数量逐渐增加。特别是由于世界经济危机,对日本农业的打击非常大。由于米价暴落和农业危机,日本农村陷入萧条,农民不得已最大限度地节衣缩食度日,也会出现大量赤字。1931年农业收入与30年前相比,减少了近45%[1]。当时,为应对农村的不景气,作为解决对策之一,作为农村副业,提倡饲养绵羊。还有大正末期,由于各地的种羊场撤销,其饲养的绵羊多处理到民间,结果各地的农家获得了广泛饲养绵羊的机会。根据农林省的调查,农家如果饲养一只绵羊,一年的收益是现金17日元,肥料费6日元,合计23日元[2]。所以,饲养绵羊的热情高涨,在山村、渔村、冬季积雪地域普遍饲养绵羊,于是民间的绵羊数量逐渐增加。可是日本的牧羊规模由于在地势关系上,不像海外牧羊业发达国家那样,几乎没有广阔的牧场来进行放牧,形成规模的牧场组织仅有几处,最大绵羊保有数量也不过200只,多数是农家作为家庭副业进行舍饲,饲养一只或数只而已[3]。

3. 殖民地朝鲜的牧羊业

羊这种动物是从中国先传到朝鲜,又从朝鲜传到日本的。所

---

[1] [日]桥本寿朗:《经济危机时期日本的资本主义》,东京,东京大学出版会,1984年,第190—194页。

[2] 《本邦的绵羊与本会的绵羊增殖设施》,第18页。

[3] [日]商工省贸易局编:《内外羊毛事情》,东京,日本羊毛工业会,1936年,第25页。

以朝鲜与羊之关系,比日本历史久远些。但当时朝鲜饲养羊,是作为祭祀用供奉神前,所以,只在王室饲养。根据1938年度朝鲜总督府的统计年表,1910年朝鲜饲养有47只羊①。

前述日本的绵羊计划,自然会波及其殖民地朝鲜。因此,朝鲜绵羊事业的发展始于大正时期、日俄战争及第一次世界大战后,与日本绵羊事业的发展同步而行。1911年由关东都督府赠授了9只绵羊,这是朝鲜绵羊饲养的开始。之后1913年由劝业模范场长本田幸介博士的提议,作为未开垦原野开拓的方策之一,在江原代洗浦,设立了劝业模范牧羊场,开始饲养绵羊。委托满铁输入97只蒙古绵羊,第二年又从中国东北的珲春输入79只,1917年又输入220只②。该劝业模范牧羊场对绵羊的饲养培育试验付出了极大的努力,这属于朝鲜牧羊业的第一阶段。

1918年日本政府制定的饲养绵羊100万只计划中,临时产业调查局对朝鲜的方针是制订了30万只饲养计划。而朝鲜总督府调查了洗浦牧场分场的试验成绩、朝鲜农家以及饲料的现况等,极其粗略估算,制定了绵羊增殖约70万只的计划③。改良试验仍然在洗浦进行,饲养采取奖励民间饲养的方针。也就是说朝鲜总督府制订的计划,是日本政府对朝鲜计划的两倍,现在看来,简直是不可能实现的妄想。

于是与日本本土的绵羊增殖计划相呼应,1919年以后以三年

---

① 《大东亚共荣圈纤维资源概观》(第一部 羊毛资源·第一辑 本邦之部),第15页。

② [日]朝鲜殖产助成财团:《羊毛资源与朝鲜的绵羊》,1940年,第13页。

③ 《绵羊及绵羊事业研究》,1934年,第29页。

第一章　卢沟桥事变前日本的牧羊业

为期,每年将 300 只蒙古种羊配发到全罗南道、黄海道、平安北道、咸镜南道、咸镜北道五道,作为副业让农家饲育,但由于管理不善,效果极不理想。计划制定的当时仅仅输入蒙古种羊,但由于蒙古种羊是肉用种,毛质差等缺点很多,开始输入边区莱斯特ボーターレスター(Border Leicester)种等以图改良①。

由于日本政府从 1922 年到 1925 年进行的行政财政整理的余波,波及殖民地朝鲜,以上的计划也被修改,1924 年洗浦牧场被关闭的同时,地方上的奖励设施也被终止,关于绵羊饲育的悲观论调强烈,牧羊业陷入无可奈何暂时放弃的状态,置于自由放任之地。如 1933 年保有绵羊仅为 2675 只②。还有,从 1918 年奖励开始,到 1924 年终止的 6 年间,朝鲜总督府用于奖励的金额为每年平均 5 万日元,总额不过 30 万元左右③。

尽管朝鲜有关绵羊的投入微不足道,即使如此,但如果与日本内地相比,投入与产出的比率仍然较高。在日本内地,1918 年以前已经进行了相当的奖励,1918 年一年间就使用了 100 万日元。前后大约十五六年间,投入的预算 1000 万日元以上,但饲育绵羊数,不过区区 3 万多只。而在朝鲜饲育绵羊有以下有利条件,那就是:(1)降雨量较少,这是绵羊饲育最有利的条件;(2)在朝鲜尚存广阔的牧野地域;(3)朝鲜农民对于家畜饲育具有天赋;(4)具备产出产品处理的优越条件;(5)治安有保障。并且关于朝鲜与满洲国

---

① 《大东亚共荣圈纤维资源概观》(第一部 羊毛资源·第一辑 本邦之部),第 15 页。
② 《内外羊毛事情》,第 37 页。
③ 《绵羊及绵羊事业研究》,第 30 页。

的牧羊关系,预测到"满洲的绵羊事业,将来无论如何朝鲜也应该处于其指导地位。首先是进行种羊的增殖改良,培养置放能够进行积极输出的实力,等待满洲治安的根本好转安定,其后将人与羊输往该地,以资满洲的绵羊改良"①。

与日本同样,官营牧场关闭后,处理给民间或者农事试验场的绵羊自然繁殖普及,1933年达到约3000只左右②,成为1934年度开始的第二次绵羊增殖计划的基础。朝鲜的绵羊事业,可以说由此奠定了基础。

虽然出现以上的不振状态,但1931年宇垣一成就任朝鲜总督后,即提倡所谓"南棉北羊"政策,被讴歌为"根据南棉北羊政策,朝鲜的第二期绵羊计划首先有了一个良好的开端"③。这期间,根据山村中央试验所长,丸本第20师团经理部长,镰田绵羊研究所所长等的倡议,设立了"朝鲜绵羊协会"④。协会成立后,不折不扣地贯彻政府的绵羊政策,开始活跃在绵羊增殖领域。

根据宇垣总督提倡的南棉北羊政策,1934年朝鲜总督府制定了《朝鲜总督府绵羊增殖奖励计划》⑤,在朝鲜经过30年,计划增殖绵羊400万只⑥。1934年开始,第二次增殖计划开始实施,该计划当初以10年为第一期,指定黄海、平北、江原、平南、咸南、咸北

---

① 《绵羊及绵羊事业研究》,第30—31页。
② 《羊毛资源与朝鲜的绵羊》,第14页。
③ 《绵羊及绵羊事业研究》,第5页。
④ 《羊毛资源与朝鲜的绵羊》,第25页。
⑤ 同上书,第19—24页。
⑥ 《大东亚共荣圈纤维资源概观》(第一部 羊毛资源·第一辑 本邦之部),第16页。

的西北朝鲜六道为绵羊奖励地域,让这些地域的农家平均每户饲养5只,以期增殖10万只。关于羊种,以考历代种为奖励种,期待逐渐普及到全道。根据"北羊"政策,朝鲜总督府在1934年度的预算中,关于绵羊的预算是228000元[①],这几乎相当于第一期计划6年间的总预算。即由于时局的变化,绵羊事业逐渐被重视。

为实现上述计划,采取了以下各种措施。

(1)充实种羊供给机关,设立国立种羊场。1934年8月,在咸镜北道明川郡阿间面,设立明川种羊场,饲育从澳洲输入的种绵羊。1937年5月,在平安南道顺川郡殿山面,设顺川种羊场,1940年又在庆尚北道庆州郡设庆州种羊场。这些国立种羊场,管理的事务是绵羊的饲育管理、改良、繁殖以及育成,种绵羊的分发,绵羊饲育饲养的指导奖励等。

(2)充实指导机关。在道以及郡配置绵羊事业相关的职员,指导监督民间的绵羊工作。

(3)种绵羊的输入。从1934年到1937年,输入到朝鲜的绵羊约14448只[②]。

(4)绵羊奖励金的发放。对于以副业饲育为目的购入新的优良种绵羊,平均每只发放15元的奖励金[③]。

(5)作为民间绵羊事业的各种保护奖励对策,实施了诸如海外购入种绵羊补助、羊舍建设设备补助、羊肉利用奖励、助成羊毛加

---

① 《绵羊及绵羊事业研究》,第5页。
② 《大东亚共荣圈纤维资源概观》(第一部 羊毛资源·第一辑 本邦之部),第16页。
③ 《羊毛资源与朝鲜的绵羊》,第24—25页。

工事业、发放绵羊饲育奖励金、绵羊团体补助等措施[①]。

但是,当初的计划是暂且确保 10 年间 10 万只绵羊,可进入 1937 年,顺应时局变化的要求,扩充改订当初的计划,从 1934 年开始,要在 15 年间确保 50 万只,奖励地域也涉及全道[②]。到 1938 年,根据时局的要求,目标进一步扩大,期间缩短。即要确保"在朝鲜作为第一期计划,从昭和九年度实施中的绵羊奖励扩充计划,因为要缩短两年,为此输入原种绵羊要增加一万五千只,到昭和二十一年,要达到六十五万只,生产羊毛一万八百俵(1 俵约合 60 公斤)"[③]。

总而言之,从大正到 1930 年代的朝鲜牧羊事业可以说微不足道,但从 1934 年到 1938 年,由于时局的变化和要求,朝鲜的牧羊计划三次修改变更,朝鲜的牧羊事业所肩负的重任也日益重大。

二、日本牧羊业向中国东北的扩张

1. 日满绵羊协会的设立

在中国东北,1913 年满铁在公主岭设立农事试验场后,就开始着手绵羊的改良试验。1914 年,由于第一次世界大战爆发,日

[①] 《羊毛资源与朝鲜的绵羊》,第 23—24 页。
[②] 《大东亚共荣圈纤维资源概观》(第一部 羊毛资源・第一辑 本邦之部),第 16 页。
[③] 第三「新規緬羊改良増殖計画」,JACAR(アジア歴史資料センター)Ref. B05016226700,1938 年 9 月,「羊毛生産力拡充大綱計画」,外務省外交資料館。

本出现了所谓"羊毛饥馑",于是对我国东北羊毛的关心热情度大增,认为中国东北作为最合适的羊毛自给资源地的呼声曾一度高涨,但不久又冷却下来。满铁随后于1921年在热河特别区林西县的黑山头设种羊场;1924年在公主岭设临时种羊场;1929年又设立了沙里种羊场。从事改良种的增殖、发放、出借、委托保管、民间的指导助成等。在公主岭农事试验场,当初曾用蒙古羊与澳洲产美利奴种羊交配,成功获得了近似美利奴种的杂交种①,但绵羊改良事业的普及工作几乎没有进展。

九一八事变后,日本在中国东北扶植成立了伪满洲国,提倡建设所谓"日满经济圈",伴随"日满经济圈"的建设,于是出现了"长久以来一直困扰我国的羊毛问题从此冰消雪融,政府、当局者以及民间的注意开始转向满洲国"的舆论呼声②。即随着伪满洲国的成立,对日本的牧羊业来讲,是一大转机,成为酿成新的日本绵羊事业勃兴的时机。

伪满洲国成立后,东部内蒙古的原哲里木盟、昭乌达盟、卓索图盟、布特哈部、呼伦贝尔部的三盟两部也成了伪满洲国的一部分。伪满洲国将之划分为兴安东、南、西、北四省和锦州蒙地(锦州省的一部分)、热河蒙地(热河省的一部分)(此外还有分别属于吉林省、黑龙江省的蒙古四旗)。置于伪满洲国国务院下设兴安局

---

① [日]米内山庸夫:"蒙古家畜改良论",财团法人善邻协会蒙古研究所:《蒙古》,1944年9月号,第12页。
② [日]田村一郎:《羊毛的需给与满洲羊毛的将来》,松山书房,1934年,第98页。

(后曾改称兴安总署、蒙政部等)的统辖之下①。

伪满洲国的兴安四省以及锦州蒙地和热河蒙地管辖的东部内蒙古地方,作为绵羊产地自古有名,占全"满洲"绵羊总数的92%②。但是,如前所述,蒙古绵羊从用途上看,属于肉用兼毛用种,所以,其羊肉易于食用,皮毛适合做衣料。但羊毛粗杂,作为毛纺织材料未必优良。特别是不适合作为上等呢绒以及毛呢那样的高级毛纺织材料。日本的改良计划,主要就考虑这一点。于是,由蒙古绵羊欲得到高级毛纺织用的羊毛这一目的下,日本的改良计划被推进。其宗旨是考虑将原来肉用兼皮毛用种的蒙古绵羊,欲将之变种改良为纯毛用种绵羊。

为确保军需羊毛,关东军非常重视伪满洲国的绵羊改良事业。1933年7月25日,关东军参谋长小矶国昭,向陆军次官提出了《满洲羊毛改良增殖计划要纲》③,欲在伪满洲国进行绵羊改良增殖事业。其方针为"本计划的目的是奖励满洲的羊毛改良增殖以图日满两国国防上必要的羊毛自给(中略),本计划的目标是三十五年后,在满洲国内要保有改良绵羊约1500万只,年生产改良羊毛约一亿万磅(每只七磅)。要领为"羊毛的改良增殖以绵羊种类的改良,数量的增加为主要内容,(中略)关于羊毛的改良增殖事业主要是鉴于赋予满洲国关于这一问题的重要性,通过日满两国的

---

① [日]"蒙古指导的基本方针",满洲国史编纂刊行会编:《满洲国史》各论,满蒙同胞援助会,1971年,第1258—1259页。
② 其中兴安省占70%,热河省占12%,锦州省占10%(《大东亚共荣圈纤维资源概观》(第一部 羊毛资源・第一辑 本邦之部),第5页)。
③ JACAR(アジア歴史資料センター)、陸満密大日記昭和8年「満洲ニ於ケル羊毛ノ改良増殖計画要綱案」、Ref:C01002903800、防衛省防衛研究所蔵。

合作以图推进"。并决定绵羊改良首先在易于实施的地域满铁沿线以及伪满洲国的西部蒙古牧羊地着手进行,逐渐向以前较少饲育绵羊的东部地区扩大。

关于改良方法,规定"供改良的原种羊为'美利奴'种及'考历代'种,将之与蒙古原种母羊交配,产出第一代杂交种。之后将此第一代'美利奴'杂交种或'考历代'杂交种,分别与'美利奴'(包括美利奴种改良系)或'考历代'种进行交配改良"。

根据关东军的羊毛增殖改良计划,1933年夏,日本陆军千住制绒所嘱托井岛重保,被派往伪满洲国、朝鲜,进行关于绵羊改良增殖事业的可行性调查。并在当年的11月,向陆军省提出了《关于满蒙绵羊及羊毛踏查报告概要》[①],在301页的报告书中,极其详细地记录了伪满洲国、朝鲜的绵羊以及羊毛事情。即根据关东军的计划,对即将展开的伪满洲国、朝鲜的羊毛以及绵羊的改良增殖事业进行了预备调查。

另一方面,1933年齐藤内阁时,公布了满蒙羊毛开发十年计划,于是,1933年夏,在开拓省的主办下,召开的外地经济恳谈会羊毛委员会上,提出了"当此之际,日、满两国协力合作,应当实施绵羊的增殖改良以及对其完全有效利用之方针政策"[②]的主张。作为具体执行机关决议设立财团法人日满绵羊协会,在拓务省的斡旋下,日本羊毛工业协会、满铁分别出资70万元、50万元,政府补助

---

① JACAR(アジア歴史資料センター) 陸満密大日記昭和9年「満蒙ニ於ケル緬羊及羊毛ニ関スル踏査報告概要」Ref C01003042700、防衛省防衛研究所蔵。

② [日]财团法人日满绵羊协会编:《日满绵羊协会概要》,1938年,第1页。

金及其他方面出资 80 万元,共获得 200 万元资金[①],以"考察研究力图在日满绵羊的改良、增殖以及生产羊毛的利用方法为目的"[②],1934 年 4 月设立了"日满绵羊协会",永井柳太郎任会长。协会的事业事项为:"(1)种绵羊的购入补助;(2)关于绵羊种羊的改良增殖研究及调查;(3)生产羊毛的调查、介绍、通报以及买卖的斡旋;(4)有关绵羊产出物的实验及研究;(5)召开评选会、竞赛会以及讲习会;(6)其他力图进行绵羊改良增殖的必要事项"[③]。

日满绵羊协会的本部设在东京,统辖全盘事务。并且考虑地域的特殊性,为使事业能够顺利进行,当时在日本的殖民地朝鲜的京城设立了支部(1932 年设立的朝鲜绵羊协会成为了朝鲜支部),在伪满洲国的新京设置了满洲支部,开始从事绵羊事业。

2. 日满绵羊协会的活动

1934 年日满绵羊协会设立后,到 1936 年的三年间是该协会事业的试验期。其主要业务活动是向伪满洲国的农业移民团分发繁殖用种绵羊,以资移民团的被服以及食物自给和冬季农闲期副业。发放的绵羊为蒙古原种母羊以及日本内地产的考历代种公羊,发放的数量是蒙古种羊 1424 只,考历代种羊 140 只。无偿发

---

① [日]财团法人东亚绵羊协会编:《东亚绵羊协会概要》,1942 年,第 2 页。
② 其中虽然讲到日本、"满洲国""两国",但作者认为日本在这里主要是指其殖民地朝鲜。之所以这样说,因为在日满绵羊协会的"趣旨书"中这样讲过"(前略)为力图进行在适合绵羊饲育的地域,即朝鲜以及满洲国的绵羊改良增殖指导以及奖励。由此设立财团法人日满绵羊协会。"(《日满绵羊协会概要》第 2 页)。
③ 《日满绵羊协会概要》,第 2—3 页。

放给第一以及第四次大和村的5个移民团,繁殖率三年间平均达70%①。此外,逐次召开了第一次、第二次、第三次移民团以及公主岭绵羊报告会,讲述了羊毛以及羊肉的加工处理、绵羊的饲育管理等相关技术。伪满洲国产的羊毛,以前作为地毯、毛织品,仅仅利用于绒毡、毛毡。为开拓利用渠道,委托奉天的满蒙毛织株式会社,进行混纺试验②。

协会的"满洲支部"鉴于现地居民在改良种绵羊的羊皮、羊毛加工处理不熟练,对改良事业影响较大,为传授这方面的技术,发给补助金。满洲绵羊组合于1934年11月,在四平街和公主岭设立了加工工厂,经营改良羊毛、羊皮加工事业,向附近的农民传授纺毛、皮革的鞣制等技术。在使之经营家庭副业的同时,促进产品的共同销售,致力于改良种的普及,为绵羊饲育的兴旺发达做出了"贡献"③。

朝鲜支部从侧面援助朝鲜总督府以及东洋拓殖株式会社的绵羊产业,以面向工业原料的羊毛以及羊肉包装费和运费补助、共同销售的斡旋为主要业务,此外,进行召开讲习会、品评会;赞助绵羊研究团体;宣传羊肉;鼓励手工纺织呢等业务活动④。

但是,进入1936年秋,发生了日、澳通商纷争,这给日本的羊毛政策带来了巨大的变化。日满绵羊协会根据日本政府提倡的纤

---

① 根据满铁的调查,蒙古原种羊的繁殖率为31%(《日满绵羊协会概要》,第3—4页)。
② 《日满绵羊协会概要》,第4—5页。
③ 同上书,第5页。
④ 《东亚绵羊协会概要》,第20页。

维国策,制定了庞大的事业扩大六年计划。

1931年12月,由于日本停止金本位制引起日元汇率急剧下跌,日本产品出口显著增加,为阻止这一现象,世界各国发布了各种限制进口法令。在澳大利亚,1936年5月,由于对英特惠税率下降,棉布、人造丝的关税率大幅度上扬。包括对棉布、人造丝的86种商品的输入实施许可制,以图达到振兴英联邦经济圈内贸易以及防止日本产品的进口。日本采取与此相对抗的对策,于同年6月启动通商拥护法(1934年制定),即对澳洲羊毛、小麦等的输入实施限制对抗政策。在日本政府的指导下,日本羊毛输入同业会(1918年5月结成)与日本羊毛工业会(1920年9月日本全国羊毛纺织会社12社结成日本羊毛工业会)协力,组成日本羊毛输入统制协会,限制澳洲羊毛的输入,后发展到拒绝购买澳毛[①]。

于是日本与澳洲之间的通商陷入纷争状态,日本在1935—1936年进口了近80万俵的澳毛,后由于终止购买澳毛,从1936年后半年起,其所需要的羊毛开始从南非、南美洲、新西兰等地分散购入。

日本与澳大利亚之间的通商纷争大约持续了半年,认识到其不利后果的日、澳两国政府,逐渐化解矛盾,互相靠拢,重新开始通商协定的交涉。

1936年12月到1939年,日本、澳之间签订了三次日澳通商谅解,其内容为:日本许可输入一定数量的澳毛,澳大利亚许可从

---

① [日]日本国际政治学会编:《日奥关系史的展开》,有斐阁,1981年,第59—74页。

第一章 卢沟桥事变前日本的牧羊业

日本输入一定数量的棉布、人造丝。关于这些商品的对澳输出,日本期待通过强化统制来安定市场。即从1937年1月起,日本重开澳毛市场,也有两国政府间的协定,对数量加以限制①。1937年度,日本输入羊毛195383500斤,其中澳毛数量占全体的38%,金额占全体的40%。与1935年度的澳毛输入量占全体输入量的94%,金额占95%相比较②,变化极其显著。即1937年度的澳毛输入,因为通商问题纷争,开始控制收购。

通过这次日澳通商纷争事件,更进一步促进了日本的羊毛自给政策。日本认为其羊毛需给,前景未必乐观,特别是以此为契机,更感到将来由国外输入种绵羊的危机。所以,以此日澳通商纷争为契机,日本政府提倡"纤维国策",确保急需的纤维资源作为重要工作,必须采取某些必要措施。日本力图在与之邻接地带进行绵羊的改良增殖,期待迅速供给确保种绵羊以及羊毛之事,越来越成为目前的紧迫课题。1923年以后绵羊事业衰退以来直到1934年,至此,终于又踏上了"振兴"的征途。

于是,日本政府制定了新的从1937年到1948年12年间的绵羊增殖计划。内容为:"一、在日本内地以军方平时所需羊毛自给为目的,从昭和十二年(1937)到昭和二十三年(1948)的十二年为期,制定羊毛自给设施奖励计划。上述计划预计每年输入原种绵羊一万一千三百二十只。要在第一期计划(昭和十二年—昭和十

---

① [日]日本羊毛输入同业会编集:《羊毛输入同业会与我国羊毛输入七十余年的历程》,1961年,第23页。
② [日]大阪市产业部:《羊毛的需给统制》,大阪市产业部贸易课,1938年,第5页。

七年)达到保有三十三万只;第二期计划(昭和十八年—昭和二十三年)达到保有一百二十万只。二、在北海道(中略)"到昭和二十一年要达到保有(绵羊)二十七万七千只。三、在朝鲜,作为第一期计划,从昭和九年开始,到昭和十七年,计划每年输入原种绵羊一万只,到昭和二十三年,要达到饲养绵羊六十五万只"①。此外,关于满洲国,规定为:"在满洲国从康德四年(1937年——引用者注)到康德八年(1941年——同前),以五年计划为期,要达到饲养成羊三百九十五万只(其中杂种以上十九万三千只)"②。该计划制定了到1948年度,要在日本本土、朝鲜、伪满洲国等地要增殖绵羊约600万只的长期增产计划。

为顺应上述计划,根据日本羊毛工业理事会的决定,开始扩充日满绵羊协会的事业,制定了25年增产200万只绵羊的长期计划。首先,从1936年开始,拨出6年间约230万元的预算,进行如下事业③。即"(1)牧场的新设与经营;(2)设置指导技术员;(3)助成满洲国的绵羊改良事业;(4)奖励朝鲜绵羊增殖;(5)奖励关东州绵羊增殖;(6)技术员的培养,在牧场培养绵羊技术人员;(7)召开指导及演讲会;(8)进行羊毛加工试验、原种羊毛的新方法利用;(9)进行与绵羊有关的各种调查"④。

1937年开始的六年计划当初,最被重视的是新设立协会牧羊

---

① JACAR(アジア歴史資料センター)1938年9月、「羊毛生産力拡充大綱計画」中の「現行緬羊改良増殖計画」、Ref.B05016226700.外務省外交資料館。
② JACAR(アジア歴史資料センター)「羊毛生産力拡充大綱計画」の中の「現行緬羊改良増殖計画」。
③ 《日满绵羊协会概要》,第6页。
④ 《东亚绵羊协会概要》,第5—6页

场。1937年4月在"在东北满洲国开拓团入殖中心地方新设绵羊牧场,作为种母羊的供给源同时,也成为开拓团绵羊饲育者的指导机关"[1]的目的之下,在伪满洲国安东省林口县龙爪地方,开始建设日满绵羊协会所属的满洲龙爪牧场,并于9月落成。

作为牧场设立的宗旨以及计划是"本场将来饲养考历代种基础母羊五千只,进行纯种繁殖,将所产羔羊逐年分发给开拓地,作为对蒙古羊改良的原种外,在场内收容开拓团练习生,传授相关知识。同时作为协会技术员的联络场所,以牧场为中心,进行有关开拓地绵羊饲养管理的指导。在此基础上,经过二十五年,确保二百万只改良绵羊,获得一千四百万磅的羊毛"[2]。于是7月上旬,从外国输入考历代种公羊48只、同种母羊2861只。又从日本本土输入考历代种公羊[3],以此作为基础种绵羊,进行纯种繁殖,致力于为改良用生产原种羊。

1937年,根据6年计划,预计委托饲养种公羊5000只,但由于要推进各项准备工作,还有当时由于蒙古绵羊减少购买困难,再加上新设立的移民团建设任务繁忙,收容饲养绵羊的准备工作不足,不得不将预计的预托绵羊数量减少,只从察哈尔地方购入了956只,从兴安北省购入了1008只,合计1964只。此外,种公羊从日本本土的东北以及北海道购买282只,其中的232只分发给了第一次移民团的弥荣村等11个移民团[4]。

----

[1] 《东亚绵羊协会概要》,第5页。
[2] 《日满绵羊协会概要》,第7页。
[3] 同上书,第9页。
[4] 同上书,第9—10页。

总而言之，日满绵羊协会从设立到1940年，向伪满洲国日本开拓团合计共提供发放了兴安北省以及多伦产蒙古种母羊11441只；日本本土产以及朝鲜产考历代种母羊970只，分发到第一次伪满洲国开拓团以下53个开拓团和19个训练所[①]。

根据关东军的《满洲羊毛改良增殖计划要纲案》，作为预定的改良方法，以美利奴种以及考历代种，与蒙古原种母羊交配，获得杂交种，到1937年，供改良用的种羊限定为考历代种。

如前所述，在满铁的公主岭农事试验场，当初用澳洲产的美利奴羊与蒙古羊交配，成功获得近似美利奴种的杂交种改良种羊。但是，此改良种与美利奴种一样，属于毛用专用种，不适于肉用，并且羊皮也不适于皮衣料，这与当时蒙古人的草原生活脱节。于是作为第二阶段的计划，尝试用毛肉兼用种的新西兰产考历代种与蒙古原种羊交配。用考历代种交配获得改良种，毛质好，产毛量也增加了，并且认为其肉也适于食用。由此得出蒙古羊可以进行改良的结论，并开始着手由试验场到实施普及。该计划，后来为伪满洲国沿袭执行。蒙古羊品种改良计划实际最终能否成功，我们在之后继续探讨。当时，在各地的种羊场内进行的改良活动是用考历代种对蒙古原种羊进行改良。

但是，当时日本内部也有对伪满洲国的绵羊改良事业过分期待必须重新认识的声音。认为伪满洲国虽然辽阔，但作为平原所剩下的土地，都是最不适合饲育绵羊的沼泽地带，适合绵羊喜欢吃的生长着茂密牧草的干燥地带已经全部作为耕地被开垦殆尽。因

[①]《东亚绵羊协会概要》，第11页。

此，认为"满洲"遍地是适合放牧绵羊的大牧场，这样的表面肤浅认识必须纠正。虽然伪满洲国的蒙古地方饲养着相当数量的蒙古绵羊，(绵羊)与蒙古人的生活之间关系密切，似乎也有相当的放牧地带可利用。但是，将目前原始状态饲养的绵羊，改良到所需的羊毛水平，使之在日本的羊毛国策事业方面真正发挥作用，绝不是一朝一夕就能成功的。如果从地理关系、治安状况、蒙古人的教育现状等方面认真考虑来判断，即使伪满洲国极为顺利发展，这也是数十年以后的事。如果从大局来观察，最终结果是在治安能够确保的铁道沿线的附近农家，鼓励在有限的空地少数放牧或者是副业式的舍饲，因此必须纠正对伪满洲国绵羊问题的过多期待[①]。

3. 东洋拓殖株式会社在朝鲜的绵羊活动

如前所述，朝鲜的绵羊增殖奖励事业，1934年后制定了增产计划，新设了种羊场，进行民间绵羊事业的奖励助成等。作为日满绵羊协会的支部，设立了朝鲜绵羊协会，致力于绵羊增殖事业。

此外，东洋拓殖株式会社响应朝鲜总督府的"南棉北羊"政策，"力图在北朝鲜发展绵羊事业，1933年4月在咸镜北道庆源郡东原面开设牧羊场，从澳洲输入边区莱斯特种羊60只；从满洲输入蒙古种羊335只，着手经营牧羊场"[②]。这可以说是东洋拓殖株式会社(以下简称"东拓")在朝鲜绵羊事业的开端。

随着朝鲜总督府1934年开始的10年间10万只绵羊奖励第

---

① 《绵羊及绵羊事业研究》，第26—28页。
② JACAR(アジア歴史資料センター)Ref. B06050334800，1941年「10.雑件/(78)本邦会社関係雑件/東拓ノ緬羊事業/雑件公文書」，外務省外交資料館。

一期计划的制定,计划实施之际,根据朝鲜总督府的要求,作为种绵羊的繁殖配给机关,东拓开始经营关于种绵羊的输入以及繁殖的牧羊场。但东拓的力图用边区莱斯特种羊以及蒙古种羊进行绵羊改良增殖的计划,与朝鲜总督府的绵羊奖励方针相抵触[①],不得已,将边区拉斯特种和蒙古种羊逐渐处理,每年从澳大利亚输入2500只考历代种羊,在专心致志进行考历代种羊繁殖育成的同时,增设牧羊场,从事繁殖以及生产绵羊的配给工作[②]。

东拓的考历代种绵羊输入,"从昭和四年继续到昭和十四年五年间(昭和十三年停止),共输入一一四三八只,其中二零四八只分配到朝鲜总督府指定的各道郡农会,九三九零只在五所牧羊场收容饲养"。而"输入绵羊购买费的六成(昭和九年仅为四成)的补助金由朝鲜总督府发给"[③]。

在总督府的保护下,东拓 1933 年设置庆源牧羊场[④]以来,到 1940 年年末,又陆续增设了稳城、训戎、谷山、庆源第二、梨木等牧羊场,从事种绵羊的输入、繁殖、发放等,致力于绵羊改良事业。

在东拓牧羊场生产的绵羊,约经 6 个月育成后,交付其他牧羊场,以每只 30 元的价格,根据总督府的指示,不仅作为农家的种绵羊,分售给朝鲜半岛各道郡的农会,在朝鲜配给剩余的种公羊,当

---

① 日本政府的朝鲜绵羊改良方针是进行原种绵羊的输入以及对其进行增殖,力图供给伪满洲国以及伪蒙疆、华北进行在来种绵羊改良上所需的必要的考历代种羊(「羊毛增産方針」,JACAR,「羊毛生産力拡充大綱計画」)。
② JACAR,Ref.B06050334800,「10.雜件/(78)東拓ノ緬羊事業」。
③ 同上。
④ 该牧羊场由于作为陆军军马补充部用地被征用,1940 年 4 月被关闭(JACAR,「10.雜件/(78)東拓ノ緬羊事業」)。

年交付牧羊场,以每只平均20元的价格,向满洲国以及蒙疆输出,作为满洲国、蒙疆进行原种绵羊改良的种公羊。所以,东拓在朝鲜经营的绵羊事业,在完成朝鲜的绵羊增殖的重要任务的同时,对满洲国以及蒙疆的绵羊改良事业也做出了"重要贡献"。东拓牧羊场开设以来生产的种绵羊配给数额,到1940年12月达12232只[①]。

到1940年12月,东拓在朝鲜各牧羊场共饲育绵羊7442只,从1934年到1940年,各牧羊场共生产羊毛124567公斤,1934年到1940年的羊毛销售额是122215元。到1938年所生产的羊毛主要销售给陆军千住制绒所以及其他一般的毛纺织业者,1939年以后,生产羊毛的全部供军用[②]。

三、抗日战争全面爆发后日本牧羊范围的扩大

1. 日本占领华北、蒙疆地区

1937年7月,日本全面侵华后,日军占领了河北省、山西省、山东省以及北平、天津等地。12月14日在北京[③]扶植成立了傀儡政权"中华民国临时政府",将华北以及平津地方置于其控制下。

[①] JACAR,Ref.B06050334800,「10.雑件/(78)東拓ノ緬羊事業」。
[②] 同上。
[③] 北京的都市名称,从1427年开始到1928年一直称北京。1928年6月20日,中华民国政府将北京改为北平。卢沟桥事变后,日军占领北平后,1937年10月12日将北平改称北京。日本投降后,又改称北平。1949年9月27日,又被改称北京。

最初,傀儡政权"中华民国临时政府"受北支那方面军特务部的"政务指导",1938年12月,日本内阁设立了作为占领地政治、经济、文化方面的统一机关兴亚院,调整与对中国政策有关的其他省厅的管辖事项①。作为现地机关,1939年3月在北京、上海、厦门、张家口四地设置了联络部。兴亚院华北联络部设立后,对"中华民国临时政府"的政务指导,也由北支那方面军特务部移交给了兴亚院华北联络部。1940年3月30日,"中华民国临时政府"被编入汪精卫的民国政府,改称"华北政务委员会"。规定其支配地域及责任为"河北、山东、山西以及北京、天津、青岛市置于其管辖下,处理防共、治安、经济以及其他国民政府委任的各项政务,并且监督管辖下的省市公署"②。华北政务委员会,继续受兴亚院华北联络部的政务指导。

华北地区的河北、山西、山东三省尽管是农耕地带,如山西省地理上与蒙古草原接壤,古来绵羊饲养业一直较为发达;河北、山东省的农家也有饲养绵羊的传统,绵羊作为农家的副业,饲养数量颇为可观。因此,这一地域也大量出产畜产品。根据统计,1939年,这三省共饲育着530万只绵羊。其中河北省200万只;山东省80万只;山西省250万只③。日本在华北地域欲增产粮食、棉花的同时,认为作为军需资源的畜产资源的增产,也是占领地经济政策

---

① [日]柴田善雅:"作为中国占领地行政机构的兴亚院",《兴亚院与战时中国调查》,第25页。

② [日]高木翔之助编:《北支·蒙疆年鉴》,北支那经济通讯社,1941年,第53页。

③ [日]兴亚院政务部编:《北支蒙疆农业调查报告书》,1940年,第162页。

的重要一环。因此,为获得羊毛资源,与在伪满洲国实行的绵羊改良事业同样,毋庸赘言,欲将华北地域主要饲养的蒙古原种羊进行改良。

卢沟桥事变后,日军在占领华北的同时,也占领了张家口、大同、绥远等地,日本在这里扶植成立了伪蒙疆政权。

卢沟桥事变前,绥远、察哈尔省为中心的西部内蒙古地方,大部分为天然草原,作为羊、马以及羊毛等产地广为人知,饲养着400万只绵羊以及大量的马、牛等家畜。察南、晋北的所谓农耕地带,因为与草原相邻,也有饲养家畜的习惯。而且该地域由于与西北地区接壤,经由该地运往华北的羊毛,年约1350万公斤,占中国全产出量的70%多。相当于伪满洲国产量的4倍,相当于日本1938年需要量的13%[①]。

为获得羊毛资源,日本欲将伪蒙疆地域作为绵羊改良增殖的基地,将其看成是日、满、支经济圈内主要羊毛资源供给源,欲进行绵羊改良事业。

2. 日满绵羊协会改称"东亚绵羊协会"

随着华北和蒙疆地域成为日本的占领地,在这两地域,大概饲养着约980万只绵羊[②],成为日本羊毛政策的新天地。

特别是蒙疆地域,是当时日本占领地中最大的畜产基地,绵羊的饲养数量达400万只。日本企图将当时产毛量少、毛质差,只为

---

① 《蒙疆经济地理》,第173页。
② 《北支蒙疆农业调查报告书》,第162页。

获取肉和皮而饲养的蒙古原种羊进行改良,即欲通过增产羊毛、改善毛质,把蒙疆地域变成羊毛政策的中心地带。而且,日满绵羊协会的活动范围也伴随着日本占领地的扩大,扩展到蒙疆、华北地域。1938年7月,日本将"日满绵羊协会"改名为"东亚绵羊协会","实施广阔东亚的全盘事业"①。由于事业范围扩大,为监督指导华北地方的绵羊改良增殖事业,1940年11月在北京,作为东亚绵羊协会的支部,设立了"华北绵羊改进会"企图统辖华北地区的绵羊改良事业。另,1941年11月,在蒙疆设立了"蒙古绵羊协会",该协会"作为指导机关、作为政府代行机构担当牧羊国策的一部分任务"②。于是1938年年末,东亚绵羊协会即进入蒙疆地区,在张家口设立了东亚绵羊协会的蒙疆支部,开始准备进行蒙疆的绵羊改良工作。

四、本章小结

战前日本牧羊业的发展是战争刺激的产物。从明治维新后到九一八事变前,日本的牧羊计划可以说没有连续性。日俄战争、第一次世界大战曾一度促进了日本牧羊业的发展,并且当时日本的殖民地朝鲜也被纳入日本的牧羊事业中。九一八事变后,日本的牧羊业开始迈出国门,日本欲把中国东北作为大陆的绵羊改良基地开展改良活动。在这里设立了日满绵羊协会,作为日本经济圈

---

① 《东亚绵羊协会概要》,第2页。
② 毛织物中央配给统制株式会社:《大东亚共荣圈纤维资源概观》(第一部 羊毛资源·第三辑 支那之部),毛织物中央配给统制株式会社,1943年,第35页。

内绵羊增殖事业的实施指导机关担当其工作。可以说由此为日本羊毛国策的正式开始。卢沟桥事变后,华北、伪蒙疆地区也成为日本的占领地,这里成了日本羊毛政策的新天地。伴随着日本牧羊范围的扩大,日满绵羊协会改称为"东亚绵羊协会"。从此日本的牧羊事业范围包括日本内地、朝鲜半岛、伪满洲国、华北地区。伪蒙疆地区的绵羊改良事业,成为当时日本羊毛政策中的重要一环,伪蒙疆成为日本的下一个绵羊事业的扩张地域目标。

第二章 日本在伪蒙疆实行的统制经济政策

一、"日、满、支经济圈"内蒙疆的地位

1937年7月7日,日本华北驻屯军发动卢沟桥事变,占领了平津。8月,日本关东军配合其行动,发动"察哈尔战役",27日占领了张家口。继而在日军的操纵下9月4日成立伪察南自治政府。之后关东军又向西进犯,于9月13日占领大同,10月15日成立了伪晋北自治政府。攻陷大同后日军继续向西进犯,10月14日占领了绥远省归绥,17日占领了包头。在关东军的指使下,10月28日成立了伪蒙古联盟自治政府。11月,日本成立了控制上述三伪政权产业、金融、交通等重要经济部门的"蒙疆联合委员会",在经济领域完成了对该地域的统和。到1939年9月,日本又将上述三伪政权合并,成立了伪蒙古联合自治政府,现在一般称之"伪蒙疆政权"。

当时的蒙疆地域产业资源极为丰富,特别是以铁矿石、煤炭为主的矿业资源以及以羊毛为中心的畜产资源等,在所谓日本、伪满洲国、华北、蒙疆经济圈内,具有特别重要的意义。

1. 蒙疆的矿产资源

当时伪蒙疆地区的地下矿产资源,主要有铁矿石、煤炭、石棉、云母、铅、天然碱、盐等,并且储量丰富,其中最引人注目的是煤炭和铁矿石。当时在中国已经探明的煤炭储量的 2400 亿吨中,该地域的储量约为 1200 亿万吨,占全中国探明储量的一半①。

伪蒙疆地域内的著名煤田有晋北的大同煤田、察南的下花园煤田以及包头附近的大青山煤田。根据 1937 年满铁的调查,仅大同煤田的储量就达 400 亿吨②,并且煤质优良世界罕见。日本占领晋北地方后,1938 年 2 月 11 日,伪晋北自治政府与满铁之间签订合同,将煤田委托满铁经营。之后从 1940 年 1 月起,又交由新设立的大同炭矿株式会社采掘经营③。大同煤矿重新开工四年后的 1941 年,由于实行机械化采掘,已经和日本内地的三池煤矿同样,达到年产 300 万多吨④。

当时,不论战时经济还是平时经济,对于重工业、运输业、电力工业、轻工业以及其他一般工业而言,煤炭资源是第一重要的能源供给源。在当时所谓"日、满、支、蒙疆"的东亚经济圈,作为重力燃料的煤炭资源的需给关系,成为重大课题。从日本的煤炭需给关系看,曾有"昭和十二、十三年度已经有三百万吨的缺口,昭和十六

---

① [日]平竹传三:"蒙疆建设论",财团法人善邻协会:《蒙古》第 15 号(通卷 97 号),1940 年 6 月,第 13 页。
② 《蒙疆经济地理》,第 25 页。
③ 同上书,第 24 页。
④ [日]金井章次:"蒙古自治政府的成立",五原事件青史刊行会编《五原事件青史》,蒙古警友会(日本金泽),1986 年,第 47 页。

年缺口达七百万吨。同年度的煤炭需要额六九〇〇万吨,昭和二十年度的需求额为九一〇〇万吨。解决重力燃料的煤炭问题必须认真考虑"①的记载。因此伪蒙疆地区丰富的煤炭资源,对"日、满、支"经济意义重大。

此外,伪蒙疆矿产资源的重要性,不仅表现在煤炭燃料问题上,在重工业、军需工业的基础资源——铁石资源上也具有重要意义。伪蒙疆的察南地区,有当时中国屈指可数的龙烟铁矿,根据调查,其埋藏量为2亿吨。北洋政府时期曾设立龙烟铁矿公司进行开采,日军占领察南后,该矿山被蒙疆联合委员会接收,蒙疆联合委员会鉴于该矿山的重要性,1939年5月公布"龙烟铁矿株式会社法"②,同年7月6日,由蒙疆联合委员会和北支那开发会社合资,设立了龙烟铁矿株式会社③,进行采掘开发,期待通过对日供给铁矿石,在日本的钢铁政策方面做贡献。

众所周知,日本国内铁矿资源极为贫乏,如欲从根本上扩充日本的战时经济,使物资动员计划顺利实施,在"日、满、支、蒙疆"的东亚经济关联政策下,大陆铁资源的积极开发与日本经济的融合是当务之急。从与伪蒙疆地域密切相关的铁矿经济的关系看,一定会对日本战时经济的扩充做出重大贡献。

伪蒙疆在资源方面不仅仅有储量丰富的煤炭、铁矿石,以蒙盐

---

① 平竹传三:"蒙疆建设论",《蒙古》,1940年6月,第12—13页。
② [日]蒙疆银行调查课编:《蒙疆主要会社法令及定款集》,1939年,第79—81页。
③ 《蒙疆经济地理》,第22—23页。

为主，还蕴藏着大量的铅、石棉、云母、硫黄、天然碱、石墨等[①]。而且随着日本占领该地域后进行的各种资源调查，各地不断有新资源发现，这使当时在东亚经济中伪蒙疆地区的资源意义进一步继续增大。

2. 蒙疆的畜产资源

蒙疆地域的畜产资源与煤炭、铁矿石并称为该地域的三大重要资源。该地区地域广润，牧草茂盛，是天然大牧场，"蒙古联合自治政府"牧野总局畜牧科推算，其牧野面积为 29850098 公顷[②]。在这广袤的草原地域，饲养着绵羊、山羊、马、牛、骆驼等家畜，同时还盛产羊毛、骆驼毛、皮革等畜产品。当时，伪蒙疆的畜产资源，根据地域不同大体分为以下三类。

北部游牧地带。即阴山山脉北部，蒙古族居住地带（即后来伪蒙疆政权的五盟地区），这里受农耕文化的影响较小，牧民依然逐水草而居，实行粗放的游牧业。没有收容保护家畜的畜舍设施，也不储存干草饲料。由于寒冷、饥渴、疫病、狼害等，家畜的年损失率为 25%—30%。当时据说蒙古人一户平均五口人之家，如果有羊50 只，牛 8 头，马两匹可以维持最低的生活水准[③]。所以，如果拥有如以上数量的家畜，一个普通家庭就可以过得去，因此自古以来就采用粗放的游牧方式。锡林郭勒盟南部属于此类的典型。

中部农牧地带。即京包线以北，北部游牧地带以南的汉族、蒙

[①] 《蒙疆的经济》，第 156 页。
[②] ［日］农林省畜产局：《蒙疆的畜产》，1940 年，第 41 页。
[③] 《蒙疆的经济》，第 110 页。

古族杂居地区。由于汉族移民的进入,蒙古人的放牧地显著缩小,所以,逐水草游牧不再可能,只好采取集约式的畜牧法,蒙古人也开始定居。畜牧形式也固定。设立了保护羊群、马、牛的畜舍设施,亦储藏冬季饲料的干草。以察哈尔盟为典型,即蒙古人、汉族的交错地带。

南部农耕地带。即京包线以南的汉族居住地带(后来伪蒙疆政权的察南、晋北地区)。这一地域,主农伴牧,汉族作为农耕的副业也饲养家畜。牛、马、驴、骡等家畜作为农耕用役畜饲养,少部分作为副业,也饲养绵羊、山羊、猪等,驴、骡、猪只限于这一地带饲养。这一地带,设立防寒用的畜舍,储存饲草,是蒙疆地区实施最进步的饲养管理的地区。

位于北部游牧地带的锡林郭勒、察哈尔北部、乌兰察布、巴彦塔拉、伊克昭盟的所谓五盟地方,是游牧地区。家畜饲养量与察南、晋北这样的农耕地域相比,数量遥遥领先。1936年,这一地域的家畜总拥有量为6678400头(只),其中牛814100头,马499600匹;骆驼14000峰。绵羊4017100只,山羊1343600只,合计5360700只。羊的数量占牲畜总量的半数以上[①]。即该地区最多的家畜是羊,其中绵羊是家畜中的中心存在。

该地域主要的毛类以羊毛为主,此外还有山羊毛、骆驼毛等。本地人用蒙古羊毛制作"毡子、毡帽、毡靴",属于粗糙制品。毡子在农牧混居地带,无论汉人、蒙古人是作为屋内炕上的铺敷物,但

---

① [日]高木翔之助编:《北支·蒙疆年鉴》,北支那经济通讯社,1940年,第179页。

第二章 日本在伪蒙疆实行的统制经济政策

在纯蒙古地带,作为蒙古包内的铺敷物之外,还用做蒙古包的墙壁或牛车的帷帐,并可以支撑各种容器等,用途极其广泛"①。但蒙古绵羊的羊毛作为工业纺织用毛绝不属于优良毛。即蒙古原种羊产毛量少、毛质低劣。当时蒙古羊一只的平均产毛量只有一公斤左右。毛粗且弹性差。因此,蒙古羊毛作为原料,只能制作低级毛织物、毛毯、毛毡类等。尽管蒙古羊毛作为毛纺织品的原料品质不高,但在当时的世界市场上确有相当的销路。价格低廉是原因之一外,具有作为厚地毛呢的原料特征是主要原因。此外作为其他绒毛类还有作为优质毛呢的基础材料也很受欢迎②。蒙疆出产的动物皮革有羊皮、山羊皮、牛皮、马皮、骆驼皮。其中羊皮和山羊皮的产量最多。这些是蒙古人作为冬季防寒用被服的必需物资。皮革主要由汉人从各地收购,在张家口、厚和、包头等地的作坊进行粗制加工,然后运往京津地方。

1936 年度,该地区的动物皮革生产总量为 1379894 张,其中羊皮约 974200 张,占生产皮毛总量的 73%。各种畜毛生产总量 15617900 公斤,其中羊毛 13486000 公斤,占畜毛生产总量的 80% 以上③。该地域以及西北地方经由该地输往华北的羊毛,年产约 1350 万公斤,这相当于全中国产出量的 70% 多,相当于 1938 年度日本总需要量的 13%④。所以该地区拥有丰富的畜产资源,是重要的畜产资源供应地。

---

① [日]善邻协会调查部编:《蒙古大观》,改造社,1938 年,178 页。
② 《蒙古大观》,第 176—178 页。
③ 《蒙疆的畜产》,第 49—50 页。
④ 《蒙疆经济地理》,第 173 页。

该地区的畜产资源,与铁矿石、煤炭被并称为伪蒙疆的三大资源。战前的日本经济中,如前所述,羊毛资源几乎全部依赖澳洲以及海外其他国家输入。1937年度的输入额是195383500斤,金额达298404000元①。据统计,如果满足这些羊毛需求,日本需要饲养3000万只绵羊。但日本内地由于饲料作物栽培的限制,预测可能饲养的绵羊数量是600万—700万只②。但是,1937年,日本国内以及朝鲜饲育的绵羊约12万只③。

在如此严峻的羊毛供给下,如前所述,伪蒙疆以及华北当时饲养近1000万只绵羊,这些羊毛资源的整合利用,对日本来讲,是当务之急。其中,由于伪蒙疆地区的自然条件是最具备发展牧羊的有力天地,所以日本方面预测"蒙疆在畜产方面将来要日益发挥独特意义"④。

于是,蒙疆地区的畜牧经济的特性,以与战争行动愈加重要的羊毛为主,骆驼毛、猪毛,以及出产各种大量皮革,当时,对东亚经济具有决定意义。由于资源的特性,决定了蒙疆地区在"日、满、支"经济圈内的地位。

3."日、满、支经济圈"内蒙疆的地位

随着伪蒙疆政权的出现,该地域被编入了所谓"日、满、支"经

---

① 《羊毛的需给统制》,第5页。
② 《本邦的绵羊与本会的绵羊增殖设施》,第12页。
③ 《大东亚共荣圈纤维资源概观》(第一部 羊毛资源·第一辑 本邦之部),第24页。
④ [日]平竹传三:《兴亚经济论(蒙疆·北支篇)》,大阪屋号书店,1941年,第95页。

济圈。在该经济圈内,伪蒙疆处于日本的商品输出市场、日本的资本输出市场,特别是日本以及伪满洲国的原料供给市场的位置。伪蒙疆作为日本商品输出市场的地位,对于战时的日本来讲,处于次要地位。因为当时该地域的人口不过500多万,作为商品商场,与华北、华中那样的拥有大量人口的地域相比,显得微不足道。特别是对于国防资源依赖海外,又必须进行扩张战争的日本来讲,为充分获得国防资源,或是限制国防资源以外的各种商品来节约外汇,或是通过扩大与经济圈以外各国的出口来获得外汇。所以,当时不用说原料依赖海外的日本的轻工业只能实施生产缩小再编。还有,日本的输出商品,几乎所有的原料都依靠经济圈以外输入,不仅不能获得外汇,反而会使外汇支出增大。因此,不得不对如伪蒙疆等经济圈内的输出加以限制。

此外,该地区作为日本资本输出市场的地位,也与商品输出市场的地位同样。1936年以后急剧进行的"日、满"军需生产力扩充,显著唤起对生产资金的需求,不存在可以能够输出的剩余资本。于是,即使对伪满洲国的投资,也不得不暂时缩减。在没有剩余资本的状态下,或者说日本国内对资本存在巨大需求的情况下,作为资本输出市场该地域的价值,对当时的日本来讲,应该说是处于次要地位[1]。但是,为照应该地域资源的特殊地位,开发伪蒙疆资源之际,必须输出日本资本。即使日本资本输出乏力的情形之下,也必须坚持输出。并且对伪蒙疆的资本输出,一直采取直接的资本输出的形态。

---

[1] [日]杨井克巳:《蒙古资源经济论》,三笠书房,1941年,第57—58页。

总之,所谓"日、满、支、经济圈"内伪蒙疆的地位,主要被置于向日本以及伪满洲国提供原料供给市场的地位。换言之,正因为伪蒙疆拥有如此丰富的资源,才决定了它在"日、满、支、经济圈"内本身的地位。

所以,由伪蒙疆地域提供的原料产品,第一是国防工业、重工业的基本原料,特别是铁矿石以及煤炭;第二是作为军需资源重要的羊毛以及其他畜产品。也就是说,日本力图将该地域变成工业原料的供给地和军需物资的调集基地。

众所周知,当时,一般工业原料日本的自给率极低。关于羊毛资源有"本帮羊毛的需要额昭和十二年实际国内民需五十七万俵,输出用十九万俵,军需八万俵,合计八十四万俵。但日、满改良羊毛供给额仅为二千五百俵"之记录[1]。

不用说一直就缺乏的铁矿石,就连日本能自给的重工业的基本原料煤炭的需求量也一直持续增大,不能满足国内的需求,如前所述,1937、1938年度,就已经出现了300万吨的不足。

九一八事变后形成的"日、满经济圈",曾一度确保了日本的铁矿石和煤炭。但随后由于日本国防工业的膨胀以及全面侵华战争的扩大,依然不能摆脱国防资源依赖海外的局面。1940年后半年随着国际形势的急剧变化,只得依赖海外资源来提高扩充国防。于是,日本、伪满洲国在日元经济圈内获得必要的国防资源变得越来越重要。这样,以前一直依赖日元经济圈外各国的羊毛,此后有

---

[1] JACAR(アジア歴史資料センター)Ref.B05016226700,昭和13年9月「羊毛生産力拡充大綱計画」,外務省外交資料館。

必要在日元经济圈内获得之事也变得同样越来越重要。

日本痛感在日元经济圈内有必要获得的铁矿石、煤炭以及羊毛,蒙疆恰恰有着丰富的存在。即该地域作为矿产资源以及羊毛资源的供给地,在"日、满、支经济圈"内占有重要地位。尤其是在畜产资源方面,该地域作为"日、满、支经济圈"内的资源供给地将发挥重要作用。

二、伪蒙疆统制经济的背景

鉴于伪蒙疆政权作为矿产资源以及羊毛资源的供给地在"日、满、支经济圈"内所占的重要地位,日本占领当局认为"如果在资金、人、物一切方面不依靠日本,蒙疆的经济活动不能运营。蒙疆作为广义上的高度国防国家的意义,不在于单纯经济上的自立,而是在于辅佐大东亚共荣圈的圆满顺利运营"[①]。所以,日本方面为有效控制该地区的经济以及最大限度地获取所需的战略资源,在蒙疆地域全面推行统制经济。

1. 蒙疆的防共地位

当时,对日本来讲蒙疆是具有特殊性的地域。正是由于这一特殊性,决定了日本开发建设蒙疆地域的重要性。也正是这一特殊性,使日本认识开发建设蒙疆的必要性。由此决定了在经济方面实行统制的必要。

---

① 《蒙疆的经济》,第11页。

如果从地缘政治方面看,当时蒙疆地方的东部和南部,与伪满洲国以及华北邻接,关系密切;北边与苏联控制下的外蒙古为界;西部经由宁夏、甘肃、新疆,可通印度或中亚。即通过外蒙古以及新疆,在发挥警戒可能出现的苏联势力南下或东进的同时,"从积极方面看,蒙疆可以说将来是日本'共荣圈'北上、西进的主要基地"①。

以卢沟桥事变为契机,以"亲日防共"为宗旨的伪蒙疆政权的建立,日本认为可以遮断苏联红色之路的扩展,伪蒙疆政权的诞生,为日本和伪满洲国满构筑了一座防共壁垒。

2. 蒙疆的特殊性

以上从"防共"的角度观察了蒙疆的特殊性,此外,从政治、军事、资源经济的角度看,日本认为蒙疆也属于特殊地域。

蒙疆地域的政治上的特殊性,是由于其作为对苏防共的根本意识形态高度自治体。卢沟桥事变后,苏联通过西北通道支持位于中国西北部的共产党政权的同时,还持续推进共产党外蒙古政权的确立。如果从日本方面来看,确立防共第一线的蒙疆地区的地位,可以说是必须进行的"国家事业"。当然,作为日本,对中国西北的共产党势力,还有赤色外蒙古,绝对不能容忍在这些地带共产机构的存在。容忍这些存在,也就是在共产党地带客观招来苏联宗主权的结果,与日本国不利,因此相当警惕。所以,1940年汪精卫伪政权成立后,在日本的压力下,也不得不承认蒙疆地区以前

---

① 《蒙疆的经济》,第4—5页。

的政治机能。

1939年9月,日本占领当局将察南、晋北、蒙古联盟自治政府三伪政权合并,成立了伪"蒙古联合自治政府"。这主要是从综合产业开发的角度出发进行合并,确立了全蒙疆地域的单一政权。

1940年3月,以中国日本占领区为对象的汪精卫伪政权成立之际,对伪蒙疆政权的处置与以北京为中心、支配华北地域的"中华民国临时政府"和以南京为中心、控制华中地区的维新政府的处置迥然不同。即所谓的"临时政府"和"维新政府"成立之初,就是作为将来对全中国有宗主权的汪精卫新政府的准备工作所组织的。而伪蒙疆政权,如前所述,是针对赤色外蒙古以及中国西北地区共产党政权,作为国防或者是推进未来政策的立脚点的政权而建立的。换言之,如果说曾经的北京临时政府和南京的维新政府,是作为汪精卫政府的对中国工作成立的话,那么伪蒙疆政权是为贯彻当时日本的根本国策,作为对苏工作的前线据点而设立的。这样的政治建设,体现在建设的要素人——主要由伪满洲国派遣进入蒙疆,所以蒙疆地区满洲国的色彩颇为浓厚。无论从政治体制的人物与构成看,还是从经济政策、社会政策方面看,某种意义上,可以将蒙疆看作第二个满洲国①。因此蒙疆地区与一般日本的中国占领区色彩明显不同,在计划统制政策之下,政治、经济、社会的全体都被动员起来,作为第二满洲国来建设。

随着南京汪精卫伪政权的建立,"临时政府"、"维新政府"自然

---

① 比如日军占领这一地域后,以伪满洲国间岛省省长金井章次为首的接收人员到达张家口,建立了傀儡政权,之后又从满洲国派遣了众多"人才",支援蒙疆。

消解，临时政府改称"华北政务委员会"，而伪蒙疆政权依然使用旧有的名称，机构内容也没有任何变化，继续存在。

当然，对伪蒙疆政权来讲，南京汪精卫政权的成立以及其政策并非与其完全无关。伪蒙疆政权和华北政务委员会同样，承认汪精卫政权的所谓"宗主权"。但蒙疆地区有如上所述的关系，即是作为重要的对苏特殊地带，有着独特的政治地理特性，所以汪精卫政权也不得不承认蒙疆的特殊性[①]。

与伪蒙疆政权这样政治上的特殊性相并行的是军事上的所谓"国境军事国防国家"特性。处于政治地理上对苏防共地带，同时从军事地理来观察，当然要求是国境防卫的军事国防国家。以防共为目标的政治政策，毋庸赘言最初是由军事机能、军事实力来达到其目标。在这一意义上，蒙疆地区作为防共的高度自治体的同时，也兼有国境军事国防国家的内容和特性。所以，蒙疆地区作为防共的高度自治体以及国境军事国防国家，即被定义为据点或者国境军事国防据点。如前所述，随着当时东亚政局中日本、苏联接触的重点也从伪满洲国、苏联国境转移到中国西北部的结果，蒙疆地区在军事方面的重要性显著增大。

此外，伪蒙疆政权的存在，不仅仅在对苏政策方面，在对中国政策方面也备受重视。即"如果蒙疆地区的防共壁障和防共高度自治体不存在的话，即使中央政权提倡亲日防共以及纯正三民主义，进行新支那建设，西北支那赤色势力也会向中央部侵入，使新

---

① ［日］外务省编：《日本外交年表及主要文书（下）》，原书房，1966年，第470页。

支那社会秩序的树立蒙受损害"[1]。

此外,作为蒙疆地域的经济产业方面的特殊性,有土著产业资本贫弱、商业资本发达及殖民地性、第三国投资劣弱等。

卢沟桥事变前,蒙疆地域内的近代企业只限于铁矿、煤矿、面粉加工、电灯四部门。其他只不过是毛纺工场和酿酒作坊而已,而且这些企业的大部分是官营或是依存于阎锡山的军阀资本[2]。这足以证明蒙疆地区土著产业资本的极度贫弱。因为在军阀混战之地,不可能期待成为新榨取对象的固定资本的产业资本的勃兴是必然的。另一方面,市场的狭隘性制约着企业的规模不可能扩大。还有,1922年平绥铁路通车后,质优价廉的地域外商品进入本地,也是产业资本不发达的原因。

蒙疆经济,如上所述严重阻碍着产业资本的发展,但另一方面商业资本对农牧民的支配处于绝对地位,商业资本占绝对优势是蒙疆经济的第一特征。

观察蒙疆贸易中商品输出、输入的种类可知,输出方面农产品以及畜产品占压倒性比重,1939年度两者占输出总额的49%[3]。输入品中制造成品占压倒多数,而且制造品中最明显的是纺织品(23%)等消费品[4]占多数可以说明,蒙疆地域的产业主要是农牧业,工业及不发达。也就是说,蒙疆的输出入构成特点是输出农畜产品,输入消费资料。所以商业资本发达,成为蒙疆经济的显著

---

[1] 《蒙疆建设论》,第16—17页。
[2] 《蒙疆的经济》,第5页。
[3] 同上书,第234页。
[4] 《蒙古资源经济论》,第215页。

特征。

特别是平绥铁路开通后,在商业资本导入确立的同时,地方的农畜产品由自给自足生产逐渐向商品生产阶段移行。特别是蒙疆农产品的输出量与总收获量相比,所占比率相当大,这也证明蒙疆的农业已经达到了高度的商品生产阶段。

由此可见,在蒙疆农畜产品与工业制成品的交易过程中,商业资本的霸权地位。并且可以清楚得知,在对内贸易中商业资本对农牧民的剥削的绝对性、汉商对蒙古人榨取的实情。

同时,平绥铁路开通后,蒙疆经济必然与外国市场发生联系,使其经济染上了浓厚的殖民地色彩。例如:关于畜产品的输出,由西北地域和蒙疆地带上市的羊毛,由天津港输出的数量,约占每年天津港输出皮毛额的 70%—80%,主要输往美国。当时,在张家口天津外国商人收购皮毛的商店有近 20 家,左右着蒙疆皮毛类输出的大半。所以美国景气如何,立即会敏感地反映到蒙疆的皮毛市场[1]。

如上所叙,平绥铁路开通后,商业资本方面,导入了相当多的外国资本,但作为产业资本,第三国的投资还相当贫弱,仅有英美烟草的 1300 万元。根据 1939 年的调查,蒙疆地域第三国的投资 1 亿 800 万元之中,英美烟草占 1800 万元,仅占总额的 11.5%,日本占其中的 25%。事变前英美系的石油公司曾进出蒙疆,事变后不再营业[2]。由此可见作为产业资本第三国投资的劣弱。即在蒙

---

[1] 《蒙疆的经济》,第 7 页。
[2] 同上书,第 7—8 页。

疆地区,由于没有第三国搅乱的历史,仍是处女地。开发蒙疆,对于当时的日本来讲,完全可以作为第二个满洲国来培养。

蒙疆地区与伪满洲国同样,彼时的发展阶段,要达到日本那样的高度资本主义发展阶段还相距甚远,仍处于中世纪封建农业经济的水准,是从属于华北经济的殖民地经济地带。由于蒙疆自身没有民族资本的积累,文化技术方面也落后,所以蒙疆经济政策推行之际,不可能动员蒙疆自身的资本、技术,必须接受日本经济的诱导和支持。但也不存在像日本国内那样复杂的经济机构。所以日本把它看作是一块处女地,认为有就此开始新经济计划的充分余地[①]。所以在蒙疆,日本可以不受任何约束,实施统制经济计划。

3. 统制经济的目的

根据以上日本认为蒙疆的"特殊性",决定了开发这一地域的必要性。而且如果欲开发蒙疆资源,在经济方面有必要实行统制。

当时,随着日本、伪满洲国、中国日本占领地域的物资动员计划的推进,日本期待东亚经济的扩充是以卢沟桥事变为契机,顺应今后世界形势变化推移的必须政策。这一点上,蒙疆地区因为拥有丰富的煤炭、铁矿石、羊毛、皮革以及其他重要的战时经济的基础资源,对此进行积极开发并对日供给,对日本经济的再编成会发挥重要作用。所以,蒙疆的经济政策是迅速开发生产力扩充上重

[①] [日]平竹传三:《兴亚经济论(蒙疆·北支篇)》,大阪屋号书店,1941年,第203—103页。

要的各种资源,把蒙疆作为东亚共同体经济的一环,在构筑自给自足经济圈的同时,不断进取,变成对日本原料的供应地。在此目的下,从1938年开始,在日本的主持下制定了蒙疆经济开发计划①,同年末,为顺应日本的物资动员计划,蒙疆地区也制订了自身的物资动员计划,开始进行资源调查,并开始实施积极的产业开发。

但是,卢沟桥前事变前,蒙疆地区无论从政治上还是经济上看,完全是中国大陆的一部分。伪蒙疆政权成立后,政治上成为"独立"的政治形态,可经济上依然是中国经济的一部分。如本文后述所言,伪蒙疆政权成立后,很快完成货币统一,整顿了金融机构,并开始了独自的经济开发,如此这般,需要独立的经济圈。不能正确把握经济界,不执行独自经济政策,维持独立的货币制度也困难,特别是像蒙疆经济那样,与京津资本密切相关的地域,如果不实行统制经济,特别是如果不实行贸易统制,要实现国际收支的平衡是困难的。所以说对经济机构进行统制,力图实现蒙疆经济圈的独立,可以说是必然的命运。

蒙疆作为"日、满、支经济圈"的一环,为满足日本的战时经济要求,并尽早完成蒙疆自身特殊的军事以及政治建设,对经济运行加以统制势在必行。尤其是在蒙疆那样的战时以及战场形势下,更有此必要。即通过强权对经济领域的各个方面加以统制是不可

---

① 1938年3月,三政权的经济统和机关——蒙疆联合委员会制定了"蒙疆产业开发五年计划",经过一年到1939年,大概取得了80%成绩。1938年5月,蒙疆联合委员会、驻蒙军、兴亚院蒙疆联络部等关系机关召开协议会,将原计划修正为"蒙疆产业经济三年计划"。计划以煤炭、铁矿石、羊毛等13项目为重点进行开发,但进入1940年秋,兴亚院蒙疆联络部又制定了新的"蒙疆产业开发五年计划",预定从下一年度开始实施。

回避的。

为实施统制经济,伪蒙疆政府于1939年公布并实施《物资统制法》[①],规定对物资的生产、配给、消费、移动等加以全面统制。通过此法,伪蒙疆政权任何时候对所有物资可以以指定"统制"的名义,指定该物资为统制物资,由政府指定价格,并且由政府指定的组合进行垄断经营,这实际上是为日本获得工业及军需生产资料而制定的法律,是日本在这一地区推行统制经济政策的核心部分。

基于《物资统制法》,对生产和流通领域的各个方面加以统制。但是,对生产领域的统制比较低度,当时,蒙疆统制经济的力点在流通领域,并且被大力推进[②]。尤其对流通领域中最重要的输出入贸易方面实施了明显的统制。

当时,蒙疆实施输出统制的目的是:第一,为获得蒙疆开发建设必要的资材,使获得外汇成为可能。为此,扩大输出的理由不言而喻。但是,振兴输出在自由贸易制度下,不仅不能直接改善蒙疆的国际收支,也不能获得外汇。因为当时的蒙疆地域,不仅军事上,而且经济上被战场形势所支配,或者说存在着被支配的潜在倾向,如果贸易方面自由放任,蒙疆的物资,有可能通过特殊通道流入西方的国民党傅作义控制区或八路军的大青山根据地。如此形势,再加上蒙疆的通商贸易一直隶属于京津资本这一情况相伴随,会发生通过物资逃避资本,使输出货款不能确保在蒙疆地域内。所以如果不采取增进输出的强力的输出统制措施,蒙疆就不会获

---

① [日]财团法人东亚经济恳谈会编:《蒙古联合自治政府贸易关系法规集》,1941年,第59—61页。
② [日]杨井克巳:《蒙古资源经济论》,第267—268页。

得外汇。这就是蒙疆几乎所有的商品实施输出许可制的原因。

第二,对蒙疆自身而言,为满足日本的战时经济的要求也是非常必要的。蒙疆作为"日、满、支那经济圈"的一环,被置于起到为日本的战时经济之要求即生产力扩充以及获得外汇(或节约外汇)发挥作用的地位。这一点上蒙疆应该起到的是提供矿产资源,即铁矿石以及煤炭、畜产品(主要是羊毛)的供给基地之作用。为确保这些资源,在对这些物资的生产领域加以统制的同时,在流通领域,特别是对于输出方面,必须加以强力的统制。如果不进行统制,日本战时经济欲求的物资,在战场形势支配下,会通过特殊通道流向傅作义军或八路军控制区。这是蒙疆对矿产品以及畜产品实施统制的主要理由。其实,在这一点上,与其说限制输出,不如说禁止输出。

第三,为取缔走私有必要强化统制。如果仅对商品输出实施许可制,蒙疆并不能达到输出统制的目的,明显依然存在着物资走私的危险。华北、尤其是京津地区的物价显著腾贵,与蒙疆地域的物价之间存在着相当的差价,有越来越诱发向京津地方走私的可能。因为蒙疆地域内与地域外之间有较大的物价差价,蒙疆的粮谷以及家畜通过走私流出地域外已经是事实。所以取缔走私,为使输出统制更加完备,需要进一步强化统制。达到这一目的的手段之一,就是对贸易机构加以统制,建立输出组合制度。

三、蒙疆统制经济的措施

如前所述,伪蒙疆政府在1939年11月公布并开始实施《物资统制法》,规定对物资的生产、流通等加以统制,在此基础上对生产领域以及流通领域的各个方面实行统制。当时,蒙疆统制经济的重点在流通流域,尤其是在流通领域最重要的贸易输出入方面,实行了严格的统制。作为统制措施制定、公布以及实施有关统制经济的法律和法规;在流通领域的贸易统制方面设立了输出入组合;在生产领域,采取统制经济下的"一项事业一社"主义等。本节对这些统制措施进行检讨。

1. 政策法规

蒙疆的统制经济法规,作为单行法,卢沟桥事变后不久就已经公布实施。主要有"兽毛类输出取缔令"(1937年)、"皮毛类搬出取缔令"(1938年)、"铜搬出取缔令"(1938年)、"杂谷类搬出取缔令"(1939年)等。除"杂谷类搬出取缔令"是三自治政府制定外,其他三项法令的制定,都和蒙疆联合委员会有关。伪蒙古联合自治政府成立后,将以上单行法统合,再加上新的取缔品目,1939年10月10日,颁布并实施《贸易统制法》[①]。该法第一条规定"政府为确保重要物资及其需要以及价格调节,为图谋国际收支的平衡,认为有必要时由经济部长指定所定的物品,对其输出输入加以限制或禁止,力求促进输出或输入"。显示了贸易统制的方针。

伴随着贸易统制法的公布实施,上面所述的"兽毛类输出取缔令"、"皮毛类搬出取缔令"等被废止。各种毛皮、毛类以及其制成

---

① [日]财团法人东亚经济恳谈会编:《蒙古联合自治政府贸易关系法规集》,第2—4页。

品的输出输入全部纳入统制贸易的范围。规定向蒙疆以外的地域输出这些物资,必须取得经济部长的许可。根据贸易统制法,1940年8月26日,伪蒙疆政府产业部与财政部协议,制定了《关于基于贸易统制法限制输出输入之件》①,据此,羊毛、羊皮、粮食、矿产等15种类物品成为统制输出品。指定贵金属、无线电制品、纺织品、烟草、机械等30种类物品为输入统制品。规定上述物品输出入之际,有必要取得财政部长的许可。即根据这一法律,政府在认为必要时,指定一定的物品限制其输出入或禁止的同时,采取措施以促进输出入。根据这一原则规定,当时成为统制对象的贸易品主要有以下各种,要输出这些物品要取得财政部长的许可。

(1)以羊毛、羊皮为主的一切皮毛类

(2)金矿、银矿、铜矿、煤炭、石油等23种矿物,铜、铁以及其制品

(3)油脂原料、草药、麻类以及其制成品

(4)毛制绒毯以及毡

(5)粮谷类(麦类、高粱、粟、玉蜀黍、黍)

1939年10月10日,伪蒙疆政府颁布实施《家畜搬出取缔法》②,据此规定,蒙疆的主要家畜(马、驴、骡、绵羊、山羊、骆驼、牛、猪)与地域外交易时,须要政府的批准。

以上所列举的诸品目中应该注意的是,这些物资主要都是蒙疆地域内的生产物。也就是说,蒙疆的贸易统制,以输出统制为中

---

① [日]蒙疆银行调查课编:《蒙疆金融法令集》,1941年,第22—23页。
② 《蒙古联合自治政府贸易关系法规集》,第108页。

心。为什么蒙疆的贸易统制对输入统制并不十分重视？在当时的各种情势下，在输出方面限制或禁止，而输入方面却希望增大。如前所述，蒙疆经济的特征是以农牧业为主并通过输出农畜产品输入所需要的工业制成品，并且因为这些输入品的大部分是生活必需品，一定限度的输入不论任何经济形势下也是允许的。而在当时通货膨胀显著的情势下，为防止恶性膨胀，作为通货膨胀的保障物资，输入物资丰富是有益受欢迎的。还有卢沟桥事变后，蒙疆的工业制品主要供给国是日本。如前所述，日本对获得外汇不起作用的日元经济圈外的输出进行限制，处于对蒙疆不能提供充足的工业制成品状态。只要这样的状态持续，限制输入或禁止输入是理所当然之事。

2. 输出入组合的设立

前述关于蒙疆输出统制的目的，曾列举了为获得建设所必要的资材以及外汇；满足日本的战时经济的要求；为取缔走私强化统制等。为达成这些目的手段之一，是根据贸易统制法的规定，组成输出入组合，对贸易机构加以统制，确立输出入组合制度。贸易统制法第二条规定"政府根据前条之规定，认为有必要采取相关措施时，对该当物品的输出或输入业者，以输出或输入的统制为目的设立组合，并指定能够输出或输入该当物品之业者，根据政府前项的规定设立组合，对组合以及接受指定者输出或输入的统制上接受必要的命令"[①]。1940年8月，该法改正后，矿产、畜产等物品也成

---

① 《蒙疆金融法令集》，第20页。

为统制输出品,纺织品、烟草、机械等物品被指定输入统制品。这些物品输出入之际,规定须取得财政部长的许可。为顺利进行贸易统制,1940年8月1日,又公布实施《关于输出入业者统制之件》①,之后,蒙疆的输出入贸易,由财政部长指定的机构及人员构成的各输出入业组合办理。

当时,蒙疆的输出入组合,分日系和现地系两种。日系输入机构有蒙疆食料品输入组合,蒙疆杂货输入组合,蒙疆纤维制品输入组合,蒙疆钢铁输入组合,蒙疆水泥输入组合,蒙疆车辆输入组合等。主要是进行生产资料输入的组合。

现地系的输入机构,根据前述《关于输出入业者统制之件》,根据地区不同,察南、晋北、巴彦塔拉盟、察哈尔盟分别设置了各自的组合。上述四个组合的主要负责人几乎全由现地系人担任,作为组合长的辅佐官员,经过监督机构的认可,在各组合内配置了一名日系顾问。此外,作为特别输入机构,还有防共委员会组合、蒙古生计会组合等,从事官厅用品、白俄以及蒙古人的生活必需品输入等②。

输出方面,关于煤炭、铁矿以及其他的如云母、石棉、铅等的矿产物的输出机关,由负责其收购、配给、输出一元化统制的准特殊会社蒙疆矿产贩卖股份有限公司包办。但云母、石棉、铅等所谓国防资源直接由军方收购,几乎不通过该公司输出,并且钢铁也由龙

---

① [日]兵库县兴亚经济协会编:《跃进蒙疆的产业与交易》,神户,1943年,第72页。

② 《跃进蒙疆的产业与交易》,第74—79页。

烟铁矿亲自输出,所以该公司最终仅负责煤炭的输出而已[①]。

关于畜产品的毛类、皮革、动物骨等的输出,最初由驻蒙军和蒙疆联合委员会指定的兼松等八家日系公司结成的"蒙疆羊毛同业会"担当输出。该同业会1938年末解散后,毛类、皮革两类由三井、三菱、满蒙毛织、兼松、大蒙等日系公司,根据驻蒙军经理部的指令进行收购,直接缴纳军方。但少量不合格品,在地方销售、加工。关于其收购、配给、输出等,作为一元化的统制机关,1943年9月设立了"蒙古皮毛股份有限公司",所有畜产品的收购、配给、输出等由该公司进行统制。

牲畜的输出,由兴蒙委员会指定的日系大蒙公司、三井洋行、三菱公司、兼松洋行、钟纺、正华洋行以及现地系41家商社在政府统制下进行收购[②]。

3. 统制经济下的"一项事业一社"主义

蒙疆的经济政策,重点放在铁矿石、煤炭、畜产品以及其他重要物资的增产上,即响应日本的物资动员计划,将矿产、畜产的积极开发以及对日供给放在首要位置。而且日本政府为使蒙疆经济自身能够自给自足,力图开发建设蒙疆的轻重工业、增产畜牧业,把蒙疆经济作为对日本经济重要的煤炭、铁矿石、羊毛资源的供给源。为此,当时在蒙疆地域开展各项经济工作,统制经济方面在生产以及流通领域各个企业的运营的根本方针是"一项事业一社"主义。

---

① 《跃进蒙疆的产业与交易》,第79页。
② 同上书,第80页。

如前面所叙述的那样,1937年11月22日蒙疆联合委员会成立之际,蒙疆地域的产业、金融、交通等重要经济部门由该委员会直接管理,具体经营几乎全部委托日系公司。通过一部分特殊会社、准特殊会社,从生产以及流通领域完全垄断了蒙疆地区的金融、交通运输、通信、电力、矿产、粮食、畜产、输出入贸易等。

例如,在钢铁工业方面,以龙烟铁矿株式会社为中心,进行经济建设;金融方面,蒙疆银行作为统制机关担当地域内中央银行的业务;蒙疆汽车股份有限公司经营地域内的自动车运输、水上运输业务以及与此相关的附带事务。在文化领域,以"为统制新闻、通信和其他的弘报事业并对之进行一元化经营为目的",设立了统制机关"蒙疆新闻社"。关于畜产品的统制,最初有蒙疆畜产有限股份公司、大蒙股份有限公司、蒙疆皮革股份有限公司。1943年以后,设立了蒙古皮毛股份有限公司,担当畜产品的流通贩卖业务。

作为实施这种经济政策的方法,当时担当蒙疆统制经济的各个公司如下表:

表2-1 蒙疆主要会社概要
特殊会社(到1939年10月1日)

会社名	创立年月	资本金(元)	事业目的
蒙疆银行	1937年11月	12,000,000	从事本地域中央银行业务
蒙疆电气通信设备株式会社	1938年3月	12,000,000	电信、电话、无线电等一切电气通信设备
蒙疆电气株式会社	1938年5月	18,000,000	电灯电力、电热供给及电气机具的贩卖、租赁

续表

会社名	创立年月	资本金(元)	事业目的
株式会社蒙疆新闻社	1938年6月	400,000	报纸通信的发行贩卖、各种印刷物及出版
蒙疆汽车股份有限公司	1939年5月	6,000,000	长途汽车的统制经营以及修理
蒙疆土药股份有限公司	1939年6月	1,500,000	鸦片收购
龙烟铁矿株式会社	1939年7月	20,000,000	铁矿石开采及矿石贩卖
蒙疆不动产股份有限公司	1939年8月	10,000,000	以租赁或出售为目的建筑及承包业等
晋北食品股份有限公司	1939年7月	500,000	食品的供给调节以及价格的公平调节

资料来源：[日]蒙疆银行调查课编：《蒙疆主要会社法令及定款集》，1939年，"蒙疆主要会社一览表"。

表2-2 准特殊会社（到1939年10月1日）

会社名	创立年月	资本金(元)	事业目的
蒙疆石油股份有限公司	1938年7月	800,000	石油的进口及买卖
蒙疆运输股份有限公司	1938年7月	1,000,000	运输及运输管理业务、仓库业务
股份有限公司蒙疆公司	1938年8月	1,000,000	重要物资的买卖、物资交易的管理经营
蒙疆洋灰股份有限公司	1938年3月	1,000,000	水泥、石灰、特殊砖瓦的制造以及贩卖
蒙疆兴业股份有限公司	1938年7月	5,000,000	机械器具的设计制造以及修理贩卖

续表

会社名	创立年月	资本金(元)	事业目的
察南银行	1938年3月	1,000,000	从事察南地区内的一般银行业务
晋北银行	1938年3月	1,000,000	从事晋北地区内的一般银行业务
蒙古连盟实业银行	1938年3月	1,000,000	从事蒙古联盟地区内的一般银行业务

资料来源：蒙疆银行调查课编：《蒙疆主要会社法令及定款集》，1939年，"蒙疆主要会社一览表"。

表2-3 主要普通会社(到1939年10月1日)

会社名	创立年月	资本金(元)	事业目的
蒙疆畜产股份有限公司	1938年2月	3,000,000	家畜的输出、输入买卖
大蒙股份有限公司	1938年2月	1,500,000	物资的交易以及代理买卖
蒙疆皮革股份有限公司	1938年11月	1,000,000	动物皮毛以及人造皮革的制造及贩卖
厚和制粉股份有限公司	1938年7月	400,000	巴彦塔拉盟所产面粉的生产及出售
蒙疆制药股份有限公司	1938年11月	200,000	制药、药材的买卖以及栽培
大青山煤炭股份有限公司	1939年6月	1,500,000	矿产品的收购、贩卖以及输出
蒙古皮毛股份有限公司①	1943年9月	20,000,000	畜产品的收购、贩卖以及输出

① 1943年9月30日设立的关于皮毛类收购、输出，对日供出以及军需供出，统制指定业者并且从事融资、回程物资的保管以及配给的强有力的畜产统制机关。

续表

会社名	创立年月	资本金（元）	事业目的
蒙疆火柴股份有限公司	1939年4月	500,000	各种火柴以及火柴材料的制造以及贩卖
兴亚产业股份有限公司	1939年3月	110,000	砖瓦的生产贩卖、经营普通建筑业

资料来源：蒙疆银行调查课编：《蒙疆主要会社法令及定款集》，1939年，"蒙疆主要会社一览表"。

蒙疆经济中作为构成经济单位的各公司，从法律关系来看，分为特殊会社、准特殊会社以及普通会社三种。所谓特殊会社，是指鉴于该企业重要性，政府为达到监督、统制的目的，根据特殊会社法而设立的公司①。所谓准特殊会社，不是像特殊会社那样，是根据特殊会社法制定而设立，但政府从监督的目的出发，许可会社设立之际，根据附款命令，拥有内部干涉权以及规定会社的定款条项中政府的内部干涉权②。普通会社就是根据公司法设立的普通法人。

四、蒙疆统制经济的内容

日本在蒙疆地区推行的统制经济政策，涉及金融、交通、矿产、粮食、鸦片、畜产、盐业、贸易、物价、劳动力等，几乎包括了所有的生产和流通领域。本节为以后展开的各章节论述方便，对统制经济的内容进行概述介绍。

---

① 《兴亚经济论（蒙疆·北支篇）》，第110页。
② 蒙疆银行调查课编：《蒙疆主要会社法令及定款集》，凡例。

1. 金融

根据驱逐旧货币、资金由现地筹集;在确保占领地金融,建设平战两时强有力的一元化货币金融机构的根本方针下,日本占领蒙疆后,就以关东军司令官的名义发布实施"暂停支付令"。并且关东军派遣了曾经担任伪满洲国间岛省省长的金井章次为首的接收班,开始接收张家口的金融机关。还以关东军司令官的名义发布"紧急通货防卫令"、"纸币类似证券取缔令",企图安定金融。随后又公布"察南银行组织办法"、"察南银行条例"等各项法令,1937年9月27日,改组旧察哈尔省政府的察哈尔商业钱局,由察南自治政府出资100万元,成立了察南银行,发行银行券,开始进行新旧货币的交换。很快又改组扩大察南银行,11月23日,由察南、晋北、蒙古联盟三个自治政府各出资400万元,将原来的察南银行、绥远平市官钱局和农业银行合并,在张家口设立了统制力更强的特殊国策会社"蒙疆银行"。蒙疆银行作为地域内的中央银行,于1937年12月1日开业运行。

根据蒙疆银行法,其职责为(1)统制指导地域内的金融;(2)制造及发行货币;(3)管理国库事务;(4)内外汇兑业务;(5)一般银行业务[①]。

蒙疆银行开业后,在发挥地域内中央银行机能的同时,鉴于当时的经济形势,也进行一般银行业务。于是蒙疆银行以蒙疆特殊会社的名义,担当外汇管理、国库券交易、银行业务以及制定金融

[①] "蒙疆银行条例",《蒙疆金融法令集》,第3—5页。

政策,成为金融统制机关。

卢沟桥事变前,蒙疆地域存在着旧式金融机关钱庄,进行向中小工商者借贷、兑换以及汇兑业务。事变后由于实行金融统制,钱庄的这些机能丧失,百姓金融陷入严重的梗塞状态。为使钱庄摆脱困境,并为了贯彻金融统制,1938年3月1日,蒙疆联合委员会,将地域内的这些钱庄进行合并,成立了资本金各100万元的蒙古联盟实业银行、察南实业银行以及晋北实业银行①。蒙疆银行对上述三实业银行各出资50万元,作为控股银行对其进行统制指导。此后三实业银行进行农村救济金、中小工商者复兴资金、春耕基金等的贷放,以图民力的福祉。作为中小产业者的金融机关,逐渐发挥作用②。这三个银行作为普通银行,接受蒙疆银行的指导。

至此,蒙疆的金融机关,有作为中央银行的蒙疆银行,其下有下属的三个普通商业银行构成。日本占领当局通过蒙疆联合委员会,最终完成了蒙疆地域的金融机构的一元化统制。

2. 交通

蒙疆地域的主要交通机关是铁路。北京—包头之间816公里的京包线是干线铁路。1923年铁路建成时称平绥铁路③,这是经中国人之手建设的最初的最长的铁路。

---

① 1942年5月8日,三实业银行合并,改称同和实业银行。原来的三个分行成为同和实业银行的分行([日]财团法人善邻协会调查部《蒙古》,第9卷第7号,1942年7月,第91—92页)。

② [日]名古屋市产业部:《蒙疆经济调查》,1939年,第65—66页。

③ 1923年,北京、包头之间的铁路全线开通后,称"京绥线",日本占领华北、蒙疆后,1938年6月1日起,将其改为京包线。

这条铁路是当时贯穿中国西北的重要铁路干线。当初修建的目的,是在开发边疆地区产业的同时,也包含政治方面以及军事方面的意图。京包路沿线,是农畜产资源和矿产资源丰富的地区,煤炭、谷物、畜产品是其输出的大宗物资。并且伴随着当时积极推进的西北内陆地方开发,从黄河上游的宁夏、甘肃方面的物资大量流入,京包线作为西北商路方面发挥着非常重要的作用。

卢沟桥事变后,这一地区形势的发生了变化,成立了以防共亲日为原则的伪蒙疆政权。这条铁路也就成了所谓遮断共产国际的通道,作为包含政治、经济、国防意义的战备路而被重视。鉴于京包铁路的重要性,蒙疆联合委员会成立之际,其中专设交通委员会,将京包铁路的管理以及具体的运营,委托满铁的北支事务局经营。该局在张家口设立铁道局管理运营[①]。1939年12月,日本占领当局决定,蒙古联合自治政府将京包铁路委托"中华民国临时政府"的法人"华北交通会社"[②](本部在北京)经营[③]。公路运输方面,主要由蒙疆自动车株式会社统一经营。该会社的前身满铁的华北汽车公司的张家口营业所,1938年1月改称"蒙疆汽车公司",1939年5月改组为蒙疆特殊会社,进行有关"自动车线路的统制经营及修理"。主要经营客运、货运及军用品的运输业务。另

[①] [日]白井胜美・稻叶正夫编:《现代史资料(9)日中战争(2)》,みすず書房,1964年,第121页。

[②] 华北交通会社于1939年设立,是日本在华北、蒙疆占领区陆路交通运输组织的统制机关,全面掌管该地域的交通运营。也就是说将陇海线以及津浦线的蚌埠以北的山东、河北、山西各省全线的运营以及蒙疆的京包线,由伪蒙疆政府委托华北交通会社运营(平竹传三:《兴亚经济论(蒙疆・北支那篇)》,第175页)。

[③] 高木翔之助编:《北支・蒙疆年鉴》,"蒙疆篇",北支那经济通讯社,1941年,第139页。

外,作为准特殊会社,蒙疆运输股份有限公司也参与"运输及运输取缔业务、仓库业务",即参与运输业。

3. 铁矿石·煤炭·其他矿产物

日本占领当局将蒙疆地域的铁矿石、煤炭以及其他的矿产资源视为国防资源,对这些矿产资源的采掘、运输、销售实行严格的统制。

如前所述,日军占领察南地域后,当地中国最大的龙烟铁矿被蒙疆联合委员会接受。蒙疆联合委员会鉴于该矿山的重要性,1939年5月公布龙烟铁矿株式会社法,7月26日,由蒙疆联合委员会与北支那开发会社合资,以"铁矿石的采掘及矿石贩卖"为目的,投资2000万元(伪蒙疆政府、日本方面各出资1000万元)。设立了特殊会社龙烟铁矿株式会社[①]。龙烟铁矿株式会社垄断该矿的铁矿石开采、运输、销售,其生产的铁矿石主要供给日本的八幡制铁所。

煤炭方面,如前所述,日军占领晋北地域后,1938年2月11日,晋北自治政府与满铁间签订协议,晋北的煤炭委托满铁经营[②],其后,由1940年1月设立的大同炭矿株式会社(资本金4000万元,伪蒙疆政府与日本方面各出资2000万元)采掘,蒙疆矿产贩卖股份有限公司负责输出。还有,内蒙古西部的大青山煤矿和杨圪楞煤矿,有1939年设立的大青山炭矿股份有限公司负责开采、

---

① 《蒙疆主要会社法令及定款集》,第79—86页。
② 《蒙疆经济地理》,第24页。

销售①。以上各会社全部由日本人担任董事长或实际负责人。

铁矿石、煤炭以外的矿产品,如金、银、铜、铅、锡等金属矿产和石棉、云母等非金属矿产,也全部成为统制对象。1939年8月1日,蒙疆联合委员会公布矿业法,12月1月开始实施。根据这项法案,规定具有重要经济意义的37种矿产品为法定矿产物,其采掘、加工、销售等,必须取得政府的许可。

矿产物的销售,最初是委托在华北的日本兴中公司贩卖,1940年12月1日,在蒙古联合自治政府的产业部下,设置了蒙疆矿产贩卖股份有限公司,统一管理矿产物的销售和配给②。此外,1940年12月20日,在张家口设立了准特殊会社——蒙疆矿产贩卖股份有限公司,统一经营矿产物的销售及配给③。即通过蒙疆矿产贩卖股份有限公司,欲将所有矿产物的收购、配给、输出进行一元化统制。但云母、铅、石棉等国防资源,有军方直接收购,并不通过该社输出。如前所述,钢铁有龙烟铁矿株式会社自主输出,所以该社结果仅负责煤炭输出业务④。

上述在生产以及流通领域的统制之外,蒙疆作为盐产地亦有名,盐即是民用生活必需品,也是重要的化学工业原料,因此也成为统制对象。1939年6月20日,蒙疆联合委员会公布实施《盐

---

① 《蒙疆主要会社法令及定款集》,第249—255页。

② [日]蒙古联合自治政府总务部编:《蒙古法令览》(第1卷)产业篇,蒙疆行政学会,1940年,第178页。

③ 高木翔之助编:《北支·蒙疆年鉴》,"蒙疆篇",北支那经济通讯社,1942年,第28页。

④ 《跃进蒙疆的产业与交易》,第79页。

法》①。蒙古联合自治政府成立之际,在财政部下设榷运总署,统制盐业的生产、销售。还有,除已经论述的贸易统制之外,对物价、劳动力等也实行严格的统制。

五、本章小结

本章作为本研究阐明畜产品统制的前提,对其他资源(煤炭、铁矿石等)进行了概说性检讨。

如前所述,当时的蒙疆地域产业资源极为丰富,特别是以铁矿石、煤炭为主的矿业资源以及以羊毛为中心的畜产资源等,在所谓日本、满洲国、华北、蒙疆经济圈内,具有特别重要的意义。

随着伪蒙疆政权的成立,该地域被编入所谓"日、满、支经济圈"。由于蒙疆地域拥有丰富的煤炭、铁矿石、羊毛、皮革以及其他重要的战时经济的基础资源,在积极开发的基础上的对日供给,会对日本经济的再编成发挥重要作用。所以,蒙疆的经济政策是急速开发这些在国防上、生产力扩充上重要的诸资源,把蒙疆地区作为"日、满、支经济圈"的一环,打造自给自足经济圈的同时,力图将蒙疆地区变成对日原料供给地。也就是说,在经济圈内,蒙疆主要被置于日本以及满洲国的原料供给市场的位置。所以,日本占领当局为有效控制该地域的经济以及最大限度地获得必要的战略物资,在蒙疆地域全面推行统制经济。再加上蒙疆经济的特殊性,即为完成蒙疆自身当时特殊的军事以及政治上的建设,经济上的统

---

① 《蒙古联合自治政府贸易关系法规集》,第156—161页。

制势在必行。

为此,日本占领当局在蒙疆地域,通过傀儡政权,制定各种法令法规之外,还设立了各种实施机关,对生产以及流通的各个部门推进经济统制,其着重点置于流通领域。

第三章　蒙疆畜产政策的形成

抗战时期,观察当时"东亚经济圈"内的农牧业状况,日本、华北、华中以及华南的土地,主要作为农林用地而利用,伪满洲国也随着日本移民的增加,土地利用状况也日趋紧张。而当时的蒙疆地域,具备发展畜牧业的条件,被置于东亚经济圈中畜牧基地的地位。所以,蒙疆的畜产政策是不仅停留在蒙疆三大资源之一的畜产资源上,而是在"日、满、蒙、华北经济圈"最重要的资源之一这一点上,意义尤为重大。特别是羊、马、牛等家畜和畜产品的增殖、品种改良、增产以及家畜的防疫等相关畜产政策的确立,对日本来讲,实属当务之急。

如前所述,日本毛纺工业原料的羊毛资源的供给几乎全部依赖海外。而蒙疆地域虽然饲育着400万只绵羊,但该地域饲养的蒙古原种绵羊,属于肉用型,产毛量少之外,毛质差,作为毛纺原料存在欠缺。为此,通过对蒙古原种羊改良,预想增加毛产量、改善羊毛的质量,实现"日本的羊毛需要量在东亚经济圈能够自给"①之目的。

当时,马是军事上、交通以及农业生产方面必不可少的家畜。

---

① [日]小林知治:《蒙疆读本》,国防攻研会,1939年,第69页。

蒙疆是重要的马产地。事变前该地方拥有马50万匹,每年向京津地方以及我国东北输出15000匹[①]。观察日本占领地马的需求状况,伪满洲国由于自身的开发以及日本移民的大量进入,对马匹的需求与日俱增,华北地方由于农业的开发,对役马的需求量大,由于占领地内对马的需求量大,因此对蒙疆的马产供应期望值很高。

还有,蒙疆出产的动物皮革,作为军用必需品的绵羊皮、山羊皮合计年产量约200万张,若加算其他皮张,每年向地域外的输出额达600万元。事变前主要向欧美输出。日本占领蒙疆地区后,这些动物皮革有望"今后永远为经济圈内的军需工业以及其他工业所利用"[②]。

所以,羊毛、动物皮革等畜产资源的对日供出、向伪满洲国以及华北提供役畜等是赋予蒙疆畜产的重要任务。而且日本为使这项任务顺利完成,对蒙疆的畜产物以及家畜实施统制政策。也就是对家畜以及畜产品在生产及流通领域实行严格的统制政策。蒙疆畜产政策的形成,也就是在生产及流通两方面实施的诸政策。

一、畜产行政机关的整备强化

鉴于蒙疆畜产资源的重要性,为顺利推行畜产政策,日本占领当局在伪蒙疆政权的各级行政机构中,对畜产行政管理机关进行了整备,并逐渐使之强化。

[①] 小林知治:《蒙疆读本》,第68页。
[②] 同上书,第70页。

第三章　蒙疆畜产政策的形成

蒙疆的畜产统制机关，由于伪蒙疆三自治政权的合并以及改革等，经过了三自治政权时期的蒙古联盟自治政府的畜产局（后为畜产部），1939年以后蒙古联合自治政府时期的牧业总局，1941年6月伪蒙疆政权行政改革后新设的"兴蒙委员会"等阶段。

1939年3月10日，日本在伪蒙疆政权首府张家口设立兴亚院蒙疆联络部，该联络部成为日本在蒙疆地域推行统制经济政策的中枢机关，有关畜产方面的问题，无疑也必须遵从蒙疆联络部的指示。以下对畜产统制机关的内容以及变动的原因进行介绍论述。

1. 蒙古联盟自治政府畜产局（后为畜产部）

三伪自治政权合并前，因为伪蒙古联盟自治政府的经济以牧业为中心，故政府机构中，设有畜产局，下设诸课，管理家畜和畜产相关的事项。

具体细分为"第一课管理牧野、冬营地、植树、饲料作物事项，其他课不管的事项；第二课管理与马相关事项；第三课管理与绵羊相关之事项；第四课管理与牛、骆驼、猪、其他家畜以及动物皮革等相关的事项；第五课负责有关家畜防疫相关的事项"①。

在伪蒙古联盟自治政府的管辖地域锡林郭勒、乌兰察布、伊克昭、巴彦塔拉、察哈尔五盟，在盟公署内设畜产处，掌管家畜的改良、家畜防疫以及家畜及畜产品的检查、贩卖、斡旋等事项。此外，

---

① ［日］满铁调查部：《蒙疆政权管内羊毛资源调查报告》，南满洲铁道株式会社，1939年，第169页。

在察南和晋北自治政府增设畜产技术员。有关畜产的计划统制,由统括三自治政府的蒙疆联合委员会进行,负责同各个政府的联络事宜①。

伪蒙古联盟自治政府最初在政务院下设总务、财政、保安三部。1938年8月顺应蒙疆联合委员会的机构扩大与强化,伪蒙古联盟自治政府对中央和地方进行了行政改革。在中央将"原来的政务院的三部制(总务部、财政部、保安部)废止,新设民政、财政、畜产、保安四部制,并新设总务厅,成为一切行政机构的中心";在地方上,"废止以前的盟公署四厅制(总务、民政、教育、财政),设置民政、畜产、保安三厅以及官房长官"②。伪蒙古联盟自治政府在中央及地方的行政机构中新设在蒙古地方具有特殊地位的有关畜产相关的行政部门,在从上到下统制的同时、图谋积极开发利用这一地区的畜产资源,奖励畜产,欲以此作为该地区产业开发的中心③。

1938年8月,蒙疆联合委员会把以前的总务、产业、金融、交通四个委员会,改组为总务、产业、金融、交通、民生、保安六部,具有了政府职能,三个自治政府逐渐丧失其自主性。而且蒙疆联合委员会,成为具有君临三自治政府之上的中央政府的职能④,开始介入蒙古联盟自治政府的内政。

---

① 《蒙疆政权管内羊毛资源调查报告》,第169页。
② [日]北支那经济通讯社编:《北支·蒙疆现势》,北支那经济通讯社,1938年,第715页。
③ JACAR(アジア歴史資料センター)Ref.C04121174600,陸支受大日記第43号、1939年,「政務年報及月報送付の件(1)」,防衛省防衛研究所。
④ [日]森久男译:《德王自传》,岩波书店,1994年,第216—217页。

第三章　蒙疆畜产政策的形成

1938年10月,蒙疆联合委员会公布了《基于蒙疆畜产要纲处置事项》,揭示了通过"畜产行政机构的整备",力图对畜产部和各盟的畜产厅进行整备,以及改善畜牧业,经营官马牧场等方针。同年10月,伪蒙古联盟自治政府政务院也讨论了"蒙古人复兴特别工作要领",其中有对蒙古人在彻底贯彻"亲日防共"政策的同时,通过增加人口、普及教育、产业经济开发指导等,来达成蒙古人的"复兴"①。于是,伪蒙古联盟自治政府作为蒙疆地域的主要畜产基地,在驻蒙军、蒙疆联合委员会的指导下,力图推进畜产统制政策。但是,1939年9月以后,由于三自治政府的合并为"蒙古联合自治政府",之前的"蒙古联盟自治政府",失去了作为蒙古地域主体自治政府的性质。

2. 蒙古联合自治政府牧业总局

1939年9月1日,伪蒙古联合自治政府成立,原来的伪察南、晋北自治政府别改为察南政厅、晋北政厅。伪蒙古联盟自治政府的组织,被改编为5盟(锡林郭勒、乌兰察布、巴彦塔拉、伊克昭、察哈尔)的地方行政组织。伪蒙古联合自治政府的组织机构是在主席德王的总括下,设政务院长,其下设有总务、民政、治安、司法、财政、交通各部,牧业总局以及各级地方组织。

伪蒙古联合自治政府成立后,继承了振兴蒙古以及畜牧业的政策。1939年9月,根据"牧业总局官制",在政务院长的监督下,

---

① [日]内田知行·柴田善雅编:《日本的蒙疆占领1937-1945》,研文出版,2007年,第76—77页。

设置了牧业总局①。该牧业总局继承了蒙疆联合委员会的畜产关系事业,作为统一政府的畜产行政机关,"在政务院长的管理之下,掌管以下事项 (1)与牧业相关的事项;(2)牧野相关事项;(3)牲畜以及畜产物交易配给相关事项;(4)牲畜的增殖以及改良相关事项;(5)饲料相关事项②。牧业总局下设牧政、牧畜、牧野、马产四课,掌管蒙疆全域的牧业(蒙古人地域)和畜产(汉人地域)。在各个盟的劝业厅内设畜产课;旗(盟之下的行政组织)的行政课内设畜产股;而在察南、晋北两个政厅,在实业厅内设农业课。

新设的牧业总局,以蒙古人经济的福祉和资源的确保、供应为宗旨,开始了在蒙古地域的牧业。1940年4月,鉴于"在蒙古草原地带向蒙古人低廉供给生活必需品以及家畜、动物皮毛类的合理收购之事,是与蒙古民族休戚相关的重大事项",在察哈尔盟多伦县和锡林郭勒盟贝子庙,设立了盟家畜交易厂。随后1941年2月,在张家口设置了中央家畜交易厂。并计划欲在蒙疆全域普及家畜交易厂制度。其目的是"欲以资蒙古民族的复兴、提高民生以及家畜资源的培养确保"的同时,要达到对蒙疆的畜产物进行一元化的收购③。但是,该计划由于资金不足以及计划的缺陷,蒙古人的反对,并无进展④。其存在期间仅为一年半左右,进入1942年,

---

① 蒙古联合自治政府总务部编:《蒙古法令览》(第1卷)产业篇,第24—25页。
② 《蒙疆的畜产》,第77—78页。
③ [日]铃木清幹编:《蒙疆年鉴》,蒙疆新闻社,1942年,第197—200页。
④ [日]在张家口大日本帝国大使馆事务所:《蒙疆调查资料92号 蒙古牧业政策的沿革以及现况》,1944年,第49页。

第三章　蒙疆畜产政策的形成

各个家畜交易厂停止活动①。

此外,作为牧业总局的直辖机关,在察哈尔盟张北县设置了蒙古政府牧业试验场,在巴彦塔拉盟集宁县的平地泉设置了种畜牧场,在厚和市(1937 年 12 月 1 日原绥远省的归绥市改称厚和豪特)设置了家畜防疫处。在各自颁布了官制后,开始进行各自的事业。以下是上述三机构的概况。

张北牧业试验场　1939 年 4 月,在察哈尔盟张北县庙滩乡设立了牧业试验场。同年 9 月,颁布了"牧业试验场官制"。该试验场的业务内容为:(1)有关牧业生产物以及副产物的实验及调查;(2)有关牧业生产物以及副产物的分析鉴定;(3)有关牧业生产物以及副产物的技术传习"②。

该牧场面积为 500 町步,到 1941 年 6 月,合计饲养考历代公母种羊 45 只,蒙古原种羊 74 只以及蒙古马、牛等。职员中,有牧场长、技正、技佐等 12 名日系以及蒙古人、汉人牧工 30 人。进行有关绵羊改良增殖试验以及绵羊生产物的利用、加工、制造等相关的研究③。

---

① 1942 年版的《蒙疆年鉴》(蒙疆新闻社 1941 年 12 月 30 日出版),关于家畜交易厂的介绍最多。但是,1943 年版的《蒙疆年鉴》(1942 年 12 月 30 日出版)以及 1944 年版的《蒙疆年鉴》(1943 年 12 月 30 日出版)没有关于家畜交易厂的介绍。所以,可以得出判断,进入 1942 年后,家畜交易厂已经停止了活动。

② 《蒙疆的畜产》,第 78 页。

③ [日]大东亚省编:《蒙疆绵羊改良增殖状况调查报告书》,1943 年,第 16、26、38 页。

平地泉种畜牧场 1939年9月,三自治政权合并后,伪蒙疆政府设立了面积3000町步的平地泉种畜牧场。该牧场的事业方针是"根据牧场官制之规定,进行蒙疆地域的家畜改良及增殖,并以进行试验调查为目的设置的机构。饲养优良品种,并育成其仔畜,作为种畜发放或贷出,以达所期的目的。种畜主要关注马和绵羊,本年度开始输入乳牛之外,并计划逐渐饲养猪、山羊、鸡"①。到1941年5月,职员包括场长蒙古人技正米济道尔吉以下日系技正、技佐、雇员13人,蒙、汉技佐,雇员3人,此外还有牧工13人②。

家畜防疫处 蒙疆地域的产业,在锡林郭勒、乌兰察布、察哈尔等五盟地带,畜产业发达,饲养着大量的羊、马、牛等家畜。所以,重视家畜传染病带来的损失理所当然。日军占领绥远不久,1937年12月,日军第26师团兽医部接收了国民政府时代的"绥蒙防疫所"。1938年1月将之改称"蒙疆家畜防疫所",在日军的指导下,作为伪蒙古联盟自治政府的直辖机关,以家畜疫病的防治以及家畜技术员的培养为目的,在蒙疆全域开展业务③。

1941年6月,伪蒙古联合自治政府进行行政改革,撤销牧业总局,其所管业务,由新设的兴蒙委员会继任。

3. 兴蒙委员会

1939年5月到9月的诺门罕战争,苏军打败关东军。此后关

---

① 《蒙疆绵羊改良增殖状况调查报告书》,第41—42页。
② 同上书,第40—41页。
③ [日]兴亚院:《北支蒙疆农业调查报告书》,1940年,第211—212页。

东军的对苏作战方针由积极进攻作战转换为防卫作战。直到日本战败,其方针没有变化。这期间,主要是窥探苏军的动向、为防卫进行备战,为此采取了以增产和储备粮食、燃料资源、畜产资源为中心的政策。作为该政策的一环,从1940年起,在与蒙古人民共和国和苏联接壤的伪满洲国的内蒙古东部以及伪蒙疆政权的蒙旗地带,作为关东军、驻蒙军的防御地带受到重视。

如前所述,伪满洲国成立后,原来东部蒙古的三盟二部也成为伪满洲国的一部分。伪满洲国在这一地域内设置兴安省。并设置作为中央行政机关的兴安局(其后曾改为兴安总署、蒙政部等),掌握兴安省的一般行政事务。

关东军在九一八事变之际,曾一度支持"蒙古独立",但很快转为提倡"蒙古自治"①,采取了抑制伪满洲国内蒙古族民族主义的政策。但以诺门罕战争为契机,政策又发生了转换。通过制订"兴安振兴三年计划",欲构筑与该地域蒙古人之间的安定关系。此计划,是以蒙古人的福祉为目标,强烈反映出与蒙古人民共和国进行比对的意识②。

此外,伪满洲国为纪念"开放蒙地奉上",作为对蒙旗的补偿补助,1939年5月,设立了"蒙民厚生会",同年11月,又设置了"蒙民裕生会",以伪满洲国内的蒙古人为对象,经营助成有关蒙古经济、卫生、土木、教育等相关资料的收集以及发行,进行蒙民文化厚

---

① [日]森久男:《德王研究》,创土社,2000年,第103页。
② [日]槙笃二:"康德八年度兴安振兴工作解说",《蒙古研究》第3卷1号,1941年4月,第92页。

生事业①。

与此同时,蒙疆地域也重视与蒙古人民共和国的"接壤蒙旗",出现了新的动态。1940年7月,兴亚院蒙疆联络部长官竹下义晴少将,起草了《关于外蒙古接壤地方强化应急施策研究之我见》②的提案。该案有"(前略)力图整备强化外蒙古接壤地方,为此,对蒙古政府的机构进行大规模改革,并且对蒙政策的各个方向都要做出指示,以期有关蒙古振兴的各项政策的统一",提案有设置蒙政部,改编各机关,在各部内设置蒙古科,在各旗公署配置三名日本人官吏,设置蒙文图书编撰委员会的同时,附设兴蒙部直辖的蒙文印刷所,将蒙文图书频繁向蒙旗地带发送等政府机构相关的事项。还有,该方案作为"对蒙施策相关事项"的一项,有关畜产部分,有"从纯蒙地带蒙古人定居的必要性和粮食自给的观点看,以畜牧为主的半农半牧为目标(中略),畜牧改良以全蒙古进行为目标,首先重点在定居地域设置,在草原深处首先力图原种的增殖。为此在进行种畜的配给的同时,要着意一般畜类的管理防疫、冬营地的设备、牧草储存打井"等内容。在竹下义晴提案的基础上,兴亚院蒙疆联络部开始酝酿政府机构改革、对蒙古人政策的转换,包括设置兴蒙委员会等计划③。

伪蒙古联合自治政府于1941年4月18日在临时第三次政务

---

① [日]满洲国史刊行会:《满洲国史》「各论」,满蒙同胞援护会,1971年,第1285页。
② JACAR(アジア歴史資料センター)Ref.B02030528200,蒙疆関係政策文書/2「支那事変関係1件」第5卷,外務省外交資料館蔵。
③ JACAR(アジア歴史資料センター)Ref.B02030528300,蒙疆関係政策文書/3蒙疆ノ状況報告ノ件「支那事変関係1件」第5卷,外務省外交資料館蔵。

第三章 蒙疆畜产政策的形成

院会议上通过了政府改革要纲,6月1日开始实施。要纲中讲"为顺应战时体制、确立总力战机构,期待蒙汉回各民族同心协力。确立适应各民族特性的行政机构,撤销以前各部局,设立精干的组织机构,以达强化行政浸透力的渗透,节减一般行政费用"[①]。也就说,政府要促进蒙古人的"自觉",构筑对外蒙古、苏联的防波堤方向转换[②]。此次改革,撤销了牧业总局,设置了政务院直辖的兴蒙委员会。

新设立的兴蒙委员会,是蒙旗行政的综合运营机构,是以地域内蒙古人为对象的机关。该委员会设立的同时,制定了"确立经济、彻底普及教育、更生民族"三大施政方针。于是,兴蒙委员会取代牧业总局,成为蒙疆畜牧行政的中枢机关。其理由为在蒙古联合自治政府时代,"设置牧业总局,本期待它在畜产蒙古的建设中发挥重要作用,但没取得相应的成绩就被撤裁,是因为预算被大幅度削减,使之无法开展相应的业务活动"[③]所致。新设置的兴蒙委员会,内设总务、民政、教育、实业、保安五处。其所管事项主要为:(1)蒙旗的人口增殖及蒙古人的卫生保健;(2)改善生活以及其他有关民族复兴的事项;(3)普及教育、促进文化;(4)有关宗教、礼俗、庙会、祭典事项;(5)有关牧政、畜牧以及牧野事项;(6)振兴产业;(7)物资的需给调节;(8)整备交通;(9)确立地方财政等[④]。牧政、畜牧以及牧野相关事项,由同委员会的实业处掌管,直到1945

---

① 《蒙疆年鉴》,1942年,第79页。
② 《日本的蒙疆占领1937-1945》,第83页。
③ "兴蒙委员会的活动",财团法人善邻协会:《蒙古》,1942年8月号,第2页。
④ 同上。

年日本战败投降,兴蒙委员会一直是伪蒙疆政权的畜牧行政的核心机关。即蒙疆的畜牧行政的中枢,由兴蒙委员会掌握,有关畜牧政策的制定、草场的管理、牲畜等畜产品的交易等,全由该委员会的实业处掌管①。此外各政厅(1943年1月,伪蒙疆政府机构改革,察南、晋北政厅分别改为宣化省和大同省)、盟各自设立畜产课或农林课,处理相关业务。

但是,这些表面上的畜产行政机关,并没有畜产政策的决定权。其决定权最初在特务机关,兴亚院蒙疆联络部设立后,以上畜产行政机关接受兴亚院蒙疆联络部的领导。兴亚院蒙疆联络部,为把握蒙疆的经济,内设经济课,1941年改称经济部,下设第一、第二课(管理畜产业)、第三课。统括财政、金融、矿业、林业、畜产业的开发和通商贸易等经济活动。这样,通过机构改革以及改组,经济支配机构被不断强化,日本对伪蒙疆经济的控制更进一步加强了。

二、关东军的蒙疆畜产指导方针

本节通过贯穿伪蒙疆政权时期的畜产政策的纲领性文件、即由关东军张家口特务机关制定的《蒙疆地区绵羊、羊毛以及羊毛皮配给统制要纲》和《蒙疆地域动物毛配给统制要纲》的介绍,分析其在蒙疆畜产计划的制定以及政策形成上这些"要纲"的重要影响。

---

① [日]福岛义澄编:《蒙疆年鉴》,蒙疆新闻社(张家口),1943年,第102页。

1. 蒙疆地区绵羊、羊毛以及羊毛皮配给统制要纲

关于蒙疆畜产统制最初的政策,是1937年11月2日,由负责指导蒙疆地域各自治政权的张家口特务机关长松井太久郎大佐制定的《蒙疆地区绵羊、羊毛以及羊毛皮配给统制要纲(案)》。其方针为"鉴于确保羊毛工业原料在国防上以及产业上的重要性,对蒙疆地区内绵羊、羊毛以及羊毛皮的配给(收购以及销售)实行一元化统制,以此强化日本、满洲国、华北经济圈,以有助于确立羊毛工业原料政策"[①]。其实,关东军从1936年起,在当时属于察哈尔省的锡林郭勒盟,通过大蒙公司收购羊毛,运往日本,在千住制绒所,蒙疆产羊毛不过属于试验使用阶段。事变后,关东军一定程度购入了当地的库存羊毛[②]。所以,1937年后半年开始,关东军主要自从军需目的出发,制定了这一要纲,力图确保军方的羊毛需要。

该要纲的要领为:"(1)目前以钟纺、满蒙毛织、大蒙公司、满洲畜产会社(三井物产)以及其他蒙疆联合委员会指定者,原则上作为担当绵羊、羊毛以及羊皮毛的配给业务者。上述以外者根据行政措施不认可其业务权。(2)由联合委员会指定者结成组合。收购领域、收购数量、收购价格、销售渠道等,原则上根据该组合自治统制,进行适当协调,避免产生行业界的混乱。(3)联合委员会关于组合的事业,通过各个政府的报告,进行公益上以及统制上命令、指示。(4)组合在收购之际,要与地域内的同业公会以及其他

---

① 《现代史资料9·日中战争(2)》,第158页。
② 《蒙疆畜产资源调查报告书》,第99页。

的关联团体因保持密切联络"①。

即该要领表明,关东军欲以日系会社为中心,结成组合,由此在流通领域垄断统制蒙疆地区的绵羊、羊毛以及羊毛皮等。此外,组合的结成根据蒙疆联合委员会的制定的方针,在收购领域、价格、数量以及销售渠道等方面,欲进行统制。

2. 蒙疆地域动物毛配给统制要纲

1937年11月11日,根据上述要纲的方针、要领,张家口特务机关制定了《蒙疆地域动物毛配给统制要纲》。其方针为"鉴于羊毛以及其他毛纺工业原料资源在国防乃至产业上的重要性,对蒙疆地域内的羊毛、山羊毛、山羊绒、骆驼毛类的配给(收购销售输出等)原则上实行一元化统制。强化日、满、北支经济圈,以资确立毛纺工业政策,并驱逐外国商人在该地的商权"②。与前一要纲相比,大体相同,但表明要迅速剥夺外国人在蒙疆的动物毛收购商权,这成为尽快设立蒙疆羊毛同业会的理由之一。

要纲中作为具体的动物毛类的统制措施,规定其要领为"改善蒙疆地域动物毛类的交易,使上市量增大,进一步促进输出以及期待地域内毛纺工业的发达,以资蒙疆地域畜产,力图提高蒙疆地域人民的福利。目前该地域动物毛类进行配给统制,其设施如下。由蒙疆联合委员会指定一定的机关,进行羊毛、山羊毛、骆驼毛的输出(中略)。与支那羊毛类的使用和销售等关系密切并有利害关

---

① 《现代史资料 9·日中战争(2)》,第158页。
② [日]满铁调查部编:《蒙疆政府公文集(下辑)》,南满洲铁道株式会社,1939年,第399页。

系者(目前由钟渊纺织株式会社、满蒙毛织株式会社、株式会社大蒙公司、满洲畜产股份有限公司、三井物产株式会社、三菱商事株式会社、株式会社兼松商店、日本毛织株式会社等八社),由委员会指定,由这些会社组成组合,形成强有力的收购、销售机关,担当蒙疆地域内动物毛类的配给统制"①。于是根据蒙疆联合委员会的指定,由日系八社结成组合,示意在蒙疆将要对动物皮毛类的流通进行统制。

同年12月9日,关东军参谋长在"关参满电第四三四"电中,认可了松井制定的要纲。关于组合的结成,关东军参谋长向张家口以及绥远特务机关长指示:"伴随着组合的结成,关于军需用品的筹措要利用该组合(中略)。鉴于军需的特殊性,关于以下各点,对蒙疆联合委员会以及组合进行指导。(1)组合关于军用羊毛等优先供给军方;(2)军方购买羊毛等的价格由军方同蒙疆联合委员会协商决定;(3)组合对收购领域、收购数量、收购价格、销售价格等的决定以及变更要向军方机关通报"②。

以上《蒙疆地区绵羊、羊毛以及羊毛皮配给统制要纲(案)》和《蒙疆地域动物毛配给统制要纲》,都讲的是出于国防上的需要以及为提高蒙疆的民生,欲设立组合。但从要纲中可知,欲结成的组合,全部是为满足军方的需要而结成。

总之,这两个"要纲"以及关东军参谋长电的基本方针是按照关东军以及特务机关的指示,通过由蒙疆联合委员会指定的、由日

---

① 《蒙疆政府公文集(下辑)》,第399—400页。
② 《现代史资料9·日中战争(2)》,第160页。

系会社结成的组合,欲对蒙疆的羊毛等资源在收购的领域、价格、数量以及销售渠道等进行统制。

于是,对蒙疆地域畜产资源的收集地域、数量以及销售价格等,在贯彻特务机关意图的同时,由蒙疆联合委员会统制。绵羊、羊毛以及羊毛皮的收购、销售等,由日系资本构成的会社垄断经营,主要是要确保军方的需要。

3. 蒙疆羊毛同业会的设立

根据上述两个"要纲"以及关东军参谋长的意见,为对蒙疆的羊毛等畜产资源的收购和输出进行统制,1937年12月25日,蒙疆联合委员会颁布《关于蒙疆羊毛同业会设立认可之件》。随后1938年1月,在张家口由钟渊纺织株式会社、满蒙毛织株式会社、株式会社大蒙公司、满洲畜产股份有限公司、三井物产株式会社、三菱商事株式会社、株式会社兼松商店、日本毛织株式会社八家日系商社结成了蒙疆羊毛同业会。其方针和事业内容为:"关于蒙疆地区内的羊毛以及其他动物毛的交易,受蒙疆联合委员会的监督指导,实行自治统制,在谋求畜产资源利用发展的同时,以协力援助蒙疆联合委员会以及蒙疆地区内自治政府,以资畜产的发达为目的(中略)。本会经营羊毛、山羊毛、山羊绒以及骆驼毛的买卖(包含物物交换)以及与之相关附带的一切业务"[①]。于是,蒙疆羊毛同业会在蒙疆联合委员会的指导监督下,与相关部门协力,成为经营蒙疆地域的动物毛类以及关联业务的指定统制机构。所以,

---

① "羊毛同业会规约",《蒙疆政府公文集(下辑)》,第408—409页。

该同业会的成员大蒙公司，在同业会成立不久，就开始收购张家口、大同、厚和、包头等地毛店库存的动物毛类。

总之，张家口特务机关，在关东军的许可下，为了确保蒙疆地域的羊毛等资源，制定并开始实施羊毛的配给统制政策。并在蒙疆联合委员会的指导下，由日系商社组成了蒙疆羊毛同业会。这之前，该地域的羊毛大多经汉族商人之手从天津输出海外。此后，变为由蒙疆羊毛同业会掌管。尽管同业会将羊毛收购事业作为重点，但除使相互竞争激化之外，也没振兴现地收购，一年后解散。关于这个问题，在本书的"蒙疆畜产流通统制"一章中还要详细阐述，这里只做简单介绍。

几乎同一时期，蒙疆联合委员会相继颁布了一系列法令、法规，主要有：1937年12月1日，颁布《关于动物毛类交易统制之件》、1938年3月颁布《关于皮毛类搬出取缔令制定之件》、《关于皮毛类的蒙疆地域外搬出取缔之件》。到1938年5月，又颁布《关于毛皮类搬出之件》，10月又颁布《关于毛皮搬出取缔令实施之件》和《动物毛类输出取缔令》。到11月，又颁布了《关于违反动物毛类输出取缔令之罚则》等，计划在流通领域对蒙疆产出的动物毛类进行统制。

1937年年末，张家口特务机关制定的《蒙疆地区绵羊、羊毛以及羊毛皮配给统制要纲（案）》和《蒙疆地域动物毛配给统制要纲》两要纲以及关东军参谋长的"关参满电第四三四号"实际上成为日本在蒙疆地区推行畜产统制政策的基本原则。其后蒙疆政府制定的有关畜产方面的法规、政策、计划，特别是1938年蒙疆联合委员制定的蒙疆政权的畜牧政策的纲领性文件《蒙疆畜产政策要纲》

等,都是在这两个要纲的基础上,进一步加以充实和具体化而已。

三、围绕《蒙疆畜产政策要纲》畜产政策的展开

日本在占领蒙疆地区的第二年,即从1938年开始,相继制定、实施了如畜产政策要纲、开发计划、增产改良等政策措施。1938年7月11日,日本占领当局通过蒙疆联合委员会,公布了《蒙疆畜产政策要纲》。本节在叙述蒙疆联合委会制定的《蒙疆畜产政策要纲》的基础上,围绕着畜产政策的展开进行论述。

《蒙疆畜产政策要纲》的主要内容如下:

第一　方针

鉴于国防上以及产业上蒙疆地域畜产的特殊重要性,力图振兴该地的畜牧业,尤其是进行马以及绵羊的增殖改良,在响应军事上要求的同时,以资提高民生。

第二　要领

一　为力图增大家畜的抗雪灾以及包容能力,在必要的地方设置冬营地,并使之附属相应的草场,贮存干草及其他饲料,进行种植防雪林、改良草场。

二　鉴于家畜传染病带来的重大损失,采取生产畜疫预防液以及畜产物的消毒相关的对策。

三　家畜的增殖改良主要从在来种选择繁殖,也适当使用外来种。其要点如下:(一)马　以军用小体格马(体高一.四五

米),(二)绵羊 以绵羊的增产、改良为目标,以使用考历代种羊为主,(三)牛 以役用和肉用为目标,进行选择繁殖,(四)骆驼 以满足军事交通方面的需求进行选择繁殖。

四 鉴于蒙古的实情,为使家畜及畜产品的交易顺利公正进行,并期待开发振兴畜产,使家畜及畜产物在旗内能够共同销售的同时,对旗民进行日用品的配给。

五 旗民销售的马以及绵羊由政府收购,进行畜产物的销售斡旋。

六 将西北接壤地域所产的家畜及畜产物诱致至本地,并期待确保对此的流通顺利,更进一步促进对西北地域的贸易。

七 对主要家畜以及畜产物的输出进行必要的统制。

八 改善以前旧的习惯,但不进行急剧的变革,特别是在蒙地要尊重游牧和土地使用形态。

九 旗地是家畜的培养地,对此进行保护政策,同时开展打井、进行草场建设,改良牧野。

十 在汉人居住地带有计划地保留一定的牧野,在公共利用之外,管理进行牧草以及其他饲料作物的栽培。

十一 鉴于毛皮动物逐渐减少的倾向,采取使之增殖的对策。

十二 对蒙汉青少年进行有关兽医、畜产知识的简单传授,进行指导者的培养。

十三 迅速进行畜产资源的调查,以利资源的开发利用。

十四 迅速整备适应腹地情况的畜产奖励机关。

第三 措施

一 畜产行政机构的整备

(一)蒙古联盟自治政府设畜产部,各盟设畜产厅;

(二)察南自治政府和晋北自治政府设置与畜产相关的技术员;

(三)在旗和县逐渐设置畜产技术员;

(四)政府设置经营有关家畜增殖改良以及牧野试验设施相关的牧场;

(五)有关畜产的统制由蒙疆联合委员会负责。

二 冬营地的设置

冬营地原则上由旗直营,关于其设定以及各种设施的实施由各机关协力担当。

三 扩充家畜防疫处

蒙疆家畜防疫处目前在军方的指导下,由蒙疆联盟自治政府经营管理,进行有关家畜防疫试验研究以及预防液的制造。

四 官马牧场的改组

淘汰现存官马牧场的官马,接收其牧领,将淘汰马委托民间放牧或分发给旗民。

五 家畜的委托保管

关于家畜的增殖改良,委托各旗进行保管官有家畜。

六 设置民营牧场

家畜的增殖改良设施主要由政府经营,但也鼓励、协助设置民营牧场。

七 设置家畜监视署

为达到彻底贯彻对家畜及畜产物的输出统制,在必要的地点由政府设置家畜监视署。

八 制定法规

制定有关旗地保全或牧野的保存及利用,防止乱捕乱杀毛皮类动物等法规。

备考

畜产政策实施之际,在考虑日本之外,还要照顾到满洲、北支和中支①。

如上所示,《蒙疆畜产政策要纲》,由方针、要领、措施三部分构成,其中要领14项,措施8项。此要纲为蒙疆政权关于畜牧政策的纲领性文件。在要纲的"备考"中,特别强调,蒙疆畜产政策实施之际,除考虑日本之外,还必须兼顾满洲国、华北、华中的需求。由此可知,日本占领当局通过贯彻此要纲,欲将蒙疆变成东亚经济圈中畜产资源的重要供给基地。其后,伪蒙疆政府关于畜产资源的

---

① 《蒙疆政府公文集(下辑)》,第218—222页。

计划、措施等,全部是根据此要纲决定的方针、要领、措施等推进的。

1. 服从军事需求的方针

要纲的方针中曾讲"鉴于国防上以及产业上蒙疆地域畜产的特殊重要性,力图振兴该地的畜牧业,尤其是进行马以及绵羊的增殖改良,在响应军事上要求的同时,以资提高民生"。以品种改良作为振兴畜产的主要方向,要纲中提出马和绵羊的改良方针,实际上主要是服从军事上的需求。

《蒙疆畜产政策要纲》的要领的第三条规定:"家畜的增殖改良主要从在来种选择繁殖,也适当使用外来种"。其要点可概括为:(一)马 以军用小体格马(体高一.四五米),(二)绵羊 以绵羊的增产、改良为目标,以使用考历代种羊为主,(三)牛 以役用和肉用为目标,进行选择繁殖,(四)骆驼 以满足军事交通方面的需求进行选择繁殖。

即要领之一,特别强调马要选择军用小型马进行繁殖;关注绵羊增殖改良,增产羊毛;骆驼以适应军事交通的需求进行繁殖。重视军需羊毛、军马、军用骆驼的增产繁殖,可知日本对蒙疆的畜产政策,其主要目的是为满足军事需求。虽然也提出了"以资民生"的口号,但从此后的论述中可知,实际实施的行动,都是服从军事上的需求。这也是日本在蒙疆的绵羊改良事业未能顺利推进的原因之一。

2. 马以及绵羊的改良增殖事业

如《蒙疆畜产政策要纲》的方针所表示的那样,在改良事业方面,主要根据产业上、军事上的需求,以马和绵羊为中心进行改良增殖。

蒙古马尽管体型矮小,也不名贵。但性情温驯,体力强劲,富有耐久力,对饲料要求不高,耐酷寒,极易饲育管理①。尤其是蒙古马驮运货物时具有持久力、载重量大等特征,被认为在军事运输以及一般运输中最适宜的役畜,是当时在军事上、交通运输以及产业方面必不可缺的家畜。蒙疆地区如前所述,是重要的马产基地。事变前,该地域拥有50万匹马,同时向京津地方以及我国东北每年输出约15000匹②。此外,观察蒙疆以外对马匹的需求,伪满洲国因为自身的开发以及日本移民的大量移入,对马匹的需要日益增加;并且,华北由于进行农业开发,亦需要大量的耕马。马匹供应不足日益明显,于是期待蒙疆的马匹供应。所以,从为伪满洲国以及华北提供耕马的视点看,蒙疆的马产增殖事业亦非常重要。

以前蒙疆马由于经常向地域外输出,地域内的优良马持续减少。为此,伪蒙疆政府在1939年10月颁布实施《家畜搬出取缔法》③。根据此法,地域内的马匹向地域外输出时,必须经过蒙古联

---

① 《蒙古大观》,第171页。
② 《蒙疆读本》,第68页。
③ 《蒙古联合自治政府贸易关系法规集》,第108—109页。

合自治政府牧业总局局长的许可,对马匹的地域外输出实行限制。

于是通过实施关于马的政策,日本占领当局的意图是增加马的数量,并且将尽量多数的马匹向伪满洲国、华北输出军马、耕马。当时蒙疆马产方针是:"为保存蒙古原种马优良品质,供用种马通过选择繁殖,以求提高蒙古马的质量。以培养标准体高一、三零军用小体格马为目标,力争二十年后使地域内民有马的数量保持在一百万匹"[①]。据此,蒙疆联合委员会产业部于1939年制定了《蒙疆马增产计划》[②],其中规定(1)不输入外来种;(2)以蒙疆的在来优良种马为目标实行增产。

此外,观察这个时期伪蒙疆政府的马改良增产方针,有"谋求马的改良增产,满足军事上及产业上的要求,为对应满洲国、华北的军马以及役马的要求,对在来种进行选择繁殖"[③]之意图,即发展蒙疆马产,主要是为伪满洲国、华北提供军马以及耕马。可知蒙疆的马改良增殖事业正是《蒙疆畜产政策要纲》中"畜产政策实施之际,在考虑日本之外,还要照顾到满洲、北支和中支"思想的具体体现。

在该方针指导下,以1942年作为初年度,制定了马产改良增殖五年计划。内容为优良种公马和役马的饲育、设置种马牧场、马的输出调整、游牧地带的马使役奖励、促进赛马等[④]。但是,因为一匹马的育成最短也需要五年,短时间内的增产改良是困难的,可

---

① JACAR(アジア歴史資料センター)Ref.C04122360600,「蒙疆ニ於ケル牧畜改良事業ノ現況」昭和15年「陸支密大日記第37号 1/2」,防衛省防衛研究所蔵。
② 《北支·蒙疆年鉴》(蒙疆篇),1941年,第71页。
③ [日]福岛义澄编:《蒙疆年鉴》,蒙疆新闻社(张家口),1944年,第303页。
④ 《蒙疆年鉴》,1944年,第303—304页。

第三章 蒙疆畜产政策的形成

以说,根据此计划进行马产增殖,直到日本战败投降亦未见结果。

关于羊毛的统制,是蒙疆畜产政策的核心。即对绵羊的增殖改良、羊毛收购、地域外的输出等由政府实行统制政策。其中,进行绵羊改良增殖之事,在生产领域,羊毛统制被置于重点。

蒙疆畜产政策要纲中,作为要领之一,关于绵羊增殖改良事业,规定"以羊毛的增产、改良为目标,主要用考历代种羊"。蒙古原种羊是为了获得羊肉和羊皮,主要由蒙古人饲养。且毛质差、产毛量低[①]。根据要领,伪蒙疆政权时期,在畜产的生产领域,自始至终在绵羊改良增殖事业方面投入了大量的人力、物力,改良品种使用考历代种,企图改善蒙古原种羊的毛质并提高产毛量。

此外,同要纲的"措施"中,提到鼓励设置民营牧场之事,即"家畜的增殖改良设施主要由政府经营,但也鼓励、协助设置民营牧场"。前面讲过,三自治政府合并后,作为牧业总局的直接管辖机构,在察哈尔盟张北县设置了政府的牧业试验场;在巴彦塔拉盟集宁县的平地泉设置了种畜牧场;在厚和豪特市设置了家畜防疫处。在颁布各自的官制后开始各自的事业。这些为政府方面经营的家畜增殖改良设施。当时,最初在蒙疆从事绵羊改良事业的是以日系的民营会社为中心,以东洋拓殖株式会社为主的钟渊纺织株式会社、满蒙毛织株式会社等,此外,善邻协会、蒙疆政府、东亚绵羊协会也参与其中。

从 1939 年到 1940 年年末,在蒙疆从事绵羊改良事业的各机

---

① 每只羊的平均产毛量,考历代种为四公斤,美利奴种为六公斤。与此相对,蒙疆绵羊的产毛量仅仅为一公斤,并且其中细毛、粗绵毛以及粗毛三种混生,产毛的约三成为劣质羊毛。(中村信:《蒙疆的经济》,第 147 页。)

关,投资一百几十万元,从日本内地、朝鲜、新西兰输入了种绵羊。但输入种羊被在来种羊中流行的羊痘、疥癣等疾病所传染,使输入种羊的大半死亡。侥幸活下来者也因为1941年的春寒和雪灾的发生,大部分毙死,第一次绵羊改良事业计划以失败告终。其失败原因,有如输入绵羊的体质差、种绵羊输入时期不当、现地驯化不充分和营养不良、技术指导者欠缺、病害和虫害发生等技术层面的问题外,还有事业实施主体内在的弱点。

蒙疆绵羊改良的主体主要由民间会社经营。这些民间会社,事业着手当初并没有预测到获利之艰难,也没认识到投资周期如此长。可以说这对以半年或一年为决算期的商社来讲,并不适当。由商社经营绵羊改良事业之际,不知不觉中,就存在着节约诸经费的意识。自然会限制如充实技术人员、彻底指导、整备卫生设施以及其他的消耗性投资。这些原因,是招致事业失败的内在因素[1]。

为克服第一次绵羊改良事业失败这种事业实施主体内存在的弱点,1941年10月,设立了蒙疆绵羊改良事业的统制机关财团法人"蒙古绵羊协会"。"作为指导机关,作为政府代行机关担当牧羊国策的重任"[2]。该会设立后,蒙疆的绵羊改良事业,置于伪政府的统制下进行。

这样,财团法人蒙古绵羊协会作为指导机关,作为"牧羊国策"政府机关代行的一部分出现。即以前带有相当自由主义色彩、多元化实施的蒙疆绵羊改良事业,此后在蒙古绵羊协会的一元化

---

[1] 《蒙疆调查资料92号 蒙古牧业政策的沿革以及现况》,第18页。
[2] 《大东亚共荣圈纤维资源概观》(第一部 羊毛资源·第三辑 支那之部),第35页。

统制下，在该协会的负责下被强力推进。

关于蒙疆的绵羊改良增殖事业，在后面的第 6 章还要详细讨论，只是考虑到畜产生产统制的前后关系，这里略作涉及。

3. 畜产收购统制

随着日本对蒙疆地区的占领，关东军张家口特务机关很快制定了《蒙疆地区绵羊、羊毛及羊毛皮配给统制要纲》和《蒙疆地域动物毛配给统制要纲》，开始在蒙疆地区推行畜产统制政策。在此二要纲的指导下，蒙疆联合委员会为对地域内的畜产资源的收购和输出进行统制，通过日系商社的钟渊纺织株式会社、株式会社大蒙公司、三井物产株式会社、三菱商事株式会社等八家日系会社，结成了"蒙疆羊毛同业会"。这是最初的蒙疆畜产物的收购机关。1938 年初，蒙疆羊毛同业会成立后，作为军方的代理机构进行收购。但如前所述，一年后被迫解散。

蒙疆羊毛同业会解散后，因为没有适当的中介机构，1939 年 1 月开始，由驻蒙军直接从毛店以及其他地方直接进行收购。现地民需以外的畜产品，原则上全部由驻蒙军全部掌握。后来，驻蒙军将该地域的羊毛收购委托大蒙公司等日系会社办理，其他畜产品，经伪蒙疆政府的许可后，可以向地域外输出[①]。

但进入 1941 年，蒙疆的盟旗各地组织起了"豪利希亚"（合作社之意），力图进行皮毛等畜产品的收购，进行生活必需品的配给，蒙疆的畜产品流通领域又出现了新的收购机关。设立豪利希亚的

---

① 《蒙疆经济地理》，第 175 页。

政策根据,是蒙疆畜产政策要纲中的"鉴于蒙古的实际状况,为使家畜及畜产品的交易顺利进行,并为期待畜产开发的振兴,家畜以及畜产品在本旗共同销售的同时,考虑对旗民进行杂货配给"和"旗内共同贩卖的马以及绵羊由政府一手收购,畜产物由政府进行贩卖斡旋"。据此,1940年11月蒙疆政府在盟旗地域,设立了豪利希亚。由于豪利希亚的设立,在蒙疆的畜产品流通领域又增添了新的元素。

当时,盟旗地带的畜牧经济,由于汉族商人的剥削以及大蒙公司等日系会社对畜产品交易的垄断,陷入悲惨状态。即伴随着蒙疆地域畜产统制政策的推进,牧民们生产的家畜以及皮毛类,由于实行价格统制,无法提价。但所有的输入生活必需品,如牧民生活必不可缺的棉布、砖茶等的价格上升,远在畜产品之上。当时,羊毛、骆驼毛、毛皮都是军方指定的统制收购品。驻蒙军委托大蒙公司代理收购,但由于大蒙公司在盟旗地带没有收购网,就委托前往盟旗的汉族商人代理收购。大蒙公司从驻蒙军处以统制价格获得棉布、砖茶等商品,交给前往盟旗的商人,汉商再将这些商品高价卖给牧民,低价收购牧民的羊毛、毛皮,然后交给大蒙公司,大蒙公司再转交军方。经过这样的中间榨取,牧民蒙受损失很大。此情下,为"振兴盟旗经济",出于"在牧民的家畜畜产品以合理的价值售出的同时,廉价购入粮食、棉布、砖茶等生活必需品,达到安定牧民生活的目的"[①]之考虑,设立了豪利希亚。其后,经过和驻蒙军

---

① 蒙古生计会合作部《蒙古生活豪利希亚第一辑》,转引自芦明辉《蒙古自治运动始末》,中华书局,1980年,第315页。

交涉,盟旗地带的羊毛、马匹品类的收购权由大蒙公司转交给豪利希亚①。即牧民们的动物毛、皮毛类由豪利希亚收购后,直接交给驻蒙军,军方直接和牧民交换生活必需品,力图减少中间剥削。此外,各旗输出的家畜,也尽量通过豪利希亚之手直接向北京、天津、伪满洲国输出,并购入棉布、粮食、砖茶,以便低价向牧民配给销售。

这样,蒙疆地域的毛皮类的收购以及向军方的缴纳输出,主要通过日系商社、豪利希亚、以前的各地汉族的羊毛同业公会来进行。

但如前所述,日系商社由于在草原深处没有收购网,只不过将汉族人业者收购的货物拿过来后向军方上缴。盟旗地域豪利希亚设立后,开始收购畜产物,配给生活必需品。其后其机能不断强化,汉族业者在草原深处失去了往年交易的自由。这也间接地影响到了日本商社的利益。也就是说,日系商社如果得不到汉族业者的配合,无论如何也不会提高业绩。所以日系商社与豪利希亚之间,在畜产品收购上出现纠纷。对日系商社来讲,保护汉族商人的利益,就等于维护自己的利益②。为此,围绕着畜产品的收购,日系商社与豪利希亚之间发生了争夺战。蒙疆的皮毛类交易陷入混乱状态。在收购价格、收购地域、运输等方面,都优先维护自身的利益。在利益争夺中,各种弊害不断发生,流通陷于阻塞状况。

---

① 扎奇斯钦:《我所知道的德王和当时的内蒙古(2)》,东京外国语大学亚非语言研究所,1994年,第78页。

② "蒙古皮毛公司新设",财团法人善邻协会:《蒙古》第11卷第1号,1944年1月,第84—85页。

1941年12月8日,太平洋战争爆发,初期日本在战场占优势。但第二年6月中途岛海战后,美军逐渐开始反击。进入1943年,战局对日本更加不利。长期战争的结果,物资消耗巨大。侵华战争后在中国占领地实施的"以战养战"政策,被更进一步强化。对占领地和殖民地的掠夺进一步加剧。在蒙疆占领地,提出了"粮食就是子弹、羊毛就是火药、人力就是武力"的所谓生产协力口号,更加大了对蒙疆资源的掠夺。

鉴于羊毛、皮毛类等畜产物作为战略资源的重要性,为解决蒙疆羊毛、皮毛类等畜产物交易中存在的混乱、弊害、流通中的梗塞,日本占领当局欲对畜产品的收购机构进行整顿。

于是日本占领当局认为"使蒙旗经济健全发展方面理所当然,其他方面对日系商社、汉族业者等影响也不乐观,已经到了必须采取必要措施的地步。其结果是蒙古的皮毛类交易的健全化,除统制之外,别无他途"①。即欲实施强有力的一元化统制。统制的目的是促进收购、统制配给、皮毛类价格统制以及蒙旗牧民生活必需物资的供给等。为实现以上目的,以"超越克服以前的种种不便不利,鉴于经济决战,作为重要的战时资源、使蒙古产皮毛赋予的使命高度发挥"为目的②,1943年9月,设立了集动物毛类、皮毛类的收购、配给、输出为一体的"蒙古皮毛股份有限公司"。

新公司是负责皮毛类的收购、对日供给、军需供出、地域内配给和输出实行一元化的统制机关。但不是仅仅是形式上实行统制

---

① "蒙古皮毛公司新设",《蒙古》第11卷第1号,1944年1月,第84—85页。
② 同上书,第86页。

的机构,自身也办理业务,通过办理业务实施统制。所以,尽管新公司是完全垄断皮毛类交易事业的机关,但关于其运营业务的实施,由于一切受政府的指挥监督,以求除去垄断独占的弊端,保证完成皮毛类的供给。

4. 家畜防疫机关的整备强化

蒙疆畜产政策要纲中的"措施"第3条关于"家畜防疫处的扩充"中提到:"蒙疆家畜防疫处目前在军方的指导下,由蒙疆联盟自治政府经营管理,进行有关家畜防疫试验研究以及预防液的制造"。根据要纲中既定的相关措施,前文所述的家畜防疫处,被继续强化、充实。此外根据要纲中"要领"的第12条"对蒙汉青少年进行兽医、畜产等相关的简单的技术传授,将之作为指导者(蒙、汉族)来培养。根据这一要领的规定,在家畜防疫处、政府牧业试验场以及种畜牧场内,开始培养畜产防疫技术员。

当时的蒙疆地域,是中国屈指可数的畜产生产基地,锡林郭勒、乌兰察布、伊克昭、巴彦塔拉、察哈尔盟的"五盟"地带,畜产丰富,出产绵羊、马、牛等。因此,重视由于家畜传染病带来的损害不言而喻。日本占领该地域前后,由于牛疫、鼻疽、羊痘、炭疽、疥癣、猪霍乱、口蹄疫、狂犬病等各种疫病在各地频繁发生[①]。

鉴于畜产与该地域经济的重要性,家畜传染病的预防,一直受到重视。国民政府时期,即认识到家畜卫生设施的重要性。1935

---

① 山胁圭吉"关于北支蒙疆的兽疫调查",《北支蒙疆农业调查报告书》,第197—208页。

年 8 月,在绥远省的归绥市设立了"蒙绥防疫所",担当防疫事务。当时担任绥远省主席的傅作义与国民政府协商后,国民政府决定在绥远设立家畜防疫机构。于是傅作义与北平中央防疫所所长陈宗贤商议后,作为北平中央防疫所的分所,在归绥建设"蒙绥防疫所"。1933 年国民政府内政部卫生署拨出预算 12 万元,用作兽医专门防疫机关蒙绥防疫所的建设费用。经过三年建设,1935 年年末开始业务活动①。蒙绥防疫所是当时中国华北地区唯一的家畜防疫机关。彼时,中国只有北平中央防疫所、南京防疫所、西北防疫所(甘肃兰州)以及蒙绥防疫所四大防疫机构。其中中央、南京两个防疫所,主要从事人的传染病研究;蒙绥、西北防疫所主要从事家畜传染病的研究、血清类的制造以及这些实施应用相关的业务②。从防疫所的设置可知该地域为中国重要畜产地带。

蒙绥防疫所,职员有技士 2 名,技佐 4 名。业务内容全部为应急处理,规模并不是很大。制造各种兽疫预防液,向农民发放,实施家畜无偿注射。在主要地点设立防治试验区,试验预防效果,同时进行无偿家畜诊疗,并到各地巡回、巡诊。派遣兽疫调查班,张贴、印发教育宣传画、小册子,进行家畜卫生思想的宣传普及。即利用各种手段致力于兽疫的预防,家畜的维持培养,以求增进民利,在收揽人心方面起了很大作用③。但是防疫所业务辐射的只限于面积广大的后来称作蒙疆的一部分绥远省,当时畜产资源的

---

① 兴亚院:《兴技调查资料第 52 号 蒙疆畜产资源调查报告书》,1940 年,第 221 页;《北支蒙疆农业调查报告书》,第 212 页。
② 《北支蒙疆农业调查报告书》,第 211 页。
③ 《兴技调查资料第 52 号 蒙疆畜产资源调查报告书》,第 221 页。

第三章 蒙疆畜产政策的形成

主要产地锡林郭勒、乌兰察布、察哈尔盟北部等地，对家畜疾病，几乎是无能为力，处于自然放任状态。牲畜由于疫病的死亡率很高。

卢沟桥事变后，国民政府于8月发布征用令，防疫所的主要器具、器械、药品的大部分运到了西安，变成了陆军后方医院。同年12月，关东军高岛部队的并川兽医中佐以及第26师团市川兽医大尉，为调查接收蒙绥防疫所，被派遣到绥远。与绥远特务机关以及蒙古联盟自治政府交涉后，年末将防疫所全部接收①。于是将蒙绥防疫所改称"蒙疆家畜防疫所"，置于第26师团兽医部长的指导下②，日本陆军的小林七郎少佐为主任指导官，古庄、井上两陆军技手辅佐，退役兽医中将柏五郎任所长，随着日本技术人员的充实和留任中国技术人员的启用，逐渐开始业务活动③。

1939年7月，军方将该所移交给蒙疆联合委员会，但军方的兽医依然担当业务指导。伪蒙古联合自治政府成立后，颁布了"家畜防疫处官制"，作为蒙疆地区的防疫防治的核心机关，决定了将该机构整备扩充的方针，改称"蒙疆家畜防疫处"，在日军的指导下，属于伪蒙古联合自治政府牧业总局管辖之下，以兽疫的扑灭防治以及家畜防疫技术人员的培养为目的，进行蒙疆全域的业务④。

根据"家畜防疫处官制"，蒙疆家畜防疫处的管理事项为"（1）有关家畜疾病的预防及治疗事项；（2）有关兽疫血清类的制造及分

---

① 《北支蒙疆农业调查报告书》，第212页。
② JACAR（アジア歴史資料センター）Ref. C04120263600,「綏遠蒙疆家畜防疫所業務開設報告並に今後の方針に関する件」昭和13年「陸支密大日記第10号」，防衛省防衛研究所蔵。
③ 《北支蒙疆农业调查报告书》，第212页。
④ 《兴技调查资料第52号　蒙疆畜产资源调查报告书》，第222页。

配事项;(3)有关家畜防疫技术员的培养及训练事项"①。根据"家畜防疫处分课规定",家畜防疫处内设置庶务课、防疫课、制造课、教育课,掌管各自的事项。

1940年,该所研究人员达100多名,进行的研究事项主要有"关于支那马的鼻疽诊断上红血球沉降速度测定法的应用价值;有关消毒的实验;关于疥癣浴槽的研究;关于鼻疽治疗的研究;关于牛疫病感染实验的研究"等②。

制造课掌管预防液和血清的制造,以及与此相关的研究。并且在课内设置了牛疫、羊痘、细菌、猪霍乱四部,在各自的领域内进行调查研究,并进行血清疫苗类的制造。关于血清制造业务,从1939年到1940年,制造的有"炭疽预防液、炭疽血清、腺疫血清、炭疽诊断液、羊溶血素血清、鼻疽干燥抗原、狂犬病预防液、家禽霍乱血清、猪预防液"③等9种。后来将牛疫部扩大可以制造牛疫血清。进入1942年,牛疫血清制造能力达50万毫升④。

防疫方面,日本占领当局从"疆内家畜防疫实施是确保国防资源以及通过开发现地资源,提高民众经济实力的原则"⑤出发,以当时蒙旗地带的牛疫、马鼻疽、羊痘这三大家畜传染病为重点,实施预防治疗。特别是蒙疆地域,每年由于牛疫带来的损失非常严

---

① 《蒙疆的畜产》,第79页。
② 《北支蒙疆农业调查报告书》,第212—213页。
③ 同上书,第216页。
④ 矶贝诚吾:"蒙疆家畜防疫——与牛疫病的作战",骆驼会本部编《回忆内蒙古 内蒙古回忆录》,1975年,第335页。
⑤ 「家畜防疫の成果」,财団法人善隣協会:『蒙古』第10卷第2号、1943年2月、129页。

重。1939年1月,非常可怕的"牛疫现在在察哈尔盟境内的多伦县、明安旗、正白旗、德化县大范围蔓延流行,猖獗至极。现在可知患病头数2500余,毙死千数百头"①。为防止牛疫,蒙疆家畜防疫处的矶贝诚吾医学博士,经过两年的研究,1941年9月,开发研究出了适合蒙疆牛疫的L疫苗②。

从1939年起,实行定期与临时两种,蒙疆家畜防疫处编成牛疫以及鼻疽防疫班,派往牛疫流行地,开展预防工作。主要进行疫病调查、免疫血清注射,鼻疽病马检查。当向草原深处派遣防疫班时,一般有保安队10人护卫,技术员、助手、伕役等十几人组成,乘坐汽车,满载各种器械、血清类、消毒药品赴预防地区③。此外,还不分定期与临时,经常组成移动防疫班进行防疫工作。由于蒙疆草原辽阔,防疫班携带无线电收发报机装置进行联络。防疫班由班长以下十几人组成,根据人数多少分设甲、乙、丙三种。当时,由于人手不足,军方进行了援助④。

但是,蒙疆地区交通不便,还有当时人们防疫知识的欠缺等原因,想要彻底进行防疫是不可能的。根据《蒙疆牧业状况调查》的统计,1939年度进行的家畜预防注射,为牛疫13000头;羊疫1000只,炭疽4000例。与家畜总数相比,实在是微不足道⑤。

---

① 《北支蒙疆农业调查报告书》,第198页。
② "蒙疆家畜防疫——与牛疫病的作战",骆驼会本部编:《回忆内蒙古 内蒙古回忆录》,第332—339页。
③ 《北支蒙疆农业调查报告书》,第213页。
④ JACAR(アジア歴史資料センター)Ref.C04122360600,「蒙疆ニ於ケル牧畜改良事業ノ現況」昭和15年「陸支密大日記第37号1/2」,防衛省防衛研究所蔵。
⑤ 《调查资料26号 蒙疆牧业状况调查》,第234页。

此外，根据家畜防疫处官制第 5 条"牧业总局认为在必要的地方，可以设置家畜防疫处的分处，掌管其事务"的规定，作为蒙疆家畜防疫处的派出机构，1939 年开设了多伦分处（1939 年 10 月 4 日搬迁到张家口），从事防疫调查以及检疫业务①。随后从 1941 年开始，在西苏尼特旗、贝子庙、张北三地，作为防疫的前进基地，开设了办事处②。力图整备强化草原地带的防疫网。

还有，蒙疆家畜防疫处的教育课，负责有关防疫技术员的培养事项。招收蒙、汉、回族中受过中等教育的青年，培养兽医、畜产技术人员。当时，"鉴于兽疫如果不靠现地人自身的力量，无法完全防疫"③的现状，鉴于蒙疆地域从事家畜防疫事业的人才极度缺乏，由现有的兽疫防治人员不能够阻止猖獗的兽疫，为弥补兽医人员的不足、使兽疫防治事业顺利进行，日本方面在家畜防疫处内，设立了家畜防疫技术员养成所，力图培养现地系的家畜防疫技术人员。

根据这一方针，1938 年 4 月，家畜防疫处制定了《蒙疆家畜防疫处讲习生采用规定》，开始培养现地系家畜防疫技术人员。主要是以与传染病相关的科目为重点，进行一年短期兽医教育，教学人员由该处的职员担任。教育科目有细菌学各论、细菌学实习、防疫学、防疫学实习、病理学、病理学解剖实习、寄生虫学、兽医学、药物

---

① JACAR（アジア歴史資料センター）Re f.C04122360600,「蒙疆ニ於ケル牧畜改良事業ノ現況」昭和 15 年「陸支密大日記第 37 号 1/2」,防衛省防衛研究所蔵。
② "防疫办事处开设",《蒙疆年鉴》,1942 年,第 242 页。
③ JACAR（アジア歴史資料センター）Re f.C04122360600,「蒙疆ニ於ケル牧畜改良事業ノ現況」昭和 15 年「陸支密大日記第 37 号 1/2」,防衛省防衛研究所蔵。

学、畜产学、家畜交易、屠宰场实习、日本语、体操等①。

1938年5月,招收第一次讲习生,其中来自察哈尔青年学校学生15名,巴彦塔拉盟中学毕业程度汉族学生8名,第二年5月结业。2人留在该处的制造科,2人分配到该处的支处,其他全部分配到各地市公署。1939年度,从原蒙古联盟自治政府管内招收汉族11人,蒙古族18人,合计29人;原察南政府管内招收6名;原晋北政府管内招收4名,合计采用39名,6月1日入学②,一年后结业。到1944年初,已经招收培养了四届讲习生。毕业生中蒙古人95人,汉族77人,共计172名。配属在各地的政府机关、公司。讲习生的培养工作,到日本投降前一直在进行③。

此外,关于家畜防疫技术员的培养,在善邻协会所属的察哈尔模范牧羊场、前述的伪蒙疆政府张北牧业试验场以及平地泉种畜牧场内也招收蒙、汉青少年,传授畜产以及兽疫防疫知识。

蒙疆家畜防疫处的人员构成上,以日本职员为中心,处长以及主要技术岗位一直由日系担任。这既有现地人无法克服技术上的因素,也表明日本方面对这一机构的重视。还有,该处从设立到蒙疆政权崩溃,日本军方的兽医人员,一直参与处内的事务,因此该处的活动,军事色彩颇浓。关于这一点,与蒙疆的各级行政机构内,日系职员通过担任次长、参事官,实际控制各个部门不同。

总而言之,为发挥蒙疆作为"日、满、支经济圈"畜产资源供给基地的作用,在畜产的生产和流通领域实行统制政策的同时,日本

---

① 《兴技调查资料第52号 蒙疆畜产资源调查报告书》,第237—238页。
② 同上书,第237页。
③ "防疫技术员的养成",《蒙疆年鉴》,1944年,第307—308页。

占领当局也推进蒙疆的家畜防疫事业。当时的目的是扑灭家畜传染病,将损失控制在最小限度内,开发畜产资源,实行家畜增殖改良。更进一步,也有"支那畜产的发展,可增进支那四亿农民的福利,同时有利于我方的畜产开发。不仅有助于共存共荣,还可以把握民心,在日支提携方面做贡献。所以首先要做的是扑灭家畜传染病,以期待畜产的增殖改良"①之长期目的。

设立并不断强化家畜防疫机构,培养畜产技术人员,其主要目的是为了顺应日本物资动员计划中关于畜产方面的要求。但由于家畜防疫机构的整备强化,必须承认确实能够在某种程度上抑制兽疫的发生、蔓延,减轻由于兽疫带来的损害。尤其是畜产技术人员的培养,是当时这一地区首次开始实施现代畜产防疫教育,到1945年8月,伪蒙疆政权崩溃前,蒙疆家畜防疫处共培养了200多名本地出身的畜产技术人员。这些人在中华人民共和国成立后,也活跃在该地域防疫知识的普及、兽疫预防防治等领域。

5. 经济监视署的设置

1939年10月10日,伪蒙古联合自治政府公布了《家畜搬出取缔法》和《家畜搬出取缔法施行规则》②,并从即日起开始实行。根据此取缔法及规则,从蒙疆地域输出家畜之际,实行许可制。如欲将马、驴、骡、绵羊、山羊、骆驼、牛、猪等运出蒙疆地域之外,必须提交"家畜搬出许可申请书",要将"(1)家畜的种类;(2)数量及价

---

① 《北支蒙疆农业调查报告书》,第196页。
② 《蒙古联合自治政府贸易关系法规集》,第109—110页。

格;(3)母畜的年龄;(4)家畜的所在地及购买的场所;(5)运出的路径、日期及方法;(6)运往地点及用途"①等详细填写,向牧业总局长提出,即规定家畜运往境外时,要经过伪政府许可。

同时公布了前述《贸易统制法》和《关于基于贸易统制法输出输入限制之件》,将各种动物毛、皮革以及其制成品的输出入全部纳入统制贸易的范围之内,向蒙疆以外的地域输出之际,必须得到财政部长的许可。伪蒙疆政权通过这些法规,控制输出入贸易,通过对家畜以及畜产物的流通实行严格的许可证制进行统制。还有,根据蒙疆畜产政策要纲中"措施"的第7条"家畜监视的设置"中"为期待家畜及畜产物的输出统制效果,在必要的地方由政府设置家畜监视署"的规定,决定"为确保地域内的畜产资源,设置关于家畜以及畜产物的输出家畜监视署,进行输出统制"②。于是,为全面顺利地推行流通统制,作为辅助监督取缔机关,设立经济监视署,企图更进一步强化流通统制。不言而喻,也就是对家畜及畜产物实行严格的监督取缔。

1938年11月21日,日本占领当局通过蒙疆联合委员会,公布了"经济监视署官制"③,随后在张家口、大同、厚和、多伦设置了经济监视署,各自的管辖区域分别为察南、晋北、巴彦塔拉盟、乌兰察布盟、伊克昭盟、察哈尔盟、锡林郭勒盟。即通过这四个经济监视署,监视蒙疆全域的输出入,力图统辖全域的经济。

根据"经济监视署官制",经济监视署属于财政部长管理下,主

---

① 《蒙古联合自治政府贸易关系法规集》,第110—112页。
② "家畜增产计划案大纲",《北支·蒙疆年鉴》(蒙疆篇),1941年,第70页。
③ 《蒙古联合自治政府贸易关系法规集》,第205—207页。

要管理"(1)根据法令的禁止输出输入以及限制的物品的取缔的相关事项;(2)执行关于车辆以及其他运输工具在前号中揭载的有关取缔的事项;(3)关于输出入物品取缔法违反者处分的事项"等事务。从(1)的内容中可以所知的那样,由于经济监视署的工作对象涉及所有的输出输入贸易,家畜以及畜产物当然也在其"监视"范围内。

并且,根据《经济监视署官制》的第7条"财政部长认为在必要之地,可以设置经济监视分署"的规定,1939年10月1日,作为政府的财政部第二号令,公布、实施了《经济监视署分署的名称及位置》[①]。据此,在张家口经济监视署下设康庄分署;大同监视署下设朔县和岱岳镇分署;厚和经济监视署下设包头分署;多伦经济监视署下设张北分署、贝子庙分署以及西乌珠穆沁分署。到1940年3月和7月,张家口经济监视署下又增设了南口和蔚县分署;9月,作为厚和经济监视署的丰镇分署设立[②]。

由于设立了几乎覆盖蒙疆全域的严密的经济监视网,伪政府可以把握地域内的输出入状况,力图防止物资的违法流出。特别是张家口监视署下的康庄经济监视分署,专门负责从蒙疆地区输出的家畜以及畜产品的检查工作,严厉取缔走私。这样蒙疆各地各个经济监视署、分署以及分卡,陆续建立起来,以前实施的畜产资源输出许可制再加上监视网,互相补充,对家畜以及畜产物的输出统制,更加完备。

---

① 《蒙古联合自治政府贸易关系法规集》,第209—210页。
② 同上书,第210—212页。

1942年以后，伪蒙疆政府将经济监视署与税务署合并，设置了财务监督署。于是成立了张家口、大同、厚和财务监督署。通过这些绵密的监督网，对政府法令以及法律上禁止或限制的物资实行严格的取缔，对走私以及黑市交易进行揭发及处罚。

四、本章小结

为顺利推行畜产政策，伪蒙疆政权在各级行政机构中，整备强化了畜产行政管理机关。这些畜产行政机关，就是日本在蒙疆的关于畜产的企划机关和实行机关，是贯彻和推进畜产计划以及实践活动的推进器，确保了畜产政策行政力的实效性。

伪蒙疆政府的畜产政策，始终和日本军事上的需求紧密相关。由张家口特务机关制定的《蒙疆地区绵羊、羊毛及羊毛皮配给统制要纲》和《蒙疆地域动物毛配给统制要纲》，都强调是为了国防以及提高蒙疆民生而设立统制组合，实际上完全是为确保军需之举。

《蒙疆畜产政策要纲》是伪蒙疆政权关于畜牧业政策的纲领性文件。要纲中对军需羊毛、军马、军用骆驼的增产繁殖非常重视，是要蒙疆在畜产品供应方面更进一步满足日本的战时经济需求。还有，规定"要纲"实施过程中，必须要考虑到日本、满洲国、华北、华中方面的需求。由此可知，日本占领当局欲将蒙疆地区定位于东亚经济圈内的畜产物资供应基地的位置。为贯彻这一"要纲"，认识到必须要设立并不断强化家畜防疫机构、培养畜产技术人员，这在一定程度上能够控制兽疫的发生和蔓延，可以减少由于兽疫带来的损害。尤其是畜产技术员的培养，开内蒙古西部地区现代畜产教育的端绪。这些畜产技术人员,活跃在兽疫知识的普及、兽疫的预防等领域。

《蒙疆畜产政策要纲》中,在"要领"的第13条中讲:"迅速进行畜产资源的调查,以资资源的利用开发"。根据这一条,开始了对蒙疆地域畜产资源的各种调查。

第四章　日本占领地畜产资源调查

伴随着伪蒙疆政权的出现，该地域被编入所谓"日、满、支经济圈"。日本占领当局企图将蒙疆地区变成工业原料的供给地以及军需物资的供应基地。由蒙疆供给的原料，第一是国防工业、重工业的基本原料，特别是铁矿石和煤炭；第二是重要的军需资源羊毛以及其他畜产物资。当时的蒙疆地区，是日本占领地中最大的畜产基地。以羊毛为主的这些畜产资源，是日本国内极度匮乏而又是推进战争经济必不可缺的重要军需物资。日本为获得重要战略资源羊毛以及其他的畜产资源，将这一地域视为"日、满、支经济圈"中畜产物资的供应基地。因此，日本控制蒙疆地域期间，在畜产资源开发以及家畜改良事业方面投入力度较大。

为掠夺该地区丰富的畜产资源，为战争经济服务，由南满洲铁道株式会社调查部和兴亚院（1942年后为大东亚省）等机构，从1938年开始到1945年初，对蒙疆地区内的畜产资源进行了数次调查。公开或秘密出版了相应的调查资料，欲为攫取该地区的畜产资源提供政策咨询和技术参考。这些调查也是日本占领当局在蒙疆实施的畜产政策的重要一环。

一、伪蒙疆政权成立前日本在内蒙古进行的各种调查

日本关于内蒙古的调查,早在19世纪末已经开始,进入20世纪更加扩大。1906年到1908年,鸟居龙藏曾在热河蒙古的巴林、翁牛特,北部从车臣汗部南到热河的赤峰、多伦等地进行调查。之后出版了关于内蒙古新石器时代文化研究的专著《蒙古旅行》(博文馆,1911年)。1907年、1908年,在北京留学的桑原隲藏,曾到长安、洛阳、山东、河南等地旅行,之后又再次从北京出发,游历了以热河蒙古为中心的赤峰、巴林、林西、经棚等地。再后又访问了西部的锡林郭勒盟、察哈尔部、张家口等地。其旅行报告《东蒙古旅行报告书》先刊登在日本的《历史地理》杂志[①],1942年,以"东蒙古纪行"为篇目,收录在《考史游记》(弘文堂书房)出版。这是以纪行的形式第一部记录后来蒙疆地域情况的资料,其中也有少部分涉及畜产情况。

作为关于内蒙古畜产资源的资料,1915年、1916年,日本陆军参谋本部编集的调查报告书《东蒙事情》刊出。其中关于蒙古的畜产事情,在其第三号(1916年2月)专有"东部内蒙古的牧畜"一章,对东部内蒙古的畜类的种类以及饲养方法,畜牧方法的改良事项,畜类的贩卖销售以及利用方法等有较为详尽的介绍[②]。

---

① 第17卷第1、2、4号(1911年),第18卷第2、3、4、5、6号(1911年)。
② [日]参谋本部:《东蒙事情第三号》,1916年,第40—54页。

1919年,柏原孝久、浜田纯一编《蒙古地志》出版,其中记载了当时东、西内蒙古的畜产情况①。参谋本部编辑的《东蒙事情》与《蒙古地志》的不同点是,前者不仅记述历史、经济、社会的实态,而且提出了具体的对策。即提出了日本人移民东部内蒙古之际,经营农业以及畜牧业的方法和建言,通过移民到领有的可能性,为确保军粮,移民日本人的振兴之策以及为扩张领土,在这些问题方面提出了极其具体的调查报告。其中有为进行日本人移民,如何改善农业和畜牧业,前提是对蒙古的产业进行详细的调查。特别是专有"关于畜牧的经营以及改良意见"一节,在分析蒙古畜牧业衰退原因的同时,提出了经营改良的意见。主张通过"美利奴"种羊对蒙古原种羊进行改良,并提出将来要向西伯利亚扩张羊毛生产基地的建议②。

进入1930年代,日本对西部内蒙古的所谓学术调查更加扩大。最初是1931年日本东亚考古学会组织的锡林郭勒盟调查,1935年的乌兰察布盟调查。调查的主要内容为被调查地域的地质、人类、古文化等,也涉及畜产方面。其调查报告,1937年以《蒙古高原横断记》为书名,由东京《朝日新闻社》刊行。1941年,由日光书院对其体裁、内容修改补订后再版。1931年的调查,由住在张家口的日本蒙古浪人、"蒙古通"盛岛角房斡旋,从当时任锡林郭勒副盟长德王(后蒙古联合自治政府主席)处拿到了给锡林郭勒盟各旗王公的介绍信,为调查提供了极大的方便。

① [日]柏原孝久・浜田纯一:《蒙古地志》中卷,富山房,1919年,第551—665页。

② [日]参谋本部:《东蒙事情特别号》,1916年,第58—59页。

1934年年初，日本成立了军部的外围组织善邻协会①，其所属的调查部对包括畜产资源在内的蒙古问题和所谓"回教问题"进行了各种调查。1938年，由善邻协会调查部编辑的《蒙古大观》出版，其中对蒙古的畜产做了梗概介绍②。另，该协会发行的定期刊行物《善邻协会调查月报》，也对西部内蒙古的畜产情况做过介绍，但只是粗略概说。

同一时期，作为日本对全中国有关畜产方面的调查资料，出版了《满洲畜产资源调查报告》(1935年，满铁经济调查会)、《北支那畜产调查资料》(1937年，满铁调查部)等。

二、满铁调查部与兴亚院进行的各种调查

日本占领蒙疆地域后，为确立战时经济体制，以畜产资源自给为目标，力图对该地域的畜产资源进行科学、合理开发，为此进行了更加详细、具体的调查。当时也发行了属于军事机密性质的调查资料。各次调查，伴随着蒙疆的治安状况以及日本畜产开发的具体实情，调查的目的、范围、内容等也各不相同。

---

① 1933年，作为对蒙古友好机关在东京创设。在林铣十郎、山本条太郎等政界、财界人物的支持下成立。在内蒙古进行各种调查之外，还进行医疗、畜产、教育等广范围的活动。后来，东京的善邻协会与现地张家口的蒙古善邻协会分家，另外设立了蒙古研究所、西北研究所、回教研究所等机构。出版了《蒙古大观》等单行本之外，还发行出版《蒙古》(原《善邻协会调查旬报》、《善邻协会调查月报》)、《蒙古学报》、《回教圈》等定期刊行物，1945年8月随着日本的投降而解消([日]善邻会编:《善邻协会史——在内蒙古的文化活动》，日本蒙古协会，1971年)。

② 《蒙古大观》，第165—198页。

1. 最初的畜产调查——仅限于铁路沿线的调查

如前所述，蒙疆地域畜产资源极其丰富，当时，该地方保有大量的绵羊、马、牛等家畜，而且地域内产羊毛以及由西北过境贸易上市的羊毛，数量也非常大。

日本为获得重要的战略资源羊毛，非常重视作为"日、满、支经济圈"中羊毛供给基地的蒙疆，力图增加供繁殖用基础母羊以及羊皮毛的供给源——在来种绵羊的数量的同时，改良以前产毛量少、毛的质量差、不适合做毛纺原料，只为获得肉和羊皮而饲养的蒙古原种绵羊，欲增加产毛量、改善羊毛的质量。

于是，为确立蒙疆羊毛改良政策，1938年5月，满铁调查部职员山崎武雄、野崎克己，作为最初的畜产专门调查员，由伪满洲国派往蒙疆，开始对蒙疆地域的羊毛资源进行调查。目的是通过调查"搞清蒙疆地方羊毛资源的现状，在制定改良政策的同时，以资日、满、支为一体的羊毛自给政策的确立实施"①。即通过对日本、伪满洲国、中国占领区整体，在解决羊毛需求问题目的下开始调查。

九一八事变后，日本树立了满洲国傀儡政权。当时伪满洲国的兴安四省以及锦州蒙地和热河蒙地管辖的东部内蒙古地方，是有名的绵羊产地，占全东北绵羊总数的92%②。但是，满洲在来种（蒙古种）绵羊毛质粗劣，不适用做毛纺原料。对其进行改良，不仅

---

① 《蒙疆政权管内羊毛资源调查报告》，第1页。
② ［日］毛织物中央配给统制株式会社：《大东亚共荣圈纤维资源概观》（第一部 羊毛资源·第二辑 满洲之部），毛织物中央配给统制株式会社，1943年，第5页。

可将其变成未来的羊毛供给地,而且使伪满洲国绵羊产业发展之事,也是对当时提倡的"日满经济提携"也是一次具体的实践。

如前所述,1934年4月,日本设立了日满绵羊协会,为使其事业顺利推进,在朝鲜的京城设立支部,称"朝鲜绵羊协会",伪满洲国的新京设置满洲支部,积极推进绵羊事业。

前述1936年"日澳通商纷争事件"发生后,促进了日本的羊毛自给政策。于是日本政府计划从1937年开始到1948年的12年间,投入预算一百几十万元,制定了在日本本土、北海道、朝鲜增殖绵羊200万只的长期增产计划。伪满洲国亦顺应这一计划,制订了1937年到1941年的五年计划,开始着手急速大增产计划,要达到成羊头数395(内改良羊200万只)。种绵羊从美国、日本本土以及朝鲜、蒙古输入[1],1937年开始实施这一计划。

根据日本羊毛工业理事会的决定,日满绵羊协会也扩充事业,欲在短时期内一蹴而就。于是开始扩大事业,提出了25年间增产200万只绵羊的计划。首先,从1936年开始在6年内,拨出预算230万,实施6年计划的主要事业[2]。

中日战争全面爆发后,日军在占领华北的同时,也占领了张家口、大同、归绥、包头等地,并建立了伪蒙疆政权。这样,华北和蒙疆地域也成了日本的占领地,也成了日本羊毛政策的新天地。于是日满绵羊协会的活动范围也随之扩大,波及华北、蒙疆地域。1938年7月,日满绵羊协会改称"东亚绵羊协会","全盘负责广阔

---

[1] JACAR(アジア歴史資料センター)Ref. B05016226700,雑集第五巻、昭和13年9月「羊毛生産力拡充大綱計画」,外務省外交資料館蔵。

[2] 《东亚绵羊协会概要》,第5页。

东亚事业的实施"。在蒙疆，从1938年年末开始，东亚绵羊协会即进入该地，在张家口设立了协会的蒙疆支部，开始进行绵羊改良活动的准备工作。

山崎武雄、野崎克己进行调查之际，由于当时伪蒙疆政权成立伊始，基础尚不稳固，"治安不靖"，调查员少数人自由行动似乎困难，不可能深入蒙旗地带调查。所以山崎等的大部分时间是沿着京包线调查。结果蒙地只是到察哈尔盟的太仆寺左翼旗（今内蒙古自治区锡林郭勒盟太仆寺旗贡布拉嘎苏木一带）旅行转了一圈。尽管如此，他们的调查报告还是给我们留下了很多基础数据。

调查活动从5月28日开始到6月底结束。调查项目为：各地方绵羊及山羊形态特质；所产羊毛特性；饲养管理方法及卫生状况；牧业经营方法；羊毛、羊皮；羊毛、羊皮加工业；羊毛羊皮的利用状况；毛制品的输入数量及金额；牧野（面积、地势、草种、草量、水利、制度、习惯等）状况等。

调查报告以《蒙疆政权管内羊毛资源调查报告》之题名，1939年6月，作为"满铁产业调查资料 第57篇"在大连发行。这是当时关于蒙疆畜产调查资料中唯一公开出版发行的资料，此后发行的畜产调查资料均为"密"级。

该调查报告书的第四章"羊毛资源"中，对蒙疆地区的羊毛输出数量；羊毛集散地内羊毛消费量；主要集散地的羊毛上市情况；羊毛的种类及品质；交易状况；西北贸易等进行了详细的介绍。是今天研究伪蒙疆时期畜产问题不可多得的资料。

特别是报告书中的第五章关于"蒙疆羊毛同业会"的介绍最具有史料价值。由日系公司组成的、在蒙疆地域内垄断收购羊毛的

"蒙疆羊毛同业会"成立于1938年年末,第二年年底即被迫解散。以前,中、日两国关于这一机构的研究极其薄弱,处于只知道存在这一机构的状态。但在报告书的第五章,对蒙疆羊毛同业会的设立目的、组织机构、前期的收购方法、收购数量以及收购价格等记录较为详细,是研究蒙疆羊毛同业会的重要基本史料之一。

由于调查只局限在京包铁路沿线,没能深入蒙地调查,所以尽管关于羊毛交易的记录确实详尽,但关于绵羊数字的统计却缺乏科学依据。这一点,调查者自己也承认,"由于从列车车窗观察羊群的头数以及绵羊、山羊的混牧率,瞬间即过,难免极不准确"[①]。

调查报告书的最后部分"总括及考察"中,呼吁并建议继续向中国西北地方深入展开调查。即"本地区各种畜产资源丰富,从日、满、支经济圈来看,开发当地资源及其重要。蒙疆具有的特殊地位是位于与黄河以西的边疆地域,即宁夏、甘肃、青海、新疆等西北地方的贸易要冲。包头是西北贸易的主要据点,事变前每年的贸易额达1亿元。从西北地区输入的物资中最主要的是羊毛类,然后经平绥线运往天津出口海外,在国际贸易中占重要地位。所以欲详知蒙疆的羊毛事情,非常有必要实施对西北地区的牧羊业调查。由于治安以及交通方面的原因,现在无法进行调查,只能从西北贸易从事者口中听取调查,不可能触及问题的核心。探明西北牧羊业的真相,从日、满、支羊毛供给的观点看极其重要,各方面应协调关系,尽早实施该项调查"[②]。

---

① 《蒙疆政权管内羊毛资源调查报告》,第4页。
② 同上书,第8页。

几乎同一时期,1938年8月,京都大学组成以木原均教授为队长的调查队赴张家口。从8月下旬到9月末,乘汽车对原绥远省东部、察哈尔省、热河省的西部的蒙古地带进行了调查。参加这次调查的有生物学、地理学、考古学、经济学方面的专家参加。后来调查报告以《内蒙古的生物学调查》为题出版。报告书对生物学以外的部分没有收录。其中的"家畜"一章中,对蒙古马、蒙古绵羊以及山羊和骆驼等家畜做了简单记述。1944年任设在张家口的大东亚省西北研究所所长的今西锦司博士(当时为京都大学讲师),参加了这次学术调查活动[1]。

2. 草原深处调查的实施

山崎武雄等进行的调查,由于治安上的关系,主要在京包铁路沿线的主要城镇进行了调查,由此对蒙疆的羊毛事情做了调查说明。随着政局的稳定以及治安的恢复,前往蒙旗地带的草原深处进行调查成为可能。1939年,仍然是为了解羊毛问题为目的,日本兴亚院技术部派农林工程师、兴亚院嘱托斋藤弘毅,兴亚院技术部员户田佑二、市川章雄来蒙疆继续进行关于羊毛问题的调查。

如前所述,日本政府为统一处理占领地事宜及合理分担,并回避占领地的军政,1938年12月,作为政治、经济、文化方面的统一指导机关,设立了兴亚院。作为兴亚院的现地机关,1939年3月设置了北京(华北联络部)、上海(华中联络部)、厦门、张家口(蒙疆

---

[1] [日]宫崎武夫:《蒙古横断—京都帝大调查队手记》,朋文堂,1943年;木原均:《内蒙古的生物学调查》,养贤堂,1940年。

联络部)四个联络部。伴随着蒙疆联络部的设立,以前担任对伪蒙疆政权政务指导的张家口(以及大同、厚和)特务机关,于3月16日终止政务指导,其工作由兴亚院蒙疆联络部接替[①]。蒙疆联络部的主要业务是维持伪蒙疆政权的政治机构、制定宏观经济政策和个别产业政策、与日本内地的联络调整等。也担当个别的技术支援。兴亚院设立后,在中国大陆开展了各种各样的调查,在占领地蒙疆进行的畜产调查,是当时开展的诸调查的一环。

斋藤弘毅等这次的调查目的是"探明蒙疆地区的绵羊饲养,羊毛上市的现状、以图确保扩充我国国防上的必需品羊毛资源,并为提高当地民生做贡献。为此就改良增产的方法以及预计可能的获得数量进行技术调查"[②]。

如前所述,当时,日本考虑欲在"日、满、支经济圈"内解决各种所需的战略资源,羊毛资源是其中之一。因为日本毛纺工业使用的原料羊毛,大部分从澳大利亚进口,日本欲通过蒙疆、满洲等地域的羊毛增产,来代替澳大利亚的进口羊毛。

即作为这次调查的大背景,是1937年度日本羊毛供给情况紧迫和由于中日战争的扩大,日本的军需物资羊毛的需求量剧增。因此,为确保羊毛资源,1938年9月,日本企划院开始讨论制定《羊毛生产力扩充大纲计划》,谋求绵羊的增产改良,在获得必要的国防资源的同时,欲改善国际收支,制定了羊毛增产方针。计划在

---

① [日]防卫厅防卫研究所战史室:《战史丛书 北支的治安战(2)》,朝云新闻社,1971年,第68页。
② 《蒙疆畜产资源调查报告书》,第1页。

日本本土、殖民地朝鲜、伪满洲国、蒙疆、华北占领区等地，到1946年，要使绵羊的增产量达到改良种1046万只，在来种1385万只，羊毛产量要达到改良种羊毛2730万公斤，在来种羊毛1385万公斤的规模水平[①]。《羊毛生产力扩充大纲计划》中，还制定了《新规绵羊改良增殖计划》。卢沟桥事变后成为日本占领地的蒙疆、华北也被纳入"新规"计划中。其中蒙疆的改良增殖计划为"蒙疆要迅速制定、实施绵羊改良增殖计划，到昭和二十一年要达到拥有改良种200万只，生产羊毛量三万六千七百俵规模，为此进行改良用的种公羊由内地及朝鲜提供"[②]。于是，1939年5月，由驻蒙军主持，召开了"蒙疆畜产振兴会议"，响应前述日本企划院的计划案，决定以对日改良羊毛年输出500万公斤为目标，通过8年计划改良蒙疆绵羊200万只的计划[③]。也就是说，蒙疆地域，担负着"日、满、支经济圈内"改良绵羊计划数量的约五分之一，改良羊毛生产量的五分之一。

为使这些计划方案以及会议的决定顺利实施，开始实施新的畜产调查。与上次满铁调查部进行的调查不同，这次调查的地域范围扩大，涉及乌兰察布、锡林郭勒、察哈尔各盟。调查地域为安北、百灵庙、东、西苏尼特旗、阿巴嘎贝子庙、布里亚特部落、东、西乌珠穆沁旗、多伦一带。自称是"踏破蒙古草原之旅"。调查时间为9月中旬到11月底。

---

① 「羊毛生産力拡充大綱計画」，JACAR（アジア歴史資料センター）Ref. B05016226700。

② 同上。

③ 《蒙疆畜产资源调查报告书》，第103—104页。

调查事项为:家畜头数及分布状况;绵羊的饲养管理及繁殖状况;绵羊的外貌及特性;绵羊以及绵羊生产物的经济价值;绵羊的移动以及绵羊生产物的交易状况;家畜与住民生活的关系;以前各种家畜疫病的发生及流行状况;畜疫发生的原因;以前对畜疫的重视及防疫措施;现地机关的畜产及防疫对策;现地政府的畜产及防疫对策等。

1940年9月,作为"兴技调查资料第五十三号",由兴亚院发行了《蒙疆畜产资源调查报告书——关于绵羊改良增殖之调查》。报告书的前半部分主要是关于畜产概况、绵羊的资质、饲养管理等的叙述。后半部分在叙述羊毛羊皮资源、皮革资源的交易情况的同时,对有关畜疫方面的记述相当详尽(该报告书第136—238页),有助于了解伪蒙疆政权前期畜产畜疫方面的概况。此外,报告书中的各个章节中附有大量统计数据,是研究伪蒙疆政权时期畜产政策的重要资料。

在报告书的"总括"部分,指出"过去关于蒙疆的畜产将之比喻为畜牧之国,游牧的原野,对其畜产资源往往有夸大评价的倾向,鉴于解决在达成期待羊毛增产上的这些悬念,通过本次调查解明真相,加深了对蒙疆畜产的了解。纠正了以前调查中的讹传。但由于蒙地地域辽阔,以及季节变化、调查时间短暂以及调查地域的限制等,本次调查仍难以对蒙疆畜产的全貌做出正确的推断……由于调查期间是9月中旬到11月下旬的秋季及初冬,所以无法详细得知春季的绵羊繁殖等资料,这一点上极其遗憾"[①]。对其调查

---

① 《蒙疆畜产资源调查报告书》,第6—7页。

的不充分部分进行了反省,认为有继续进行详细调查的必要。

同样在1939年,受日本京都大学医学部所属的"兴亚民族生活科学研究所"派遣,任本书后述的西北研究所所长的今西锦司与森下正明二人,进行了蒙古生态学调查。对调查后形成的报告,今西的自我评价是"那是我的生态学,超越植物生态学和动物生态学,使其中融入了人类生态学的最初尝试"①。

几乎在同一时期,满铁调查部和东亚研究所,分别在上海附近和华北各地,进行了畜产的集散状况和畜产资源分布状况的调查。其后出版了《上海畜产集散概况》(1939年,满铁调查部调查役附农业第一股,下山次郎担当);《关于支那重要畜产资源的分布之调查》(1940年,东亚研究所,池田善长编)。

3. 伪蒙疆政权时期最大规模的牧业状况调查
——铃木队调查

1940年,与前两次仅以绵羊为调查对象不同,为探明一般畜牧的真相,开始第一次组织综合性的蒙疆畜产资源调查。主要组织者为兴亚院蒙疆联络部,兴亚院技师铃木勇担任调查队队长。调查队员以兴亚院蒙疆联络部7名职员为主,另外从伪蒙疆政府牧业总局、牧业试验场、家畜防疫处、善邻协会、钟渊纺织株式会社张家口办事处、大蒙公司、蒙疆银行、华北交通株式会社张家口铁路局、东洋拓殖株式会社张家口支店、蒙疆畜产股份有限公司等在

---

① [日]今西锦司:《今西锦司全集第二卷 草原行 游牧论及其他》,讲谈社,1974年,第179页。

蒙疆的各个关系单位中抽调 15 名人员,共计 22 人。分成 10 个组,各组分别承担不同的调查项目和任务。外加 5 名翻译、6 名司机以及人伕等,调查队总人数达 43 人,分乘 6 辆卡车前往调查[①]。

调查目的为"蒙古的实际情况由于人文状况的差异以及地理条件的不良,受到各种掣肘不能充分把握其实态。所以对蒙古畜牧业的认识也因人而异,存在巨大差异。鉴于此,为查明蒙古畜牧业的真相,重新实施对蒙古实情的调查"[②]。

调查项目有:调查地一般状况;水资源状况;农业状况;蒙旗的家畜;家畜的饲养管理;放牧状况;畜疫与疾病;家畜及其生产物的处理与贩卖;牧业与民生以及政治文化工作之关系等。

调查方法是将调查人员分为 10 组,各组设组长,下置组员数人,担负不同的调查事项,进行走访调查为主的技术调查。调查地域主要是锡林郭勒盟以及察哈尔盟的一部分。调查之际,调查队员"以对蒙民进行慰问、宣抚的形式与当地人接触,注意避免给人以调查为目的的印象"[③],尽量掩盖调查事情,以便获得真实的调查数据。

调查队 5 月 20 日从张家口出发,经张北、德化(今化德)、西、东苏尼特王府、贝子庙、布里亚特部落、西乌珠穆沁王府等蒙旗地域;通过林西、赤峰、围场等伪满洲国西部国境地带,迂回多伦。从多伦道到张北,经由蒙疆的半农半牧地带,其间对所经过地区进行

---

① 《蒙疆牧业状况调查报告》,第 4—6 页。
② "牧业调查报告要旨",《蒙疆牧业状况调查报告》,第 1 页。
③ 《蒙疆牧业状况调查报告》,第 8 页。

了各种必要的调查。6月28日返回张家口,行走距离3203公里,调查期间40天①。

此次调查活动的报告书《蒙疆牧业状况调查报告》,由队长铃木勇以下各调查员分担执笔完成,1941年11月,由兴亚院政务部发行,当时属于加"密"字的机密图书。

报告书中的"调查地一般状况"调查,不同于以往调查时,从其他资料中引用罗列数据,而是从地势、交通、户数及人口、气候等各个方面对经过地域进行了详细的实地调查并做了归纳,还配有大量的有关人口分布、民族构成、气象资料等方面的图表,是现在了解当时该地区以上情况的重要资料。调查项目中的"蒙旗的家畜"一章,从目算头数、家畜统计头数、平均每户饲养头数、家畜的资质、家畜的价值等方面,对调查地域的家畜进行了详细的调查和测定,附有大量数据图表(该报告第90—123页)无论从技术资料的角度,还是从一般历史资料的角度看,都有较高的价值。

特别是"牧业和民生以及政治文化工作之关系"部分,是以前的调查中从未涉及过的项目。其内容为:家畜防疫是蒙古人"保护唯一财产家畜的手段,这项工作在宣抚工作上效果极佳,是把握人心的捷径,是把握蒙古牧业真髓的最短距离"②。还建议"关于预防雪灾,必须首先考虑冬季家畜的营养保证。为此应该奖励干草的储存和促进游牧场所的变换,与此相关联,自然会论及蒙古人的定居问题"③。即指出家畜防疫、家畜的增减、防灾减灾等对策,是

---

① "牧业调查报告要旨",《蒙疆牧业状况调查报告》,第2页。
② 《蒙疆牧业状况调查报告》,第227页。
③ "牧业调查报告要旨",《蒙疆牧业状况调查报告》,第6页。

把握人心的重要途径,是与民生以及政治文化相关的根本问题。

同年,前述1939年在蒙疆进行畜产资源调查,提出《蒙疆畜产资源调查报告书》的兴亚院技手户田佑二和嘱托福田良久,从1940年12月2日到1941年1月27日,在华中的武汉地区,进行了以皮革(黄牛、水牛)、牧畜(牛和猪)、猪毛、鸡蛋及鸡蛋制品、猪肠、禽毛为对象的调查[①]。随后由兴亚院出版了《武汉地区重要国防资源调查报告书》,为A5版382页,内容记述相当详细。其调查意义为:第一,"皮革作为用途广泛的军用资材,牲畜作为现地军队肉食材,直接间接都是有助于在皇军作战的重要资源";第二,关于猪毛以下的4项目,认为"这些都是支那的主要外汇来源,可以此换取军需资材";第三,"从更高处看,这些都是支撑经济一端的支那农村的主要生产物,相信通过这些物资,占领主要都市的皇军,能够以此号召保持物资生产力的后方农村"[②]。通过这三点,可以清楚地看出调查目的,即搜刮畜产资源,为日本的战争经济服务。

4. 第一次绵羊改良事业失败后关于"绵羊改良增殖事业"的调查

1941年7月28日,日本陆军占领印度支那南部,美国采取了冻结日本在美资产,并全面禁止对日出口石油的措施。英国也于1940年8月,禁止澳大利亚羊毛对日出口,日本的海外羊毛输入

[①] [日]兴亚院:《武汉地区重要国防资源畜产物调查报告书》,1941年,序。

[②] 《武汉地区重要国防资源畜产物调查报告书》,第1页。

陷入绝境①。这样,日本的绵羊事业,如同重工业资源一样,以前依赖日元经济圈以外诸国的羊毛,此后也只能在日元经济圈内解决。而蒙疆、伪满洲国以及华北地方,作为"大东亚共荣圈"内羊毛资源的主要供给地,其地位越来越重要。

于是,日本政府开始加快蒙疆的绵羊改良事业的步伐。1941年10月,兴亚院蒙疆联络部制定了《蒙疆临时产业建设基本五年计划概略案(羊毛)》,按照日本政府的要求,制订了第二次绵羊改良计划。

1939年开始,蒙疆的绵羊改良活动进入实施阶段。当时在蒙疆从事绵羊改良事业的主要是以东洋拓殖株式会社为主的日系企业。1939年到1940年,在蒙疆从事绵羊改良的各个机关,投入一百几十万元的资金,从日本内地、朝鲜、新西兰输入考历代种绵羊,并将之贷给农民,努力促进改良事业。但第一次绵羊改良事业却以失败告终(关于失败原因在第六章说明)。

所以,为搞清第一次绵羊增产计划失败的原因,开始了此次调查。1940年6月1开始到7月5日,兴亚院派遣农林技师惣津律士、嘱托技术员二瓶信、技术员宫岛利秋等到蒙疆,对蒙疆的绵羊改良增殖事业进行调查。

调查目的为:"蒙疆的绵羊改良事业从去年开始实施,根据最近国际形势的变化,国防方面对羊毛的需求愈加增多。本地区在东亚的羊毛生产力扩充计划方面被寄予的期望极大。预想到计划

---

① [日]日本羊毛输入同业会编集:《羊毛输入同业会与我国羊毛输入七十余年的历程》,第52页。

执行中的诸多困难,毋庸赘言,绵羊改良事业当初应该谨慎运行。即详细了解掌握绵羊改良增殖设施的运营以及种公羊的贷放实际情况,探讨阻碍改良增殖的原因,制定切实可行的改良政策,以资取得圆满达成改良事业所需的资料"①。即如前所述,这次调查的目的是欲搞清以前绵羊改良事业失败的原因。

调查地域为位于京包线沿线及察哈尔盟境内的各个绵羊改良增殖设施的牧羊场、牧场所在地以及种公羊的贷放地区。调查事项为:一般状况(主要为气候);绵羊改良增殖设施;种公羊输入情况及成绩;种公羊育成状况及成绩;种公羊委托贷放状况及成绩;绵羊改良增殖成绩考察等。

1943年1月,调查结果作为"蒙疆调查资料第七十二号",以《蒙疆绵羊改良增殖状况报告书》之标题,由大东亚省总务局发行,当时是封面上加"密"字的所谓机密图书。

调查报告书用将近三分之二的篇幅,对当时蒙疆地区内设置的绵羊改良增殖设施,如伪蒙古联合自治政府牧业试验场(张北县)、种畜牧场(集宁)、晋北政厅种畜场(大同)、东亚绵羊协会蒙疆牧场(康保县)、善邻协会察哈尔绵羊试育场(多伦县)、东洋拓殖株式会社德化牧羊场(化德县)、钟渊纺织株式会社蒙疆牧场(呼和浩特)等,从沿革、位置及面积、气候风土、人员配置、牧场设施、草生状况、饲养管理状况、绵羊输入状况及输入后的成绩、种绵羊贷放状况、剪毛成绩、实验研究事项等进行了详细的记述,是了解伪蒙疆时期绵羊改良活动的最基本也是最重要的史料之一。

---

① [日]大东亚省:《蒙疆绵羊改良增殖状况调查报告书》,1941年,第1页。

特别是调查报告中的"种公羊输入状况及成绩";"种公羊育成状况及成绩";"种公羊委托贷放状况及成绩";"绵羊改良增殖成绩"等内容,对种公羊的具体输入情况;种公羊的贷放条件;委托贷放种公羊的地区分布;成活率、死亡率及原因、繁殖及育成成绩;生产羊羔的资质都做了细致的统计说明,对了解蒙疆时期绵羊改良活动中种绵羊的输入情况,委托贷放情况,改良种存在等问题等具有很高的史料价值。

在报告书结尾的"关于种绵羊委托贷放考察"中,提出了"输入种羊应在种羊场内恢复疲劳后再进行贷放;在与蒙古原种羊交配前需对原种羊进行体检并治疗,完全治愈后再进行交配;交配完毕后,种公羊立即送还种羊场,以防疾病传染;为防止疾病传染,建议今后设立牧羊场应考虑治安状况、交通状况、牧场周围的环境、土壤的干湿状况、地下水位的高低、冬季降雪状况"[①]等因素。

与此同时,1938 年曾在蒙疆进行羊毛资源调查的山崎武雄,1940 年 6 月到 7 月重访蒙疆。这次调查是作为牧野(日语"牧野"一词译成汉语应为"草原"之意)综合调查的一部分,主要利用植物生态学的方法进行了关于牧野方面的调查。调查地域主要锡林郭勒盟,对当地的草原状况进行了测量调查。这是最初的在同一的科学基础上阐明内蒙古牧野状况的调查,报告书还概论了牧野与牧畜的关系,极具资料价值。调查报告书以《蒙疆牧野调查报告》的标题,作为"满铁调查研究资料第五十七编",1943 年由满铁调查部发行。1941 年,满铁调查部作为山崎武雄研究的继续,委托

---

① 《蒙疆绵羊改良增殖状况调查报告书》,第 138—141 页。

"新京"(今长春)畜产兽医大学教授岩田悦行实施了蒙疆牧野第二次调查,调查地域比第一次更广。调查后发行的调查报告书与第一次相同,亦名《蒙疆牧野调查报告》,内容分植物篇和土壤篇。作为"满铁调查资料七十六编"1943年在北京发行。

此外,1941年,为调查蒙疆地区的绵羊卫生状况,兴亚院还向该地区派遣了专门调查队。主要在蒙疆的汉族居住区及进行绵羊改良的察哈尔盟一带进行了调查。1943年,作为"蒙疆调资料第十二号",由日本大东亚省发行了此次调查的报告书——《关于蒙疆绵羊卫生状况调查报告书》。

三、西北研究所实施的草原生态及游牧关系调查

第二次世界大战中,日本占领了中国的一部分以及东南亚诸国,于是关于民族学的各种情报需求激增。并认识到为使战争顺利进行,民族学的知识成为非常必要的学问。1943年,为进行占领地域内的民族调查,在东京设立了民族研究所。到1944年,在伪蒙古联合自治政府的首府张家口设立了西北研究所,在台湾设立了南方文化研究所。

西北研究所是在前述蒙古善邻协会基础上改组而成,设立当初所员共12人,属于大东亚省张家口大使馆事务所[①]管辖,所长

---

① 1942年11月,日本撤销兴亚院,设置了大东亚省。原兴亚院蒙疆联络部改称张家口事务所,联络部长官转任大使馆事务所公使([日]本庄比佐子等编《兴亚院与战时中国调查》,岩波书店,2002年,第40—42页)。

是原京都大学讲师今西锦司。西北研究所成立后,一是与日本民族研究所合作,进行了蒙疆地域内回族状况的实地调查,二是历时半年进行了蒙古草原生态和游牧关系的调查[①]。

1. 对以前调查的批判

西北研究所成立后,对以前刊行的有关蒙疆的畜产调查报告中存在的问题进行了批判。参加调查的梅棹忠夫认为,以前关于蒙疆的畜产的调查报告多出自对畜牧技术知识欠缺的文科出身的调查人员之手,调查形式雷同,调查结果大同小异,缺乏科学精神,缺乏综合性和多样性,不能正确把握蒙疆畜牧业的全貌[②]。因此有必要从生物学或生态学的角度来对蒙疆的游牧地带进行调查。

西北研究所所长今西锦司,曾参加过1939年和1940年满铁和兴亚院组织的蒙疆调查[③]。他认为前两次的调查,主要在交通方便之地,即在铁路沿线和公路沿线进行的,利用交通工具为汽车,与当时日本搞的其他调查并无多大区别。今西认为当时提出的调查报告多是"散漫的预备调查的泛滥"。指出此次调查,不仅将调查目的设置在独特的"建立草原生态学"的基础上,而且要解决以前调查遗留的问题。所以这次调查一是要避开交通便利之

[①] [日]中生胜美:"内陆亚细亚研究与京都学派——西北研究所的组织与活动",中生胜美编:《殖民地人类学的展望》,风声社,2000年,第211—258页。

[②] 梅棹忠夫:"内蒙古牧畜调查批判"(这是梅棹忠夫1946年在北京避难时脱稿之作,原稿在战后没有发表,1990年出版的《梅棹忠夫著作集·第二卷·蒙古研究》中全文收录),《梅棹忠夫著作集·第二卷·蒙古研究》,中央公论社,1990年,第159—180页。

[③] 今西锦司:《今西锦司全集第二卷 草原行 游牧论及其他》,讲谈社,1974年,第178—179页。

地;二是不在气候条件良好的夏天进行。欲"重新陈述游牧论",必须到雪灾的重灾区进行冬季调查。为避免走马观花并由于当时汽油紧张,此次调查为骑马旅行。

2. 西北研究所的生态学视野调查

从1944年9月到1945年2月,由西北研究所组成调查队,以蒙疆蒙旗地带的察哈尔盟的大部分和锡林郭勒盟的东、西苏尼特旗为对象,进行新的调查。这次调查,对家畜收容能力的实态、家畜增产的具体政策实施了综合调查。队长为今西锦司,队员有中尾佐助、梅棹忠夫等5人(调查坚持到最后的只有今西、中尾、梅棹三人)。调查队于9月6日出发①。

这次调查实施前,即1936年冬,察哈尔盟、锡林郭勒盟和乌兰察布盟的北部遭受了罕见的大雪灾,牲畜,尤其是羊大量被冻死。其原因被认为是这些地域的畜牧生产方法是原始的游牧方式。对传统的游牧方式进行改造,进行近代化的畜牧业改良,是伪蒙疆政府产业政策的基础。由日系官员制定了"冻害"、"冬害"预防对策,鼓励储存干草,以便牲畜安全过冬②。为此,建设了样板工程,计划实行牧民的定居化。但受灾地域,不通铁路,也不通公路,几乎没有调查报告。

今西认为调查应该避开交通便利之地和气候条件良好的夏天,有必要到遭受雪灾的草原深处去调查。因此,调查时间选在秋

---

① 梅棹忠夫:"回想蒙古",《梅棹忠夫著作集·第二卷·蒙古研究》,第33页。
② 《我所知道的德王和当时的内蒙古(2)》,第61页。

季以后，不利用现代交通工具，而是骑马旅行。今西指出，调查目的不仅置于独自的"草原生态的确立"，还要立足于搞清以前调查存在的问题，由此制定研究方针。调查路径的选择，今西也以生态学为中心选择调查路线。今西在进行第二次调查时，曾计划踏查沙漠南北，但未能实现。这次调查，选择了第二次调查没能实现的路径[1]。

从太仆寺左旗的草原地带进入被认为是干燥中心的浑善达克沙漠，从东南向西北横断穿越[2]。这是交通比较便利的地域，生态系相同，但因横断沙漠南北，可以观测到不同的生态系。调查的最大目的是有关游牧的科学分析。

如前所述，作为冬季防止牲畜减耗对策的前提条件，有必要把握游牧的实态。当时的研究认为，游牧是有规则的季节性移动，成为饲料的"草的经济"，即草的生产量和消费量的关系是移动的主要原因。但是，将数年间的游牧变化通过地图来观察，并没有出现夏营地和冬营地那样的季节性，得出的结论是近于不规则彷徨的结论[3]。如果说游牧的第一要因是草量的丰茂或稀疏的话，草量丰茂的地方游牧移动的次数应该少，草量稀疏的地方游牧移动的次数应该多。但移动次数多的地方是乌珠穆沁地区，这一地域是草生最好的地区，与这一假说并不相符。根据询问调查，作为移动

---

[1] 中生胜美："内陆亚细亚研究与京都学派——西北研究所的组织与活动"，第231—233页。
[2] 《今西锦司全集第二卷 草原行 游牧论及其他》，第233页。
[3] 梅棹忠夫："回想蒙古"，《梅棹忠夫著作集·第二卷·蒙古研究》，第46—48页。

的要因有家族、家畜的疾病,喇嘛的占卦等,非合理性的因素很多①。

据梅棹忠夫的回忆,谈到游牧论的立意之时,由于今西锦司认为"应该从草经济中来寻求游牧的钥匙",并不接受他的这一观点。之后经过不断的讨论,今西渐渐接受了这一观点。战后,今西在其《游牧论及其他》中,介绍了这一学说,作为今西学说,游牧论变得广为人知②。这一游牧论学说,成为梅棹忠夫从动物学研究领域向民族学专门领域转身的契机性学说。

调查中由于没有得到当时属于军事统制的胶卷,所以未能进行照片拍摄,所有的记录都是现场素描绘图。经过6个月的调查,蒙古调查队1945年2月末返回张家口,3月14日,梅棹忠夫将调查结果的概要做了题为《西北研究所内蒙古调查队报告》的成果报告③。调查资料整理过程中,日本战败投降。张家口在住的日本人全部退到北京、天津等待回国。1946年,今西锦司和梅棹忠夫将西北研究所的田野调查记录、成果原稿等大部分带回日本,战后以各种形式出版发表④。梅棹忠夫将当时报告会的草稿整理后,收录在1990年由日本中央公论社出版的《梅棹忠夫著作集 第二

---

① 梅棹忠夫:"回想蒙古",《梅棹忠夫著作集·第二卷·蒙古研究》,第49—50页。

② 同上书,第50页。

③ 梅棹忠夫:"西北研究所内蒙古调查队报告"(这是调查结束后,梅棹忠夫将报告会的演讲草稿战后带回日本,于1990年出版的《梅棹忠夫著作集·第二卷·蒙古研究》中全文收录),《梅棹忠夫著作集·第二卷·蒙古研究》,第128页。

④ 梅棹忠夫:"回想蒙古",《梅棹忠夫著作集·第二卷·蒙古研究》,第79—83页。

卷 蒙古研究中》中。

3.《西北研究所内蒙古调查队报告》

《西北研究所内蒙古调查队报告》与之前的调查报告不同，没有具体直接言及家畜的数字、家畜资源、家畜的价值等定型的项目，而是从新的畜牧生态学的角度阐述了西部内蒙古的畜牧业。即通过论述地域牧畜的舞台牧野、牧畜的对象家畜、牧畜的主体牧民之间三位一体的关系，第一次确立了牧畜生态学。

报告的内容由"序言"、"蒙古畜牧的要点"、"蒙古畜牧社会的要点"三部分构成。

在"序言"部分，梅棹特别强调是从生态学的角度进行调查。"畜牧业就是牧民与家畜之间的相互关系，更进一步还有作为环境的牧野。所以，只要研究内蒙古的畜牧业，就必须从生态学的立场出发。从最初开始，无论植物、动物、人类，那一方面都不能漏掉"①。研究题目一是内蒙古的家畜收容能力如何；二是根据牧业经营实态调查的家畜增产的具体对策如何。

报告书的第二部分"蒙古畜牧的要点"，由蒙古畜牧业是处于原始阶段还是处于高度发达阶段；畜牧技术的评价；游牧的起源；适应自然的技术；作为经济的畜牧业；表象畜牧业等内容构成。其中对日本关于蒙古的畜牧业的"蒙古畜牧业原始说"和"蒙古畜牧业高度发展说"进行批驳的同时，认为"无论从技术方面，经济规模

---

① "西北研究所内蒙古调查队报告"，《梅棹忠夫著作集·第二卷·蒙古研究》，第131页。

方面来看,内蒙古的畜牧业并不处于高度发展阶段,不能用日本的畜牧业意识观点看待内蒙古的畜牧业问题,两者是不能直接比较的,内蒙古的畜牧业当时处于略高于原始畜牧业的自然畜牧业状态,不是意志型经济"①。得出蒙古的畜牧经济与其说是为了生产,不如说是为了生活的结论。

报告书的第三部分"蒙古畜牧社会的要点",从生态学的角度,论及畜牧业社会的适应性、血缘与地缘、社会与人口、与汉人的接触、蒙古的现代化等题目。与以前的各种调查不同,不是单纯的关于畜产资源的调查,而是从社会学角度,多角度捕捉描绘了内蒙古的畜牧社会,是使人面貌一新的关于草原畜牧文化的综合性研究。

如报告书中指出,在畜牧与经济方面,以前的调查都强调草原地带的蒙古人,生活的全部都依赖家畜,家畜是全部生活的供给源。其实这是一种错觉,家畜并不是当时蒙古人的生活物资供给的全部。如衣料、粮食等并不是自给,全部依赖购入。尤其是如果没有外界的粮食供应,蒙古地方马上会出现饿死人的现象。为购入这些物品,应该积极饲养作为商品的家畜,但实际上,作为摆设的家畜在蒙古吃惊地多,尤其是马和骆驼,很多人家养有不能挤奶的母牛,家畜摆在那里也是一种喜悦。畜产品首先是供自家消费,作为商品的意识无论蒙古人、汉人都很淡薄。交易是副产物,并不是为了交易而进行畜牧业,畜牧经济与其说为了生产,倒不如说是

---

① "西北研究所内蒙古调查队报告",《梅棹忠夫著作集·第二卷·蒙古研究》,第144页。

为了生活。关于南部察哈尔与北部锡林郭勒畜牧业的比较问题，以前的调查都认为，锡林郭勒为纯粹的畜牧地带，察哈尔的畜牧业由于汉人入殖的影响已经变质，处于崩溃的边缘。报告认为，不能否认汉人的入殖带来的草场缩减问题，但同时也导致牧民的定居化。家畜管理上，察哈尔大多实行舍饲，储存干草，添加精饲料。游牧减少，家畜的死亡率亦相应降低。在畜产加工方面，尤其是乳制品制作方面，比锡林郭勒要先进得多。并开始出现从事商业交易的蒙古人，豪利希亚（合作社）事业亦热火朝天，可以说南部的察哈尔比北部的锡林郭勒在各个方面都先进，正向近代化畜牧业迈进。

四、本章小结

以上各种调查形成的相关调查报告，除满铁调查部山崎武雄的调查报告《蒙疆政权管内羊毛资源调查报告书》外，其他各资料的封面上都盖有"密"或"极密"的印章，当时属于机密资料。梅棹忠夫在"内蒙古畜牧调查批判"中，关于这些调查资料被指定为机密资料的理由，认为主要是由于内容中包含有关畜产资源的数据，日方担心如果泄露给敌方，会判明日本的战斗力程度，是属于当时战争中的防谍措施。同时也是日本陆军传统的神秘主义的具体表现以及日本官僚界的自以为是传统的表露[①]。

[①] "内蒙古牧畜调查批判"，《梅棹忠夫著作集·第二卷·蒙古研究》，第172—173页。

由于调查报告不是公开发行,即使对内容有所篡改,也不用担心有人批评;抄袭前人的调查结果,被抄袭一方也可能注意不到。所以这些调查报告中存在一些雷同化的内容,有些后面的调查队使用以前的调查结果而不注明出处,大概是由于这"机密"二字在作祟。但不能否认的是,这些资料是研究伪蒙疆政权时期畜产问题的第一手珍贵资料。

检讨日本的对伪蒙疆政权政策的资料并不是很多。而且关于日本的蒙疆政策,迄今为止几乎全是从政治的、军事的观点的研究,关于经济政策真正的研究讨论不多。经济政策的中心有关畜产政策研究方面,当时发行的各种调查报告书,不可否认都是宝贵的基本资料。

第五章 伪蒙疆政权的绵羊改良增殖事业

日本将蒙疆地域编入"日、满、支经济圈"后,蒙疆被赋予的重要任务之一,就是为日本提供重要的军需资源羊毛。

1938年9月,日本企划院制定了在日本本土以及在殖民地、占领地的羊毛增产方针。伪蒙疆政府响应这一计划,也制定了蒙疆地域的绵羊改良增殖计划。根据这些计划,以日本的民间商社为中心,开始推进蒙疆的绵羊改良事业。但是,到1941年夏天为止,这一绵羊改良计划,并没有按计划顺利推进。

另一方面,由于世界形势的变化,日本的物资动员计划中关于羊毛资源的计划,也反复进行了修改。于是蒙疆现地的绵羊改良增殖事业也适应上述变动和修改,自身的绵羊改良增殖计划,也不得不两度修正。

一、蒙疆绵羊改良计划的制定

1938年7月到1939年5月,日本占领当局制定了蒙疆的绵羊改良增殖计划。特别是1938年9月,日本企划院制定了《羊毛生产力扩充大纲计划》,主要是为获取国防资源,在日本本土以及占领地、殖民地,通过绵羊的增殖改良,力图确保羊毛需求。与此相对应,1938年11月,伪蒙疆政府制定了《蒙疆羊毛改良方策要纲案》,制定了本地域的绵羊改良增殖计划,到1939年5月,由驻蒙军牵头,召开"蒙疆畜产振兴会议",绵羊改良计划进入实施阶段。

1. 日本企划院的《羊毛生产力扩充大纲计划》

如前所述,1938年7月,蒙疆联合委员会制定的《蒙疆畜产政策要纲》中,关于蒙古在来种绵羊的改良,主张改良用品种使用考历代种,以此改善蒙古在来种羊的毛质并增加产毛量。当时,日本欲在"日、满、支经济圈"内,解决所需各种战略资源,羊毛资源是其中之一。1937年,日本国内以及殖民地朝鲜等拥有绵羊112053只[1]。同年日本国内民需羊毛57万俵(1俵=60公斤——作者注),军需8万俵,输出用19万俵,合计84万俵。面对如此需求,由日本、伪满洲国能够提供的羊毛量仅为0.25万俵[2]。

而且,由于抗日战争全面爆发,日本的军需羊毛需求急剧增加,军方希望急速增产羊毛。所以,为确保羊毛资源,1938年9月,日本企划院制定了《羊毛生产力扩充大纲计划》,在认识到力图

---

[1] 《大东亚共荣圈纤维资源概观》(第一部 羊毛资源·第一辑 本邦之部),第24页。

[2] JACAR(アジア歴史資料センター)外务省记录.杂集第五卷1938年9月,「羊毛生産力拡充大綱計画」,Ref. B05016226700,外務省外交資料館。

第五章　伪蒙疆政权的绵羊改良增殖事业

急速羊毛自给困难的同时,目前谋求解决卢沟桥事变后所需军需羊毛为目标。下一步是通过日本内地以及占领地的绵羊改良,在顺应国防资源要求的同时,制定了改善国际收支以及提高发展农村经济的羊毛增产计划[①]。

如前所述,1936 年"日澳通商纷争"后,日本政府制定了从1937 年到 1948 年的 12 年绵羊改良增殖计划,范围涉及日本本土、北海道、朝鲜、伪满洲国、关东州等。

这次制定的《羊毛生产力扩充大纲计划》中,其中有"新设绵羊改良增殖计划"。即卢沟桥事变后,成为日本新占领地的蒙疆和华北地域也成了日本获得羊毛资源的"新天地"。

《羊毛生产力扩充大纲计划》的方针规定:"从昭和十三年到昭和二十一年九年计划为前期(昭和十三年至昭和十六年)以及后期(昭和十七年至昭和二十一年)两期。内地、北海道及朝鲜输入原种绵羊并进行繁殖,为满洲及北支(包含蒙疆)在来种的改良增殖上提供必要的种公羊"[②]。据此,到 1941 年,第一次蒙疆绵羊改良增殖事业进入第一期,之后便是第二期。并且,日本内地的原种绵羊输入增殖,是属于第二意义的,最主要的目的是为大陆的蒙疆、伪满洲国、华北等地预计进行的绵羊改良提供种绵羊。如表 5-1。

---

① JACAR,「羊毛生産力拡充大綱計画」。
② 同上。

表 5-1　根据实施羊毛自给促进计划至昭和二十一(1946)年度改良绵羊头数以及产毛量①

地名	增殖头数	产毛量		备考
内地	1,204,973	3,125,061（公斤）	24,029（俵）	一俵为六十公斤
北海道	203,197	468,529	3,604	
朝鲜	650,782	140,948	10,842	
关东州	29,898	65,920	507	
满洲国	9,243,071	15,076,908	115,976	
北支	1,043,653	2,384,723	18,344	
蒙疆	2,085,306	4,769,446	36,688	
合计	10,459,880	27,300,068	210,000	

其中新设蒙疆的改良增殖计划规定"蒙疆迅速制定、实施绵羊改良计划,到昭和二十一年要达到保有改良种二百万只,生产羊毛三万六千七百俵的规模。为此改良必要的种公羊由内地及朝鲜提供"②。

"新设绵羊改良增殖计划"中,从 1939 年到 1946 年,蒙疆地域具体的绵羊以及羊毛增产计划,如表 5—2 所示

表 5-2　蒙疆绵羊增殖计划③

年份	种别	头数	产毛量（公斤）	备考
昭和十四	改	4,950	19,800	
	在	4,702,531	4,702,531	

---

①　JACAR（アジア歴史資料センター）昭和 13 年 9 月,「羊毛生産力拡充大綱計画」。
②　JACAR「羊毛生産力拡充大綱計画」。
③　根据 JACAR（アジア歴史資料センター）外務省記録,雑集第五巻 1938 年 9 月,「羊毛生産力拡充大綱計画」,(Ref. B05016226700,外務省外交資料館)的内容作成。

续表

昭和十五	改	12,376	49,504	
	在	4,966,170	4,961,170	
昭和十六	改	89,394	223,936	
	在	5,166,714	5,166,714	
昭和十七	改	249,138	566,036	
	在	5,306,648	5,306,646	
昭和十八	改	494,356	1,101,200	
	在	5,378,519	5,378,919	
昭和十九	改	832,166	1,858,478	
	在	5,373,914	5,373,914	
昭和二十	改	1,338,182	3,020,846	
	在	5,218,325	5,218,329	
昭和二十一	改	2,085,306	4,769,446	
	在	4,840,220	4,840,220	

蒙疆方面,对日本企划院规定的蒙疆的绵羊增殖数、羊毛增产数等,表明只要提供数量充足的种公羊,有信心完成计划,并很快制定了本地域具体的改良计划——《蒙疆羊毛改良方策要纲案》。

2. 蒙疆羊毛改良方策要纲案

为响应日本企划院的《羊毛生产力扩充大纲计划》,1938年11月28日,蒙疆联合委员会制定了《蒙疆羊毛改良方策要纲案》,具体决定了蒙疆地域的绵羊改良增殖事业计划。其方针为"鉴于羊毛资源的重要性,该地域到成纪七百四十一年(昭和二十一年),大概要确保五百二十五万公斤的改良羊毛(改良绵羊二三五万只)"。要领为决定"本计划从日本、澳大利亚以及新西兰输入种绵羊,以此对在来种绵羊进行改良"、"本计划的开始期为成纪七百三十四年（昭和十四年）"①。

改良方法为"用蒙古在来种母羊与考历代种公羊交配，对产下的母羊再用考历代种公羊交配，通过反复交配的方法，获得二代杂交种。以第二代杂交种的公羊中的纯粹型作为种公羊进行改良"②。

此外，要纲中，关于改良设施，种羊场、绵羊牧场、牧羊厂等的设置也做了详细计划。

关于种羊场，计划为"每年从日本输入种公羊饲养，在输入年度的秋季，向旗、县或者适当的团体无偿贷放。交配期终了后，再由种羊场收容。第二年输入羊到达前，将此向旗、县或者适当的团体以一定的条件预托"。关于设施数，计划"输入种公羊大概以500只规模，在适当的旗或县设置一所。第一年设置20所，到第八年累计设置52处"③。但这只是纸上谈兵，如书后述，到蒙疆政权崩溃，在蒙疆全域，仅仅设置了5处种羊场。

关于绵羊牧场，计划"从日本及澳洲或新西兰输入种羊饲养，进行纯种繁殖，生产的绵羊通过种羊场向旗县或适当的团体附加一定条件进行预托"、"在绵羊牧场每年培养日本人、蒙汉人技术人

---

① JACAR（アジア歴史資料センター）Ref.B06050260000,「其他/(38)東拓張家口駐在主任ノ状況報告ニ関スル件　分割1」本邦会社関係雑件/東洋拓殖株式会社/会計関係公文書綴,外務省外交資料館蔵。

② JACAR（アジア歴史資料センター）Ref.C04122360600,「兵要資料提出の件」昭和15年陸支密大日記第37号1/2,防衛省防衛研究所蔵。

③ JACAR（アジア歴史資料センター）「其他/(38)東拓張家口駐在主任ノ状況報告ニ関スル件　分割1」。

员"。关于绵羊牧场数，计划"第一年设两处，第二年一处合计设置三处。各处达到大概收容 200 只"[①]。以上两种设施，都由民营[②]。但关于绵羊牧场的设置问题，就如本章第二节所述那样，确实由日系商社在蒙疆各地设置了几处，但各绵羊牧场实际的饲养绵羊数量与计划只数相差甚远。

关于牧羊厂的机能，讲到"一、力图消化改良绵羊的同时，在发育的适当时期，为确保优良种羊，将改良绵羊的一部分收购，育成后，附加一定条件，向旗县或团体预托。二、在牧羊厂进行关于牧野及牧草改良的研究"。关于设置数量规定"蒙古联盟自治政府各盟及察南、晋北两政府管内各设一处，合计 7 处。各厂每年大概每年收购 1500 只"[③]。并规定牧羊厂非民营，由政府经营。但实际上如前所述，牧羊厂计划最后兑现的只有在察哈尔盟张北县设置的蒙古政府牧业试验场和在巴彦塔拉盟集宁县的平地泉设置的种畜牧场两处。

1939 年 3 月，日本企划院正式通过了《羊毛生产力扩充大纲计划》。在蒙疆，由驻蒙军主持，召开了蒙疆畜产振兴会议，制定了更加细致的蒙疆绵羊改良增殖的具体方案。

---

　　① JACAR（アジア歴史資料センター）「其他/(38)東拓張家口駐在主任ノ状況報告ニ関スル件　分割1」。
　　② 绵羊牧场直到最后是以民营的方式经营的，但种羊场如本章后述，是由财团法人蒙古绵羊协会经营的，非民营。
　　③ JACAR（アジア歴史資料センター）「其他/(38)東拓張家口駐在主任ノ状況報告ニ関スル件　分割1」。

3. 蒙疆畜产振兴会议

1939年3月,作为重要生产力扩充计划15品目之一,日本企划院正式决定通过《羊毛生产力扩充大纲计划》。最终通过物资动员计划预算,从1939年度开始执行,到1946年年末,在"日、满、支经济圈"内欲获得一定数量的羊毛。即在日本内地、朝鲜、蒙疆、伪满洲国、华北、关东州等地,计划到1946年,绵羊的增产规模要达到改良种加上在来种约24308111只,产毛量达到改良种羊毛加上在来种羊毛约41148299公斤[①]。

在蒙疆,1939年5月18日,由驻蒙军参谋长莲沼主持,召开了由驻蒙军兽医部、兴亚院蒙疆联络部、蒙疆联合委员会、蒙古联盟、察南、晋北各自治政府、家畜防疫处、善邻协会等各相关单位参加的"蒙疆畜产振兴会议"[②]。

会议响应日本企划院的前述决议案,决定了蒙疆的具体案,即"以羊毛的改良为主,绵羊的增产为辅,按照企划院的决议,八年间,最低目标要达到年间饲养二二六万只,年产毛量五百万公斤,可能的话,期待五年内实现这一目标"[③]。即到1946年,蒙疆地域承担经济圈内改良绵羊数量的五分之一,如果加上在来种的数量,担负着绵羊总数的近三分之一。承担着改良羊毛产量的五分之

---

① 参照「日満支通計緬羊改良増殖計画年次別一覧表」和「生産羊毛量」,JACAR(アジア歴史資料センター)「羊毛生産力拡充大綱計画」。
② 《蒙疆畜产资源调查报告书》,第103页。
③ "关于蒙疆绵羊事业之件",JACAR(アジア歴史資料センター)Ref. B06050260000,「其他/(38)東拓張家口駐在主任ノ状況報告ニ関スル件 分割1」,外务省外交资料馆藏。

一,如果加上在来种的产毛量,担负着总产毛量的近四分之一的"重任"。并且,欲将8年计划,缩短至5年内完成①。

此外,"以羊毛的改良为主,绵羊的增产为辅"可以理解为,第一,蒙疆的羊毛生产力扩充计划,是引进优良种绵羊,将考历代种作为基础绵羊,以此进行杂交繁殖作为首要任务。第二,力图增加供繁殖用的基础母羊以及作为羊皮供给源的在来种的数量。第三,考虑通过在来种进行选择改良。

当时,蒙古在来种绵羊一般产毛量较低。粗绵毛多,而且含有大量死毛,其品质作为毛纺工业原料极其低劣。

即在欲增加绵羊保有数量的同时,绵羊保有数量,受当时现存繁殖母羊的只数,其受胎分娩率以及羔羊成活率等的掣肘,更进一步讲,受饲养者与人的情况、经济条件、社会情况等各方面的影响,使之增加无望也是实情②。受限于此,使每只平均的产毛量提高,并且以改善品质为重点,由此带来的产毛量的增加,与通过增加绵羊数量相比,会更加有望,因此与增加原种数量相比,改良被置于更加重要的地位。即日本占领当局认为,对蒙古在来种绵羊进行改良,才是蒙疆羊毛生产力扩充的真谛!

作为绵羊改良方策的实施计划,决定外来种公羊的输入、种羊场以及中央配给所等的经营交给民间会社经营,通过特殊会社的资本,确保政府的监督权,在改良计划的基础上使之实施。对于经营者,"政府为促进本事业顺利发展,赋予经营者绵羊的生产物羊

---

① JACAR「羊毛生産力拡充大綱計画」,参照本章表5-1和表5-2。
② 《蒙疆调查资料92号 蒙古牧业政策的沿革以及现况》,第10—11页。

毛、羊皮、羊毛皮类的收购特权,并对以上物品减税外,改良绵羊的生产物的收购特权,地域内在来羊毛、驼毛、山羊毛、山羊绒、皮毛类的收购以及羊毛取得手段上,在必要的范围内,许可对蒙贸易权①。如后述,从事蒙疆第一次绵羊改良事业的主体,确实是民间商社,但计划中的特殊会社,却没有设立。此外,对经营者的种羊配给地域的产毛收购特权,以及减税等都予以兑现。

当时,希望参加蒙疆绵羊改良事业的日系会社,以东洋拓殖株式会社为首,有钟渊纺织株式会社,大蒙公司,蒙疆畜产公司等。而且会议决定,1939年度,作为改良用种绵羊,由东洋拓殖株式会社输入5500只,由钟渊纺织株式会社输入1000只。并给予两社种羊配给地域的产毛收购特权②。

于是,日本在蒙疆的绵羊改良政策逐渐形成,蒙疆地域的绵羊改良增殖事业,与1939年日本企划院制定的《羊毛生产力扩充大纲计划》相对应,在驻蒙军、蒙疆联合委员会等制定的该地域的具体的改良计划的基础上,开始展开。

二、第一次绵羊改良事业及其失败

内蒙古的绵羊改良事业,其实在伪蒙疆政权成立前,就曾有过尝试。1914年4月,北京北洋政府在察哈尔东牛城设立了国立第一畜种试验场,并公布了羊种改良奖励条例。1932年在归绥,设

---

① "情报之件",JACAR(アジア歴史資料センター),「東拓張家口駐在主任ノ状況報告ニ関スル件」。
② 《蒙疆畜产资源调查报告书》,第104页。

立了华北实业公司牧场,但都几乎没什么显著结果①。

1939年开始的蒙疆的绵羊改良事业,最初以日系民营会社为中心,主要有东洋拓殖株式会社、钟渊纺织株式会社、满蒙毛织株式会社等。此外善邻协会、蒙疆政府、东亚绵羊协会等也参与其中。由于种种原因,日本在蒙疆的第一次绵羊改良事业以失败告终。

1. 善邻协会的绵羊改良事业

如前所述,日本军部的外围组织善邻协会,是借助日本军部的势力,最早在内蒙从事绵羊改良事业的机构。1935年,善邻协会便在当时锡林郭勒盟贝子庙,设立阿巴嘎绵羊改良所,企图用美利奴种羊对蒙古原种羊进行改良。1937年、1938年,分别输入12只、20只美利奴种公羊,将之与蒙古在来种交配,据说曾取得相当的成绩,四年后总数达1000只以上②。1936年4月,善邻协会以"作为协会的使命,以资东亚共荣圈民族共同体完成的文化设施的一部分,开始有关蒙古绵羊的生态形态及技术基础调查"③为目的,在德化(现在内蒙古自治区乌兰察布市化德县)设置了绵羊牧场。1937年7月,由于卢沟桥事变的爆发,善邻协会的绵羊改良事业一度中止。1938年7月,善邻协会利用东亚绵羊协会的补助金,执行日本的国策,以考历代种为基础,为在纯蒙旗地带进行关

---

① 《大东亚共荣圈纤维资源概观》(第一部 羊毛资源·第三辑 支那之部),第4—6页。
② 《蒙疆调查资料92号 蒙古牧业政策的沿革以及现况》,第12页。
③ 《蒙疆绵羊改良增殖状况调查报告书》,第72页。

于蒙古绵羊改良增殖的实验,在察哈尔盟的多伦县设立了"察哈尔绵羊试验模范牧场"①,1939年9月,将之改为"察哈尔绵羊试育场"。牧场面积15000町步,场长为日本人金子锹,场内有日系职员4人,蒙古族职员7人,汉族职员10人。全场共22人。1939年牧场的预算是66685元,从东亚绵羊协会获得补助金50000元;从善邻协会得到补助金10000元。1939年输入考历代种羊40只,运输途中两只死亡,剩下的38只运到牧场,但到1940年3月,仅剩2只。7月,从伪满洲国又输入50只,但由于严寒,冻死49只。到1941年3月,牧场饲养的1349只绵羊中,除8只考历代杂交种外,剩下的几乎都是蒙古在来种绵羊②。该牧场为日本在蒙旗的极寒地带设置的唯一绵羊改良试验机构,留下了极其宝贵的资料。1942年该牧场移交给了伪蒙疆政府,日系职员返回日本。

2. 日系会社的绵羊改良事业

根据蒙疆畜产振兴会议所决定的绵羊改良计划的要旨,对蒙疆绵羊改良增殖事业进行投资的几乎都是日本的商社或团体。主要有东洋拓殖株式会社、钟渊纺织株式会社、满蒙毛织株式会社、东亚绵羊协会等。这些会社或团体,从日本的国策立场出发,并作为"蒙古复兴工作",从1939年下半年开始,开始了各自的改良事业。

纵观这些日系民营会社实施的事业内容可知,改良方法为,通

---

① 关于"察哈尔绵羊模范牧场",参照财团法人善邻协本部会编:《察哈尔绵羊模范牧场报告书》,张家口,1939年2月。

② 《蒙疆绵羊改良增殖状况调查报告书》,第73—76页。

过汉族居住地带或半农半牧地域的政厅、盟以及市、县的行政机构,向民间发放种公羊,直接与民间的在来种母羊交配。此外,在蒙旗地带,以平均每 30 只在来种母羊,1 只考历代种公羊的比率收购①。而且东洋拓殖株式会社、东亚绵羊协会、钟渊纺织株式会社有关汉族地域的部分,是从日本内地或朝鲜输入考历代种公羊,把这些种公羊立即或一时收容在商社或团体的牧场内,仅在配种期间,根据种公羊贷放合同,向盟长或政厅长官贷放,盟长或政厅长官,再将种公羊向其管下的公署或绵羊饲养农家贷放。以下对各个日本商社在蒙疆的绵羊改良事业概要进行叙述分析。

东洋拓殖株式会社 伪蒙疆政府制定绵羊改良计划之际,对东洋拓殖株式会社提出希望它能参与蒙疆的绵羊改良事业。东洋拓殖株式会社从该事业的性质以及公司的使命出发,同意参与其中。关于种绵羊的输入以及经营饲养、繁殖牧场方面,与蒙疆政府签署协议,1940 年 7 月,在察哈尔盟德化县租得国有地 3000 町步,设置了德化牧场,同年 9 月,从朝鲜输入考历代种公羊,牧羊事业正式开始。从业员有以场长为首的日系职员 3 人,现地警备人员,汽车司机、牧伕等 13 人②。

1940 年 9 月初,从在朝鲜的东洋拓殖株式会社牧羊场生产的考历代种公羊以及从朝鲜农家购入考历代种公羊 1009 只。然后将输入绵羊中精力旺盛健康的进行贷放,剩下的 560 只也在 9 月

---

① JACAR(アジア歴史資料センター)Ref. C04122360600、昭和 15 年陸支密大日記「兵要資料提出の件」,防衛省防衛研究所蔵。虽然这样计划,但如本章后述,在蒙旗地带的改良计划,几乎没有按计划实施。

② 《蒙疆绵羊改良增殖状况调查报告书》,第 86—90 页。

到10月间贷放出去。贷放地点是察哈尔盟半农半牧地带的张北县、尚义县、德化县、商都县、上都旗。与县或农家饲育的在来种母羊交配,交配终了后再交还德化牧羊场,第二年配种期间再重新进行贷放①。

钟渊纺织株式会社 1939年9月,钟渊纺织株式会社在康保(今河北省张家口地区康保县)设立了面积9150町步的蒙疆牧场。同时开始着手输入纯种绵羊,人员构成为日系15人,蒙汉雇员33人②。

该牧场的事业概要以及方针为"以前五年为绵羊改良的第一期,以饲养考历代种3000只、杂交种及蒙古原种2000只为目标,从日本输入考历代种公羊并将之委托贷放,已达改良增殖之目的"③。具体实施采用以下两种方法:县地带的改良,以乡为单位,组成绵羊组合,以组合为对象进行种公羊贷放,以图改良增产。第二,在旗地带的改良,购入蒙古原种母羊,以蒙军战没者遗属家族为对象预托,并对之贷放种公羊,以图改良增殖④。1939年12月,分两次输入478只种公羊,但由于长途运输以及气候寒冷,在加上患羊痘,约一半死亡。1940年输入619只,1941年输入1032只,由于吸取了第一次的教训,采取了相应的措施,死亡率大大降

---

① 《蒙疆绵羊改良增殖状况调查报告书》,第93页。
② 同上书,第98—101页。
③ 同上书,第101页。
④ 同上。

低①。1940年该牧场向察哈尔盟康保县、宝源县、太仆寺左、右翼旗、上都旗委托贷放考历代种羊273只;向明安旗、厢黄旗、正白旗、上都旗委托贷放蒙古原种绵羊118000只。该牧场委托贷放的绵羊,贷放时以种公羊一只对母羊30只的比例购入在来种母羊后,实施公母绵羊共同贷放②。贷放期为5年,贷放期满后,将贷放绵羊无偿赠予原饲养户。该牧场为蒙疆的绵羊改良事业做出了"重要贡献"。

满蒙毛织株式会社的绵羊委托贷放 1937年10月,日军占领了绥远。12月末根据关东军的命令,由满蒙毛织株式会社接收了原绥远毛织厂,改称满蒙毛织厚和毛织厂。该厂接受伪政府的订货生产军需品如军毯等。为安排农村剩余劳动力,同时进行农牧业试验以及种绵羊的委托贷放③。

当时满蒙毛织还没有自己的专有牧场,1940年度输入考历代种公羊40只,在工厂附近设立临时羊舍,雇佣牧伕二人放牧。作为最初的尝试,开始巡回交配。满蒙毛织株式会社贷放在来种母羊,然后用考历代种公羊对之进行交配,谋求增殖改良。1940年9月和12月,经过政府的许可,满蒙毛织将1360只蒙古原种母绵羊委托贷放给厚和附近的8个蒙古族村落(530只)及汉族的8个乡(830只),然后用输入的考历代种公羊对贷放的种母羊进行巡回

---

① 《蒙疆绵羊改良增殖状况调查报告书》,第103—105页。
② 同上书,第107—108页。
③ 同上书,第111—112页。

交配①。委托贷放合同期为5年,合同期满后将贷放绵羊无偿赠予原饲养户。贷放原种母羊产生的收益中,贷放母羊生产羊羔的三成归饲养户;每年每只贷放羊向公司缴纳1公斤羊毛,第二代以上的杂交种每只每年缴纳4公斤羊毛。据1941年6月统计,当时汉族贷放饲养户应缴纳羊毛830斤,但实际只收到了208斤。蒙古族贷放饲养户应缴纳530斤,实际缴纳358斤②。

此外,蒙疆畜产股份有限公司,大蒙公司等也响应政府的"号召",配合绵羊改良事业。这样,蒙疆的羊毛生产力扩充计划,以日系商社为主,正式开始。

3. 伪蒙疆政府的绵羊改良事业

如前所述,1939年9月,伪蒙古联合自治政府成立后,设立了政务院直属的牧业总局,作为其下属机构,在厚和设立家畜防疫机关家畜防疫处,在张北县设立了实验机关牧业试验场,在平地泉设立了种畜配给机关种畜牧场,在颁布了各自的官制后,开始实施事业。关于绵羊改良增殖,牧业总局负责种绵羊的输入发放、关于会社以及团体的绵羊改良事业的监督指导。家畜防疫处进行羊痘以及其他预防液的制造以及发放,致力于防止绵羊减耗。牧业实验场从事有关绵羊改良增殖的实验研究以及绵羊生产物的利用、加工、制造。种畜牧场进行改良用考历代种的繁殖、育成、发放等③。

---

① 《蒙疆绵羊改良增殖状况调查报告书》,第112—113页。
② 同上书,第111—119页。
③ 同上书,第14页。

具体如下:

张北牧业试验场　1939年4月,伪蒙古联盟自治政府在其所属的察哈尔盟张北县的庙滩乡,设立了牧业试验场。同年9月三伪政权合并后,蒙古联合自治政府颁布"牧业试验场官制"。该牧业试验场进行"有关牧业生产物及副产物试验和调查;有关牧业生产物及副产物的分析鉴定;有关牧业生产物及副产物的技术传授"①,业务活动正式开始。

该牧场面积500町步,1941年6月,该试验场饲养考历代公母种羊45只,蒙古原种羊74只以及少量牛、马等。人员构成为场长、技正、技佐、事务等日系12人;蒙汉牧伕杂役等近30人。进行关于绵羊增殖改良试验研究以及绵羊生产物的利用、加工、制造等。

该试验场在试验研究方面,从1940年8月到1941年2月,进行配种试验,考历代种受胎率良好,平均达92.1%;考历代种与蒙古种第一代杂交受胎率为63.2%。考历代种产羔率为117%;考历代种与蒙古种第一代杂交产羔率为100%。

但由于寒冷、干草以及精饲料不足,母羊营养不良,奶水不足,羊羔毙死甚多,成活率分别为39%、71%。同时还进行考历代种的粗放饲育、由考历代种对蒙古种改良、绵羊人工授精等试验研究。此外,经常派遣本场职员到附近各地举办绵羊讲习会,或在6月的剪毛期间,在本场举办技术讲习会,对附近前来参观的农民

---

①　农林省畜产局:《蒙疆的畜产》,第78页。

及蒙古牧民进行关于牧业技术的普及和指导。招收6名蒙古族青少年为牧业技术练习生,向他们传授牧业知识①。

平地泉种畜牧场 1939年9月,随着三伪政权合并,设立了伪蒙古联合自治政府平地泉种畜牧场。其事业内容及目的是根据"种畜牧场官制","进行蒙疆地域的家畜改良增殖以及以调查试验为目的的研究,培养优良种畜,将育成的仔畜作为种畜向地方配置并进行委托贷放,向所期目的迈进"②。种畜主要培育马、绵羊,此外也饲养猪、山羊等。"将来预定平时要饲养母绵羊2000只"③。

关于绵羊改良,进行考历代种的纯种繁殖,将种公羊向地方发放,与在来种绵羊进行交配,力图进行品种改良以及羊毛的增产,进行关于绵羊的饲养管理、羊毛、羊肉的研究。

从绵羊输入情况以及输入后的成绩方面看,1939年11月从日本北海道等地输入考历代种羊538只,但由于气候寒冷以及牧场创立初始,设备简陋以及羊痘的发生等原因毙死311只,死亡率高达57.81%。1941年又输入240只,由于吸取了上次的教训,加强饲育管理和及时补充精饲料,仅仅死亡2只。

到1941年5月,职员有场长蒙古人米济道尔吉技正、日系技正、技佐、雇员13人,蒙汉技佐雇员3人,另有牧伕13人。1940年预算106277元,绵羊购入费用另外计算;到1941年,预算增加,

---

① 《蒙疆绵羊改良增殖状况调查报告书》,第16—38页。
② 同上书,第41页。
③ 同上书,第43页。

达 159277 元①。

1940年8月上旬到9月上旬,该场将以考力代种为主,包括蒙古原种在内的公、母羊245只委托贷放到晋北政厅的晋北种牧场、集宁县、凉城县、锡盟盟立牧场,东苏尼特旗的郭王府以及察南政厅的怀安县等地。贷放条件是向市、县、旗等行政机构无偿贷放,而不是贷放给民间个人。贷放期为3到5年,此期间一切费用由贷放接受人负担,但贷放种绵羊所产果实归贷放接受人。贷放接受人每年5月要向贷放机关报告繁殖成绩,如3年以上接受贷放并且繁育成绩良好,种畜牧场场长经牧业总局长之许可,可将贷放的种绵羊无偿赠予贷放接受人②。

4. 东亚绵羊协会在蒙疆的绵羊改良活动

1938年年末,东亚绵羊协会就进入蒙疆,在张家口设立了协会的蒙疆支部,准备开始绵羊改良活动。1939年11月,东亚绵羊协会以"蒙古原种绵羊的羊毛品质低劣,作为军需羊毛利用价值较低,对之进行改良,提高利用价值之目的"③,经伪蒙古联合自治政府许可,在察哈尔盟张北县的公会,设立了面积6000町步的张北牧场。职员有日系8人,现地系2人,雇用牧伕10人。牧场建设当时,从日本内地以及朝鲜购进考力代种公、母绵羊961只。另购入蒙古在来种81只。1940年又输入938只考力代种公羊,一部分收容在牧场饲养,其大部分直接贷放到民间,与在来种母羊交

---

① 《蒙疆绵羊改良增殖状况调查报告书》,第40—44页。
② 同上书,第50—53页。
③ 同上书,第68页。

配。作为对在来种绵羊的实施方策,1940年、1941年,向察南政厅、晋北政厅、察哈尔盟、善邻协会等分别预托贷放了497、540只①。

并且,东亚绵羊协会对前述的善邻协会提供补助金,设立了察哈尔绵羊试育场,其后每年都向其提供补助金,推进了善邻协会的绵羊改良事业。如表5-3。

表5-3　1940年日系会社以及蒙古政府种畜牧场的考历代种绵羊委托代管情况②

牧场名	委托代管地	代管头数
钟纺蒙疆牧场	宝源县、康保县、太仆寺左、右旗、上都旗	237
东亚拓殖德化牧场	张北县、德化县、尚义县、商都县、崇礼县	510
东亚绵羊协会蒙疆牧场	张北县、宣化县、厚和市、包头市、丰镇县	542
蒙古政府种畜牧场	怀安县、集宁县、陶林县、大同县、锡盟盟立牧场	147

5. 第一次绵羊改良事业的失败

1939年到1940年年末,响应日本政府的羊毛生产力扩充计划,伪蒙古联合自治政府也开始了绵羊改良事业。其方针为将蒙古在来种绵羊与考历代种羊交配,通过改良,来达到增产羊毛的目的。于是伪蒙疆政府在日系民间会社的配合下,从事绵羊改良事业的各个机关,投入了一百数十万元的资本,从日本内地、朝鲜、新

---
① 《东亚绵羊协会概要》,第29—30页;《蒙疆绵羊改良增殖状况调查报告书》,第70页。

② 根据《蒙疆绵羊改良增殖状况调查报告书》,第122—127页的内容作成。

第五章 伪蒙疆政权的绵羊改良增殖事业

西兰等共输入了4495只①种绵羊,并将之贷放到地区内的官公署以及团体②。

但是,尽管改良的基础考历代种公羊输入逐渐增加,并将之贷放,与在来种的母羊进行交配。但在来种绵羊之间流行的羊痘、疥癣等疾病也全部传染给了输入绵羊,输入考历代种羊的大部分倒毙,侥幸生存下来的,也由于1941年的雪灾等原因,几乎全部死亡,日本在蒙疆的第一回绵羊改良计划以失败告终。

第一次绵羊改良事业失败的原因,除有输入绵羊的资质不良;种绵羊的输入时期不当;现地驯化不充分和营养不良;技术指导者缺乏;病害的发生等技术层面的因素外,实施改良事业的主体内部也存在弱点③,现将实施改良事业主体的欠缺概述如下。

如前所述,蒙疆绵羊改良事业的主体,主要是日系民间会社。这些民间会社,都希望绵羊改良事业在最短时间内获得效益,从着手改良事业起,并没有预想到要想获得巨大收益之艰难。事实是绵羊改良的投资必须经过相当长的时期才能得到回报,即必须有投资长期被固定的思想准备。所以,可以说这对以半年为期进行结算的普通商社来讲,从事这项工作并不适合。这些商社在经营绵羊改良事业时,不知不觉间,想节约各种经费的意识在作用。于

---

① 《蒙疆绵羊改良增殖状况调查报告书》,第119页。根据"羊毛生产力扩充大纲计划",1939、1940年度应该由日本内地、朝鲜供给种羊25575只,但实际提供种羊不足计划提供的五分之一。1939年度,输入种羊约1350只,未达到计划只数,200万只绵羊改良计划比原计划延迟一年(JACAR「羊毛生产力拡充大綱計画」,JACAR「兵要资料提出の件」)。

② [日]善邻协会调查部:《蒙古》第7卷第8号,1940年8月,第187—188页。

③ 《蒙疆调查资料92号 蒙古牧业政策的沿革以及现况》,第15—18页。

是在充实技术人员、进行彻底的指导,增添卫生设施以及其他的消耗性投资方面,自然就会加以限制,这些必然会招致改良事业的失败。日本各商社在蒙疆的绵羊改良事业,存在着以上弱点。为克服事业实行主体的内在弱点,如本章下述,设立了绵羊改良的统制机关——蒙古绵羊协会。

三、蒙疆绵羊改良计划的修正

1939年9月第二次世界大战爆发到1941年12月太平洋战争爆发,日本在蒙疆的绵羊改良政策进入第一修正期。即第二次世界大战爆发后,伴随着日美关系的不断恶化,日本获得羊毛资源的环境越来越严峻。这期间,日本一面从世界羊毛市场急忙抢购囤积羊毛,一面对以前制定的绵羊改良政策进行修正,力图加快了绵羊改良的步伐。在蒙疆,与此相对应,也对自身的绵羊改良增殖计划做了修正。太平洋战争爆发后,日本的羊毛资源,只能在日元经济圈内解决。于是蒙疆、华北占领区、伪满洲国,作为"大东亚共荣圈"内羊毛资源的供给地,其重要性更为凸显,日本在蒙疆的羊毛政策,也迎来了第二个修正期。

1. 第一修正期

1939年9月第二次世界大战爆发后,9月5日,即英国对德国宣战的第二天,英国政府宣言,将本年度和次年度澳大利亚产以及新西兰产羊毛,按一定的合同价格强制收购。英国在其本土设帝国羊毛管理局,该羊毛管理局成为大英帝国的战时羊毛政策的中枢机构,有关羊毛的征购政策、措施都由该局制定。英国决定全部征购澳大利亚和新西兰产羊毛的主要理由是:确保大英帝国以及盟国方面能够得到充分的军需羊毛资源;防止重要的军需资源羊毛流向敌国方面;安定澳大利亚和新西兰等自治领的产业界。这是设施羊毛管理局,征购全部羊毛的三大目的[①]。

澳大利亚政府也于1939年9月28日发布羊毛征购令,作为征购事务的执行机关,设立了"中央羊毛委员会"。征购的羊毛,第一作为澳洲内地的工业原料,优先供给;然后出售给英国本国、帝国自治领、盟国;最后的剩余部分向中立国出售。其出售全部由英国羊毛管理局决定。日本当时还属于中立国,因此属于澳毛的销售对象国。日本从1939年9月,澳毛征购制度的概要明确的同时,1940年1月到1941年8月的20个月间,购入了约34万俵(1俵=60公斤)的澳洲羊毛[②]。

但1940年9月,当第二次近卫内阁进军印度支那北部并缔结德、日、意三国同盟条约后,日美关系更进一步恶化。日本意识到为获得南方的资源,和美国不可避免开战的同时,为谋求三国结盟后脱离对英美经济的依赖,即不依赖海外提高国防工业的扩充能力。于是,日本、伪满洲国所必要的国防资源在日元经济圈内解决就显得愈来愈重要。

由于澳洲羊的输出限制,日本预想到将来的羊毛供给将更加恶化,为使军需羊毛达到自给自足,1941年2月下旬,日本陆军

---

① 《羊毛输入同业会与我国羊毛输入七十余年的历程》,第88页。
② 同上书,第89—90页。

省、农林省、企划院、陆军制绒所、兴亚院、拓务省、朝鲜总督府、满洲国政府、蒙古联合自治政府、华北绵羊改进会等的相关人员汇集东京召开会议。会议的结果认为，以前的计划有必要修正，决定了从1942年到1952年的10年增产计划[①]。即日本政府根据当时世界形势的变化，欲强化促进既定的羊毛生产力扩充计划。特别是1941年7月28日，日本陆军强行进入南部印度支那时，美国采取了冻结日本在美资产以及对日输出全面禁止的措施。英国也在1941年8月，宣布禁止对日输出羊毛，日本的澳毛输入杜绝[②]。

这样一来，日本的羊毛供给，也和重工业资源同样，以前一直依赖日元经济圈意外的羊毛，从此后也不得不在日元经济圈内解决。蒙疆、伪满洲国、以及华北地方，在"大东亚共荣圈"内羊毛资源的供给地位愈显重要。

与此相关联，要求迅速推进蒙疆的绵羊改良事业。1941年10月，兴亚院蒙疆联络部制定了《蒙疆临时产业建设基本五年计划概略案（羊毛）》[③]，按照日本方面的要求，制定了第二次绵羊改良计划。其方针为"（前略）力图通过考历代种对蒙古在来种进行杂交改良，使蒙古在来种增殖并改善其资质"。这告诉我们，以前的"逐渐增加改良种，渐次减少在来种"改良方针发生了变化。

并且，目标定为"昭和21年度的目标为改良种371954只（前

[①] 《大东亚共荣圈纤维资源概观》（第一部 羊毛资源·第一辑 本邦之部），第5页（绵羊的目标只数和产毛量由于资料欠缺不明）。
[②] 《羊毛输入同业会与我国羊毛输入七十余年的历程》，第52页。
[③] 兴亚院蒙疆联络部"畜产关系"，JACAR（アジア歴史資料センター）Ref. B06050487400,「昭和15年度以後華北蒙疆緬羊改良増殖対策綴」，外務省外交資料館藏。

计划为 2085306 只——引者注，以下同）；在来种 2834047 只（前计划 4840220 只）。生产羊毛量为：改良种羊毛 820499 公斤（前计划为 4769446 公斤）；在来种羊毛 2834047 公斤（前计划 4840220 公斤）"。

将此与 1938 年 11 月制定的《蒙疆羊毛改良方策要纲案》相比较可知，到 1946 年度的绵羊数量和产毛量，特别是改良绵羊的数量和产毛量被大幅度缩小修正。而且计划年度也被推后，"到昭和二十六年度改良绵羊达 2338855 只；在来种绵羊达 6191437 只。羊毛生产量为改良种羊毛达 5119500 公斤；在来中绵羊羊毛 6191437 公斤为目标"①。可知这次计划的到 1951 年的目标只数，和前计划的 1946 年的目标数量计划相同，这是接受第一次绵羊改良事业失败的教训，知道了在蒙疆进行绵羊改良事业的困难程度，不得不将改良绵羊的数量和产毛量做了缩小修正。

即《蒙疆临时产业建设基本五年计划概略案（羊毛）》，不得不对蒙疆的绵羊改良计划进行了修正，计划绵羊目标数量和产毛量，不是增加，而是减少了。在该方案中，还表示为进行绵羊改良的统制，准备成立"蒙古绵羊协会"。

2. 第二修正期

但到了 1944 年，伴随着战争局势的变化，日本的羊毛需要供给状况陷入更加严峻的境地。为增产"共荣圈"内的羊毛，日本政

---

① 兴亚院蒙疆联络部"畜产关系"，JACAR「昭和 15 年度以後華北蒙疆緬羊改良增殖対策綴」。

府制定了新的《羊毛资源对策案》。其方针为"现行的羊毛生产力扩充计划是大东亚战争爆发前制定的,已经不适应现在的实情,为此应迅速检讨制定羊毛增产计划,作为应急措施,以期完成大东亚战争的大业,在日满支经济圈内确保绝对必要量军需原料是当务之急"①。

该对策案将绵羊改良事业的期间计划为"从昭和十九年到昭和二十八年十年间"。到1953年各个地域增产目标如下表所示。

表5-4 1953年各地域增产目标②

地名	头数(万)	产毛量(俵)	备考
日本内地	150	38,900	1俵=60公斤
朝鲜	40	7,040	
关东州	3	460	
满洲国	360	64,000	
北支那	105	15,400	
蒙疆	230	35,000	455万公斤
合计	888	150,900	1961.7万公斤

1944年制定的"羊毛资源对策案",与1939年4月开始实施的"羊毛生产力扩充计划大纲"相比较,从年代不同看,最终年各地的绵羊保有数量和产毛量都减少了。如1939年的计划,到最终年的1946年,日本、伪满洲国、蒙疆等地的绵羊增产数量,改良种为

---

① 兴亚院蒙疆联络部"羊毛资源对策案",JACAR「昭和15年度以後華北蒙疆緬羊改良増殖対策綴」。

② 根据JACAR「昭和15年度以後華北蒙疆緬羊改良増殖対策綴」(Ref. B06050487400)中"羊毛资源对策案"中的数据作成。

第五章 伪蒙疆政权的绵羊改良增殖事业

1046万只,改良种的产毛量为2730万公斤。但1944年的计划中,到最终年的1953年,日本、满洲国、蒙疆等地合计绵羊的增产数量为改良种888万只,改良种羊毛产量1961万公斤。与前计划相比,绵羊数量和产毛量都大幅度减少。虽然日本内地的改良羊数量没有什么变化,并且产毛量计划提高到11267俵。但为满洲国和朝鲜,计划增产的目标数量和产毛量都大幅度减少[①]。

对策案中,关于蒙疆到1953年,改良绵羊的数量变更为230万只,改良羊毛的产量变更为455万公斤(1939年计划为到1951年改良绵羊数量为233万只,改良绵羊羊毛产量为511万公斤)。也即是说,1944年计划中,蒙疆地域担负着总计划目标数量的四分之一,产毛量的近四分之一。

通过此"羊毛资源对策案"可知,"共荣圈"内各地实施的第二次绵羊改良事业,没有按计划顺利进行。可以判明,在此情况下,日本的所谓绵羊改良事业,不得已将计划数额下调。

此外"羊毛资源对策案"中,关于绵羊的增殖方策讲道:"满洲国、北支那以及蒙疆要致力于在来种绵羊的饲育(中略)。在蒙疆要整备扩充蒙古绵羊协会,以察哈尔盟、宣化为中心的汉人饲育地域,力图推进杂种改良工作,在纯牧业地带,努力进行在来种绵羊的选择繁殖,以求达到计划目标"[②]。由此可知,日本进入败色愈

---

① 数据出自JACAR(アジア歴史資料センター)Ref.B05016226700,昭和13年9月「羊毛生産力拡充大綱計画」中的「各地方別緬羊増殖計画ニ依ル増殖頭数及産毛量」和JACAR(アジア歴史資料センター)Ref.B0605487400「昭和15年度以後華北蒙疆緬羊改良増殖対策綴」中的「羊毛資源対策案」。

② "羊毛资源对策案",JACAR(アジア歴史資料センター)Ref.B06050487400,「昭和15年度以後華北蒙疆緬羊改良増殖対策綴」。

浓的1944年,关于蒙疆的羊毛生产力扩充事业,已经将需要时间的绵羊改良放到了第二位,为尽快更多地获得羊毛,将蒙疆的在来种绵羊的饲养不得不放到第一位。并且为了达到增产目标,在纯牧业地带鼓励在来种的繁殖。

四、改良事业的再启
——蒙古绵羊协会的设立及其活动

为克服第一次绵羊改良事业失败的主要原因之一"事业实行主体内在的弱点"。根据蒙疆绵羊改良计划的第一修正期内制定的《蒙疆临时产业建设基本五年计划概略案（羊毛）》,设置了蒙疆绵羊改良事业的统制机关——财团法人"蒙古绵羊协会"。决定该协会"作为指导机关、作为政府的代行机关,担负牧羊国策的一翼"[①]。蒙古绵羊协会设立后,蒙疆的绵羊改良事业,置于政府的统制下进行。

1. 蒙古绵羊协会设立的背景

上一节检讨了第一次绵羊改良失败的原因,日方认为其中所有的原因都是人为的,并且明确可知是能够解决的。

1941年2月下旬,日本政府根据世界形势的变化,欲强化促进既定的羊毛生产力扩充计划,制定了从1942年到1952年的10

---

① 《大东亚共荣圈纤维资源概观》（第一部 羊毛资源·第三辑 支那之部）,第35页。

年间羊毛增产计划。与此相关,蒙疆的绵羊改良事业也成为该计划的重要组成部分之一。在蒙疆,按照日本的要求,制定了《蒙疆临时产业建设基本五年计划概略案(羊毛)》,开始的第二次绵羊改良活动。该计划中规定要设立"蒙古绵羊协会"。

制定第二次绵羊改良计划之际,日本认为首先必须慎重考虑的是事业实行的主体是谁,即第一次绵羊改良事业失败的原因之一,是要克服事业实施主体的内在弱点。前述第一次绵羊改良事业的主体,主要通过民间会社运营。这些民间会社,从着手改良事业起,并没有预想到要想获得巨大收益是很难的。事实上进行绵羊改良,投资必须经过相当长的时期才能得到回报。所以,这对以半年为期进行结算的普通商社来讲,从事绵羊改良事业并不适合。他们在充实技术人员、进行彻底的指导,增添卫生设施以及其他的消耗性投资方面会加以限制。所以这次决定"必须选择强有力的组织这一点上,就是某种程度上选择不计亏损的政府或可以能够代替政府的组织,成为本次绵羊改良事业的主体"[①]。

结果,根据日本方面的意愿,设立了能够专念实施绵羊改良事业的特殊公益法人——蒙古绵羊协会。伪蒙疆政府将其所有的绵羊关系设施移交给蒙古绵羊协会,代替本应该由政府实施的绵羊改良事业,日本方面决定对蒙古绵羊协会给予相当的援助[②]。

于是作为措施的第一步,伪蒙疆政府在1941年10月1日,公布了"蒙古绵羊协会法",随之任命了设立委员,开始准备工作。同

[①] 《蒙疆调查资料92号 蒙古牧业政策的沿革以及现况》,第19页。
[②] 同上。

年11月20日,设立了蒙古绵羊协会。其根本目的是"谋求蒙古地域的绵羊改良增殖,在以资提高民生的同时,满足羊毛的需求"[①]。

蒙古绵羊协会是由伪蒙疆政府出资35万元。东亚绵羊协会出资65万元,拥有100万基本资产的财团法人[②],维持协会的运行以及推进协会事业所需的经费,每年由日本以及伪蒙疆政府提供。

伴随着蒙古绵羊协会的设立,以前在蒙疆从事绵羊改良设事业的团体和商社被整理整顿。其中,东亚绵羊协会欲将其所实施事业的一切移交蒙古绵羊协会,以便事实上引领蒙古的绵羊改良事业。也就是是说东洋拓殖株式会社以及钟渊纺织株式会社的设施以及事业,当初有将其移交蒙古绵羊协会的主张,但对其以前在该地区绵羊改良事业方面的成就评价较高,因此指定东洋拓殖株式会社在德化县、钟渊纺织株式会社在康保改良事业区,配合政府的绵羊改良计划,与蒙古绵羊协会保持密切联系,决定在该地区内继续实施绵羊改良事业。其他的商社团体,如大蒙公司、蒙疆畜产股份有限公司等,以前进行的绵羊改良事业成绩平平,认为没有必要对其进行整理,对其采取自由放任态度[③]。

这样财团法人蒙古绵羊协会作为指导机关,作为政府的代行机关,担负着"牧羊国策"的重任。即以前具有相当自由放任色彩,多元实施的蒙疆的绵羊改良事业,从此在蒙古绵羊改良协会的一元化统制下,在该协会的强力推进下进行。

---

① 《东亚绵羊协会概要》,第35页。
② 《跃进蒙疆的产业与交易》,第59页。
③ 《蒙疆调查资料92号 蒙古牧业政策的沿革以及现况》,第20页。

2. 蒙古绵羊协会的绵羊改良活动

蒙古绵羊协会,从设立到伪蒙疆政权崩溃,大约经过了四年左右的时间,其前半期可以说是内容比较充实的时代。在这短时间内,在关于种公羊的输入、引进药浴剂、设置种绵羊管理所以及其他基础事业方面,已经正式开始活动。但期间机构以及阵容的整备极其紧迫,特别是由于战争形势的变化,无法得到必要的技术人员,陷入极度困境。虽然有少量技术人员从业,但1945年8月,由于蒙疆政权的崩溃,其改良事业的成绩不能说是很显著。

蒙古绵羊协会,因为是作为伪蒙疆政府应该实施的羊毛生产扩充计划的政府的代行机构设立的,羊毛生产力扩充计划的成否,与该协会的努力程度直接相关。协会的事业内容,涉及绵羊改良事业的全部,但设立之初阶段要做的事,重点是以考历代种公羊来改良在来种绵羊,力图进行增殖普及,为不重蹈以前绵羊改良事业失败的覆辙,确定了优先实施的必要事业的重点。

根据财团法人蒙古绵羊协会章程,协会实施的事业为"绵羊的饲育以及改良增殖的指导奖励;种羊场以及种羊管理所的设置以及经营;绵羊的输入、贷放以及预托;绵羊以及生产物的斡旋;有关绵羊的调查研究;关于绵羊的技术传授;政府特命的有关事项"[①]。

关于绵羊改良事项,为纠正第一次绵羊改良失败的原因之一"绵羊输入时期的不当",首先关于种绵羊的购买,规定每年8、9

---

① 《东亚绵羊协会概要》,第35—36页。

派职员前往日本,在日本农林省的协助下,采购必要数量的考历代当岁种羊,并不马上运送回国,采购的种羊,在日本委托饲养。到第二年4、5月为止,委托日本的农户进行饲养,此期间根据农户的饲养成绩,交付一定数额的委托饲养费。关于种绵羊的输入,在日本委托饲养完了的种绵羊,每年4、5月(第一次绵羊改良时输入期是12月份,是当地最寒冷的季节)以后运到协会所属的种羊场内收容①。

关于种绵羊的贷放,为防止第一次改良事业时的"现地驯化不充分与营养缺陷",上述输入的种绵羊,在种羊场使之适应风土气候后,贷放到民间。

关于种羊场的设置经营,为进行绵羊的纯粹繁殖、种羊管理所的监督指导、输入种公羊的临时饲养、种公羊的地区内输送等事业,在平地泉以及张北县的公会,设立两处种羊场。

种羊管理所的设置,1942年以后,每年新设10处种羊管理所,合计计划要设立50处绵羊管理所②。进行有关种公羊的冬季饲养、绵羊组合的指导、绵羊的预防、奖励储存干草、绵羊的药浴指导等事务。但到伪蒙疆政权崩溃,仅设立了5处。

根据计划,蒙古绵羊协会设立后,1941年年末,前述东亚绵羊协会接收了位于张北公会的蒙疆牧场,改称蒙古绵羊协会张北公会种羊场。还有,接收了蒙疆政府的平地泉种畜场,改称平地泉种

---

① [日]福岛义澄编:《蒙疆年鉴》,蒙疆新闻社,1943年,第252页。
② 《蒙疆年鉴》,1943年,第252页。

羊场。当年度,蒙古绵羊协会从东亚绵羊协会、蒙疆政府以及蒙古文化协会获得的补助金分别是 150000 元、54000 元、6500 元,合计 210500 元①。

来自东亚绵羊协会的补助金,主要用于支付蒙古绵羊协会中日系职员的工资以及充当从日本购买种绵羊的费用。同年内,从日本内地购入了考历代种羊 1092 只,途中死亡 13 只,到达以上两种羊场的为 1077 只②。到 1942 年 3 月,蒙古绵羊协会的机构和人员为张家口本部 8 人,平地泉种羊场 11 人,张北公会种羊场 12 人,合计 31 人,其中日系职员 14 人③。

1942 年度蒙古绵羊协会的事业概要为:(1)关于种羊场,继续经营平地泉、公会种羊场,在进行输入种绵羊的管理以及发放的同时,进行考历代种的繁殖育成。(2)关于种羊管理所,在察哈尔盟的太仆寺左翼旗、宝源县、尚义县新设三处种羊管理所,收容考历代种公羊,与管理所所在地区的蒙古在来种母羊交配,各个管理所的驻在人员,负责该地方绵羊改良增殖事业的指导工作。当年度,各个绵羊管理所的种公羊的数量为:太仆寺左翼旗 1091 只,宝源县 89 只,尚义县 489 只。(3)关于种绵羊的购买及贷放,从日本内地购入考历代种绵羊 1152 只,从前述的东洋拓殖株式会社德化牧

---

① "蒙古绵羊协会业务关系资料",JACAR「昭和 15 年度以後華北蒙疆緬羊改良増殖対策綴」。

② "蒙古绵羊协会日本产考历代种绵羊输入计划及实绩",JACAR「昭和 15 年度以後華北蒙疆緬羊改良増殖対策綴」。

③ JACAR(アジア歴史資料センター)Ref. B06050488000,「昭和 18 年度蒙古緬羊協会収支決算書」,畜産関係雑件/羊ノ部/東亜緬羊協会関係。

场购入 155 只，此外，东亚绵羊协会上一年度从朝鲜购入的 310 只绵羊，也由东亚绵羊协会交付给蒙古绵羊协会。蒙古绵羊协会将接收的这些种公羊中的一部分 127 只贷放到宣化省（1943 年蒙疆政府改革，察南政厅改为宣化省）、张家口特别市、锡林郭勒盟、藤田部队等，其余的由种羊场收容。(4)在设置种羊管理所的太仆寺左翼旗、宝源县、尚义县，各自以旗或县为区域，组成绵羊组合，为组合发放奖励金，每组发放 200 元，通过组合事业推进改良事业的进展。(5)关于防疫奖励，为防止疥癣，从日本内地引进"库巴氏"药浴剂，并提供奖励金以及必需的资材，以绵羊组合为中心，对 6500 只绵羊实施药浴。(6)为培养绵羊技术练习生，1942 年 6 月在平地泉种羊场招收 19 名绵羊技术练习生开始教育，第二年 5 月完成技术传授教育。这些结业的绵羊技术练习生，分配到蒙疆各地以及蒙古绵羊协会所属的种羊场、种羊管理所工作[1]。1942 年度，由蒙疆政府、东亚绵羊协会以及兴亚院提供的补助金分别为 300000 元、400000 元、3000 元，三项合计 703000 元[2]。

1943 年 3 月 30 日，蒙古绵羊协会召开春季总会，研究 1943 年度的事业计划。本年度工作"继续前年度的事业，以种羊场经营、种绵羊的购买购入管理、绵羊团体的结成奖励、干草的调整指导、越冬设施、防疫、促进改良、培养绵羊练习生、饲养改良讲习会

---

[1] "蒙古绵羊协会业务关系资料"，JACAR「昭和 15 年度以後華北蒙疆緬羊改良增殖対策綴」。

[2] "蒙古绵羊协会补助金调"，JACAR「昭和 15 年度以後華北蒙疆緬羊改良增殖対策綴」。

以及讲演会为重点,在力图羊毛的改良增产的同时,致力于确立羊肉供给源"①。

因为增设宝源县种羊管理所,太仆寺左翼旗种羊管理所,尚义县种羊管理所三设施,增加绵羊购入费等,该年度的经费比1942年增加476755元,预算总额达1120401元②。其中,东亚绵羊协会、蒙疆政府以及蒙古文化协会提供的补助金分别是690000元、400000元、3000元③。

到1943年年底,蒙古绵羊协会所述各设施内,除饲养输入的考历代种羊3586只外,还饲养着第一代以及第二代杂交种绵羊4000只。如前所述,蒙古在来种绵羊平均每只每年产毛量约1公斤左右,但改良后的第一代杂交种绵羊平均每只每年产毛2公斤左右,第二代杂交种平均产毛约2.9公斤④。

1943年6月,蒙古绵羊协会制定了从1943年到1951年的《绵羊改良增殖计划》。计划1943年由日本输入绵羊2100只,以后逐年增加,到1946年时输入2600只。该计划还规定,1943年的绵羊改良增殖数为12229只,1945年达67938只,到1951年达

---

① [日]善邻协会调查部编:《蒙古》第10卷第6号,财团法人善邻协会,1943年6月号,第113—114页。
② JACAR(アジア歴史資料センター)Ref. B06050488300,「昭和19年度蒙古綿羊協會予算二関スル綴」,畜産関係雑件/羊ノ部/東亜緬羊協会関係,外務省外交資料館蔵。
③ "蒙古绵羊协会补助金调",JACAR「昭和15年度以後華北蒙疆緬羊改良増殖対策綴」。
④ 《跃进蒙疆的产业与交易》,第60页。

2162444只①。

1944年度,蒙古绵羊协会的总预算为1564562元,其中,东亚绵羊协会、蒙疆政府的补助金分别是924242元、610838元,余下的29480元由协会的杂项收入(销售羊毛、羊皮、牛奶的收入以及存款利息)贴补②。

该年度计划新设5处种羊管理所,结果,仅设了萨拉齐、太仆寺右翼旗两处种羊管理所。关于种绵羊的购买,前一年度在日本内地购买的种公羊2000只以及种母羊100只,在本年度春季的5月份前后运到蒙疆,运费126000元。作为来年的准备,协会派职员前往日本,委托农林省,购买考历代种公羊2000只,种母羊100只,作为改良原种准备在次年期春季适当时候输入。购入费以及杂费等合计126900元。为培养与绵羊相关的现地系人才,继续在平地泉种羊场培养20名绵羊技术练习生外,还将成绩优秀的现地技术人员派往日本内地的种羊场,学习绵羊技术。预算中拨出13200元,其中练习生培养费12000元、留学生派遣费1200元。此外,为进行绵羊改良增殖相关的各项调查研究,印刷品发放的宣传普及工作,预算分别为调查研究费3000元,宣传费5000元③。

1945年度,蒙古绵羊协会的预算为1895668元,与上一年度

---

① "蒙古绵羊协会绵羊改良增殖计划",JACAR(アジア歴史資料センター)Ref. B06050488100,畜産関係雑件/羊ノ部/東亜緬羊協会関係。

② "关于昭和19年度蒙古绵羊协会预算汇编",JACAR(アジア歴史資料センター)Ref.B06050488300,畜産関係雑件/羊ノ部/東亜緬羊協会関係,外務省外交資料館蔵。

③ "昭和19年度蒙古绵羊协会事业计划书",JACAR「昭和十五年度以後華北蒙疆緬羊改良増殖対策綴」。

相比，增加 435931 元。东亚绵羊协会以及伪蒙疆政府提供的补助金分别为 1092332 元和 700000 元，与前年度相同，剩下的 103336 元，由协会的销售羊毛、羊皮、牛奶的收入以及存款利息等杂项收入贴补[1]。

1945 年度，种绵羊计划饲养数量为平地泉种羊场、公会种羊场、各种羊管理所共计计划饲养 5620 只。种羊管理所经营方面，在已经设立太仆寺左翼旗、宝源、尚义、太仆寺右翼旗、萨拉齐种羊管理所外，决定再新设 3 处种羊管理所。新设种羊管理所的预算为每处 84443 元，三处共计预算 253330 元[2]。但这些计划，随着日本战败、伪蒙疆政权的崩溃未能实现。

伪蒙疆政权时期由蒙古绵羊协会创设的这些种羊场、牧羊场、种羊管理所等设施，日本投降后被中国政府接收。其中的大部分，新中国成立后，变成中国计划经济时代的国营牧场，成为日本支配下伪蒙疆政权遗留下的历史遗产的一部分。

五、本章小结

伪蒙疆政权的牧业政策，是在日本兴亚院蒙疆联络部的主导下推进，但并不是重视蒙古人的牧业并使之强化，而是把蒙古地域

---

[1] "昭和 20 年度蒙古绵羊协会预算书"，JACAR（アジア歴史資料センター）Ref．B06050488700，「昭和二〇年度蒙古綿羊協会予算ニ関スル綴」，畜産関係雑件/羊ノ部/東亜緬羊協会関係，外務省外交資料館蔵。

[2] "昭和 20 年度蒙古绵羊协会事业计划书"，JACAR、Ref．B06050488700，「昭和二〇年度蒙古綿羊協会予算ニ関スル綴」，畜産関係雑件/羊ノ部/東亜緬羊協会関係。

置于日本原料供应地的地位。

卢沟桥事变后,随着蒙疆地域成为日本的占领地,该地域也被编入所谓"日满支经济圈"。日本将蒙疆作为铁矿石资源和煤炭资源基地开发的同时,也企图将这一地域变成绵羊改良增殖的基地。

为应对日本企划院的《羊毛生产力扩充大纲计划》,蒙疆联合委员会制定了《蒙疆羊毛改良方策要纲案》,随后兴亚院蒙疆联络部召开了蒙疆畜产振兴会议,形成了蒙疆绵羊改良政策。此阶段,采取了以在来种改良为中心,增加改良种,逐渐减少在来种的方针。但是,由于疾病以及输入绵羊的适应性问题,技术方面的不足,1941年的雪灾等原因,输入绵羊几乎全部死亡,日本在蒙疆的第一次绵羊改良增产计划,在实验阶段即以失败告终。

第二次世界大战爆发后,伴随着日美关系的逐渐恶化,日本的国防资源在日元经济圈内解决显得越来越重要。日本预感到将来羊毛供给只能日益恶化,为实现军需羊毛的自给自足,对以前的计划进行了修正,制定了新的十年增产计划。为此,兴亚院蒙疆联络部也制定了《蒙疆临时产业建设基本五年计划概略案(羊毛)》,不得不对蒙疆的绵羊改良计划进行了具体的修正。绵羊目标数量和羊毛产量不是增加,反而减少。更进一步了解到在蒙疆进行绵羊改良活动的困难程度,改良的声音开始减弱,开始提倡改良与在来种同时并重,进入绵羊改良事业的第一修正期。并且由于蒙古绵羊协会的统制,第二次绵羊改良事业再开。但仅处于试验阶段,远远没有达到普及阶段。

太平洋战争爆发后,彻底断绝了日本的澳毛输入途径。日本的绵羊事业,只能在日元经济圈内解决。蒙疆以及华北占领区以及满洲国,在"大东亚共荣圈"内提供羊毛资源的重要性也日益增大。鉴于此,日本政府制定了新的《羊毛资源对策案》,蒙疆的绵羊改良事业迎来了第二个修正期。通过《羊毛资源对策案》,可知进入战败色彩愈浓的1944年,蒙疆的羊毛政策,已经将需要时间的绵羊改良放在第二位,为更快更多获得羊毛,不得不把在来种的饲养放到第一位。并且为了达到增产的目标,在纯牧业地带奖励在来种的繁殖。

第六章 伪满洲国的绵羊改良活动

日本在1932年3月扶植成立伪满洲国后,欲全面开发中国东北的资源,弥补其资源不足并为进一步扩大侵略战争做准备。羊毛资源的开发是其中之一。为获得军需资源羊毛,日本在伪满洲国进行绵羊改良。

一、《羊毛生产力扩充大纲计划》中关于伪满洲国绵羊改良的规定

1. 九一八事变前东北的绵羊改良概况

1907年,东三省总督赵尔巽,为进行东北的绵羊改良,在奉天设立了农事试验场,从日本招聘绵羊专家并输入美利奴种公羊2只、种母羊30只,开始东北地区的绵羊改良。1908年徐世昌任总督后,遣散日本技师,改聘美国技师,从美国输入美利奴种羊100只,改良事业扩大,改良种逐渐增加。辛亥革命后,奉天农事试验场解散,所有绵羊处理到奉天周边农村。民国以后曾雇用外国技师继续进行改良,但由于战乱等原因成果甚微。

1913年,满铁在公主岭设立了农事试验场,开始着手绵羊改

良。1921年,满铁又在热河特别行政区的林西县黑山头设立了种羊场,1924年又在公主岭设立了临时绵羊场,开始进行改良种的增殖、贷放、配给,指导民间的牧羊业。但由于当时中日间围绕土地商租权等的一系列冲突,并未取得什么实际效果。

此外,1917年,在满洲里从事畜产交易的俄国卡宁商会,从西伯利亚地方购入20只美利奴种羊,在呼伦湖西方的自家牧场与本地原种交配进行改良,基本成功,但由于美利奴种逐渐减少,未能普及。还有,1924年,设在海拉尔的英国食品公司办事处从澳洲输入5只种公羊,与400只当地原种母羊交配,着手改良。1925年、1926年分别产下400、391只杂交种羊,一岁杂交羊产毛两达4.7斤,但由于战乱等原因,不可能普及[①]。

2. 日满绵羊协会

伪满洲国的绵羊改良活动与战前日本的牧羊业紧密相关,是战前日本牧羊总体规划的一部分。如前所述,日本的牧羊业是在不断对外扩张战争中逐渐发展的。通过日俄战争、第一次世界大战等对外扩张战争,阶段性地刺激了日本牧羊业的发展[②]。但到九一八事变前,并无太大起色。日本由于国土狭窄,在牧羊规模上,虽然有几个称为牧场的机构,但拥有绵羊的头数一般不超过200只,绵羊大部分是作为农家副业三头两头零星地圈养着[③]。

---

① 《大东亚共荣圈纤维资源概观》(第一部 羊毛资源·第二辑 满洲国之部),第2—3页。
② 《日本羊毛输入同业会与我国羊毛输入七〇年的历程》,第22页。
③ [日]商工省贸易局编:《内外羊毛事情》,日本羊毛工业会,1936年,第25页。

1931年，日本内地的绵羊饲养数仅为24453只，产毛量微乎其微①。其羊毛工业使用的原毛绝大部分依赖进口，输入羊毛几乎全部来自澳洲。

1931年九一八事变的发生，可以说为日本在大陆发展绵羊事业提供了契机。事变后在东部蒙古地方成立的伪满洲国兴安总省，是著名的绵羊产地，并且东北农村自古亦有饲养绵羊之传统。当时全东北饲养的约300万只②绵羊属于蒙古种肉用型，肉质良好，但产毛量低且毛质差，一头平均产毛量约2.2磅（1磅＝0.453公斤），不适合作毛纺工业原料。日本认为"如果满洲国的绵羊产业取得发展，不仅使满洲将来成为重要的羊毛供给地，也是当时所提倡的日满经济提携"的一个有力的实践映证③。1933年斋藤内阁时制定了"满蒙羊毛开发十年计划"，于是为了"力图在日满两国实现绵羊的改良增殖，并研究生产羊毛的有效利用方法，指导日、满、朝鲜的绵羊增殖及改良事业"，1934年4月由日本政府、日本羊毛工业会和满铁共出资200万元组成作为执行机关的"日满绵羊协会"④。

日满绵羊协会的主要业务内容是对种绵羊的购入及羊毛资源

---

① 《内外羊毛事情》，第21页。
② 关于当时东北地区的绵羊数字，有种种说法。通说为300万只左右（岛田俊彦等编《现代史资料8 日中战争(1)》.みすず书房，1964年，第728页）。另外还有"东部蒙古地方的兴安总省，饲养绵羊近150万只。此外，热河省、锦州省也是主要饲养地，热河省约饲养23万只，锦州省为29万只。其余分布于全满的其它省份"。按此计算，1937年东北共有约200万只绵羊。（《大东亚共荣圈纤维资源概观》第一部 羊毛资源·第二辑 满洲国之部，第5—9页）本文采用第一种说法，即300万只左右。
③ 《东亚绵羊协会概要》，第1页。
④ 同上书，第2页。

的开发进行补助;进行有关种绵羊的改良及增产的研究调查;经管羊毛生产的调查、介绍、通报以及买卖的斡旋及其他有关羊毛改良增产的必要事项。并且为了照顾地区性,在日本当时的殖民地朝鲜京城设立支部,称朝鲜绵羊协会;在伪满洲国的新京设立满洲支部,称满洲绵羊协会,分别开展绵羊改良事业。

1934年开始到1936年的三年间是日满绵羊协会事业的第一阶段,主要事业是向日本开拓省组织的满洲日本开拓团发放繁殖用的种绵羊,将蒙古种或日本国内以及朝鲜产的考历代(コリデール.即Corriedale)种绵羊无偿发放给日本开拓团的农家,以资开拓团的被服和食品自给,同时作为开拓团冬季农闲期的副业。在满铁的公主岭农事试验场。开始用考历代种羊对蒙古原种羊进行改良试验,1938年,该场称改良后的羊毛品质优良[1]。

1936年秋发生了日澳通商纷争事件,使日本的羊毛政策发生了很大的变化。1931年12月日本停止金本位,日元汇率急剧下跌,日本商品的输出大幅度增加。为了阻止日本商品的进入,世界各国采取了各种各样的进口限制措施。澳洲政府在1936年5月,降低对英特惠税率,对棉布、人造丝等的关税率提高10%—40%,包括棉布、人造丝等在内的86品目实行输入许可制,企图实现英镑圈内的贸易振兴并阻止日本商品的输入。日本亦采取报复措施,实施1934年通过的"对澳通商拥护法"。一时禁止输入澳洲羊毛、小麦、皮革等。从1936年底开始到1937年7月,双方为解决

---

[1] 《东亚绵羊协会概要》,第4页。

"纷争"断断续续进行了三次谈判,此期间内曾达成了所谓"日、澳通商谅解",双方开始允许进口一定数量的对方产品①。

此次事件,促进了日本的羊毛自给政策。日本感到其羊毛需给方面的现状并不乐观,加重了对种绵羊及羊毛确保供给之事的紧迫感,尤其是对将来由国外输入种绵羊一事亦感到强烈不安。所以,以这次日澳通商纷争为契机,日本企图加快进行绵羊的改良增殖的步伐,为此日本政府制定了在日本内地、北海道、伪满洲国、朝鲜等地进行绵羊增产的计划。具体规定"从1937年到1948年以12年为期,在日本内地以保证军方所需要羊毛自给为目的,日本内地每年输入种绵羊11320只,到1948年要达到饲养120万只的规模;北海道到1946年达到饲养277000只的规模;朝鲜每年计划输入种绵羊10000只,到1948年达到65万只的饲养规模;满洲国从康德四年(1937)到康德八年(1941)在第一次产业开发五年计划的基础下,1941年成羊头数要达到395万头。"②

为贯彻日本政府的绵羊改良增殖计划,日满绵羊协会决定扩充协会事业,制定25年间增产绵羊200万头、生产羊毛约1400万磅的计划。决定从1937年度开始,用6年时间,经费230万元,进行"(1)牧场的新设、经营;(2)培养绵羊技术指导员;(3)扶助满洲国绵羊改良事业;(4)奖励朝鲜绵羊增殖;(5)奖励关东州绵羊增

---

① [日]福岛辉彦:"贸易政策转换与日澳贸易纷争",日本国际政治学会编:《日澳关系的历史性展开》,有斐阁,1981年,第59—74页。
② JACAR(アジア歴史資料センター)1938年9月,「羊毛生產力拡充大綱計画」,Ref. B05016226700,外務省外交資料館。

第六章　伪满洲国的绵羊改良活动

殖;(6)在牧场内培养绵羊技术员;(7)召开绵羊指导及讲演会;(8)进行羊毛加工试验,研究在来种羊毛的新利用方法;(9)进行有关绵羊的各种调查"①等事业。根据上述计划,1937年9月,在伪满洲国安东省林口县龙爪地区,建成日满绵羊协会所属的满洲龙爪牧场。

卢沟桥事变爆发后,1937年8月到11月,日军相继占领了察哈尔、绥远、河北、山西、山东等地平津等地。于是,随着日军对中国侵略的扩大,前述1934年成立的日满绵羊协会的活动范围亦扩大,涉及蒙疆及华北地区,1938年7月,日本将日满绵羊协会改称为"东亚绵羊协会",使之"全盘掌握并实施东亚的绵羊事务"②。计划用毛肉兼用型的考历代种羊,改良东北、蒙疆、华北地区的产毛量低、毛质差的蒙古原种绵羊③。伪满洲国的绵羊改良,是当时日本进行绵羊改良的主战场之一。

3.《羊毛生产力扩充大纲计划》中关于伪满洲国绵羊改良

1938年9月,日本企划院制定了《羊毛生产力扩充大纲计划》,该计划规定从"1939年到1946年的八年间,在内地(指日

---

① 《东亚绵羊协会概要》,第5—6页。
② 同上书,第2页。
③ 当时,蒙古人饲养绵羊的目的是食用羊肉和使用羊皮,羊毛是副产品,所以蒙古原种绵羊属于肉用型,产毛量不高,毛质较差,不适合做毛纺原料。平均每只羊的产毛量约1公斤左右。而日本计划在蒙疆推广的改良用毛肉兼用的考历代种羊的平均产毛量约为4公斤(商工省贸易局编:《内外羊毛事情》,第41页)。

本)、北海道及朝鲜输入种绵羊使之增殖；在满洲及北支（包括蒙疆）为对原种绵羊进行改良增殖，对其提供必要的种公绵羊。"①

该要纲的"新规绵羊改良增殖计划"关于满洲国规定：满洲国在继续执行产业开发五年计划中关于绵羊改良计划的同时，应迅速制定新的计划。到1946年，要达到拥有改良种绵羊520万头，年产羊毛116000俵的规模。改良用种公羊由日本内地及朝鲜提供。②

于是，伪满洲国在上述日本企画院制定的《羊毛生产力扩充大纲计划》的基础上，制定了本地区的绵羊改良增殖计划，并具体开始实施各自的增殖改良活动。

二、绵羊改良活动概况

当时，在伪满洲国进行绵羊改良活动的有两大系统，即伪政府系统和前述由1934年成立的日满绵羊协会于1938年改称的东亚绵羊协会系统。

1. 伪满洲国政府的绵羊改良活动

"羊毛的自给是日、满的重要国策。增产羊毛，以防有事之秋；同时提高农民生活，安定民生，因此通过引进外来种对蒙古原种羊

---

① JACAR（アジア歴史資料センター）1938年9月，「羊毛生産力拡充大綱計画」，Ref. B05016226700.
② 同「羊毛生産力拡充大綱計画」。

第六章　伪满洲国的绵羊改良活动

进行改良"①。1937年1月,关东军司令部制定了《满洲产业开发五年计划要纲》。其中关于绵羊改良规定"以五年后达到年生产绵羊420万只为目标,即曾产119万只(1937年为301万只)。同时要达到年生产羊毛4740吨,生产羊皮174万张。即羊毛增产1690吨,羊皮增产28万张。五年间所要资金750万元,概算经费1272万元。为进行增殖政府实施如下事项:为改良蒙古原种绵羊,从美国、澳洲输入美利奴以及考历代种羊,从北支输入蒙古原种,从日本尽可能输入种公羊;增设绵羊改良场;增设绵羊牧场、设立绵羊会社"②。即日本欲通过输入考历代以及美利奴种羊与蒙古原种羊进行交配,在提高羊毛产量和改善毛质的同时,以图增产。

为推进伪满洲国的绵羊改良活动,日本在伪满洲国的各级行政组织内建立起畜产行政管理统制机构,并在各地建立了改良设施。

伪满洲国建立之初,国务院下设实业部,部下设总务、农务、矿物、工商五司。其中农务司下置畜产课,专管畜产及绵羊改良事宜。兴安各省公署的民政厅下设劝业课,负责畜产事宜③。

1935年以后,在锦州省的朝阳,热河省的赤峰,龙江省的龙江等地先后设立省立绵羊改良场。1937年年末,朝阳绵羊改良场拥有美利奴种羊386只,赤峰绵羊改良场拥有美利奴种羊110只。

---

①　满洲国通信社编:《满洲国现势》,满洲弘报协会,康德五年(1938年),第97页。
②　《现代史资料8 日中战争(1)》,第728页。
③　满洲国通信社编:《满洲国现势》,满洲弘报协会,康德四年(1937年),第100页。

此外,蒙政部在兴安南省设有兴安绵羊改良牧场。在兴安各省管内各旗设立种畜场。为促进绵羊改良,从日本及朝鲜购入美利奴种公羊211只,将之分配到民间。为贯彻政府的绵羊改良方针,在民间组织绵羊组合。政府向绵羊组合提供补助金,赞助绵羊改良工作。1936年度在锦州省管内组织绵羊合作社联合会,以县为单位,在原来存在四绵羊合作社之外,又新设两所[①]。

1937年开始实施《畜产开发五年计划》,伪政府为对畜产行政进行一元化领导,作为家畜改良机构,在全满各地设立了种马育成场、种马场、绵羊改良场,在主要地域组织绵羊合作社,赞助绵羊改良事业。在省、县、旗设立种畜场,指导奖励地方家畜改良。关于绵羊规定:整备、增设国立绵羊改良场,设置省立绵羊改良场,培养绵羊技术员,赞助绵羊合作社[②]。

1940年6月1日,伪满洲国行政改革时,改组旧产业部,将该部的矿工部门移交经济部,以原农务司为中心,囊括畜产局、开拓总局、林野局、马政局创设了兴农部,成为满洲农业政策、技术指导的总部。兴农部下设畜产司,司下设畜政课、畜产课、饲料课、兽医课,专司畜产事宜,从司长到课长全为日本人把持[③]。

兴农部直属的国立绵羊改良场有:扎拉木特绵羊改良场(兴安北省)、王爷庙绵羊改良场(兴安南省)、哈尔滨绵羊改良场、三江口绵羊改良场、林西绵羊改良场。1941年度计划增设两所。在原有

---

① 《满洲国现势》,康德四年(1937年),第103页。
② 满史会编:《满洲开发四〇年史(上卷)》,满洲开发四〇年史刊行会,1964年,第818页。
③ 《满洲国现势》,康德十年(1943年),第192—194页。

第六章 伪满洲国的绵羊改良活动

赤峰、朝阳省立绵羊改良场外,新设了龙江省立绵羊改良场。在充实县旗绵羊牧场整备计划的基础上,从1941年起,继续增加了10所①。

兽疫的防治是伪满洲国畜产政策的重要组成部分。为推进畜产业的发展及改良,设立家畜防疫机构。1925年,满铁在奉天设立兽医研究所。制作各种兽疫血清、预防液以及诊断液并在市场上销售。1937年伪满洲国政府在新京设立马疫研究所,进行马疫的病源检索以及预防及治疗方法的研究。同年,以对移动家畜检疫为目的,在林西、赤峰、图们等地开设了家畜检疫所。伴随1937年开始实施的《畜产开发五年计划》,鉴于检疫工作的重要性,制定了家畜防疫计划,主要有整备防疫机关、研究及血清制造机关、兽医药品。培养防疫技术人员、对多发性家畜传染病常发地区的定期预防注射、在与外蒙古接壤地带设置免疫地带等②。

前述1934年日满绵羊协会成立时,最初曾制定了用35年的时间在伪满洲国达到拥有改良绵羊1500万只、年产羊毛一亿公斤、以满足当时日本羊毛需要量33%的庞大计划③。并纳入了1937年开始的伪满洲国第一次产业开发五年计划。规定到1941年计划结束时达到拥有改良种绵羊加原种绵羊达420万只的规模水平。改良种羊主要使用考历代和美利奴种。1938和1939年,分别从日本输入2000只、3000只改良用种羊。但1941年该计划

① 《满洲国现势》,康德八年(1941年),第127页。
② 《满洲开发四〇年史(上卷)》,第819页。
③ 《大东亚共荣圈纤维资源概观》(第一部 羊毛资源·第二辑 满洲国之部),第3页。

结束时,绵羊改良增殖的效果并不理想。为 375 万只①。

1939 年 3 月,在日本企画院决定的《羊毛生产力扩充大纲计划》中,规定伪满洲国在继续执行产业开发五年计划中关于绵羊改良计划的同时,应迅速制定新的计划。于是伪满洲国政府制定了到 1946 年达到拥有改良种绵羊和原种绵羊 800 万只,两项合计年产羊毛 4100 万磅的计划。后认为实现有困难,1942 年又修正为十年后的 1951 年达到 600 万只,并纳入了同年开始的伪满洲国第二次产业五年开发计划②。

到 1943 年,伪满全境内的绵羊仅为 410 万只③。于是又被迫将 1942 年的十年修正 600 万只计划,降至 1951 年末达到 524 万只,产毛量 3300 万磅的八年计划④。

进入 1944 年,"由于现行的羊毛生产力扩充计划是大东亚战争爆发前制定的,已经与现在的实情不相符,因此有必要对此进行重新讨论,确定新的羊毛增产方针政策,采取应急措施,在日、满、支经济圈内确保为完成大东亚战争所需的绝对必要量是当务之急"⑤。于是日本政府重新制定了从 1944 年开始到 1953 年为止的新羊毛生产力扩充计划——《羊毛资源对策案》。

---

① 《大东亚共荣圈纤维资源概观》(第一部 羊毛资源·第二辑 满洲国之部),第 12 页。

② 满洲帝国政府编:《满洲建国十年史》,原书房,1969 年,第 329—345 页;《大东亚共荣圈纤维资源概观》(第一部羊毛资源,第二辑满洲国之部),第 4 页。

③ 《大东亚共荣圈纤维资源概观》(第一部 羊毛资源·第二辑 满洲国之部),第 12 页。

④ 同上书,第 21 页。

⑤ JACAR(アジア歴史資料センター) Ref. B06050487400,「昭和 15 年度以後華北蒙疆緬羊改良増殖対策綴」,外務省外交資料館蔵。

表 6-1 《羊毛资源对策案》中各地域绵羊增殖改良数及产毛量(最终年 1953 年)[①]

地域	只数(万)	产毛量(俵)	备考
日本内地	150	38,900(505.7 万公斤)	1 俵 = 60 公斤
朝鲜	40	7,040	915,200 公斤
关东州	3	460	
满洲	360	64,000	8,320,000 公斤
北支那	105	15,400	
蒙疆	230	35,000	
合计	888	150,900	1,961.7 万公斤

该《羊毛资源对策案》，与 1939 年开始实施的《羊毛生产力扩充大纲计划》相比较，首先在实现数量目标年代上向后推移；其次是最终年的绵羊保有总数量以及产毛量削减。《羊毛生产力扩充要纲计划》计划中，如表 6-1 所示，最终年的 1946 年，合计改良绵羊只数为 1043 万只，羊毛产量为 2607 万公斤。但 1944 年制定的《羊毛资源对策案》中，如表 3 所示，最终年的 1953 年，合计改良绵羊只数降为 888 万只，羊毛产量降为 1961.7 万公斤。

同时《羊毛资源对策案》中，日本内地的只数没有减少，略有增加，为 150 万只(前计划为 147 万只)，但产毛量计划增加到 505 万公斤(前计划为 312 万公斤)。通过该修正计划可知，1939 年制定

---

① 根据「昭和 15 年度以後華北蒙疆緬羊改良増殖対策綴」,(JACAR(アジア歴史資料センター) Ref.B06050487400)内容作成。

的《羊毛生产力扩充大纲计划》，各地并没有按原计划如期完成，因此日本不得不对"大东亚共荣圈"内的绵羊改良增殖计划进行压缩调整。

《羊毛资源对策案》中，关于伪满洲国，规定"促进发挥国立、省立以及民间各绵羊改良牧场的机能，在努力进行改良原种育成增殖的同时，以开拓团、铁路爱护村为中心，力图实现绵羊的大发展。"具体规定到1953年，伪满洲国绵羊保有数为360万只（前计划到1946年为520万只），产毛量减为832万公斤[①]（前计划到1946年为1437.8万公斤）。

2. 东亚绵羊协会的改良活动

伪满洲国的绵羊改良活动，除伪政府外，还有1938年成立的由原日满绵羊协会演变而来的东亚绵羊协会。该协会在伪满洲国经营牧场，进行绵羊的繁殖改良，向日本开拓团提供种绵羊；并对伪满洲国政府的绵羊改良事业进行资金赞助。

1937年9月，在伪满洲国安东省林口县龙爪地区，建成日满协会所属的满洲龙爪牧场。设立此牧场的目的是"本场将来饲养考历代种基础母羊5000头，并进行考历代种羊的纯种繁殖，将所产羊羔逐年交付开拓地，并对蒙古原种羊进行改良。在场内招收开拓团练习生，对其进行有关绵羊饲养知识的教育。另外，作为协会技术员的联络处，以牧场为中心，使之担任开拓地的绵羊饲养管

---

① JACAR（アジア歴史資料センター）Ref. B06050487400,「昭和15年度以後華北蒙疆緬羊改良増殖対策綴」, 外務省外交資料館蔵。

理的指导机关"①。

1940年在该场内设立了东安省立林口畜产学校,培养绵羊技术人员。从1938年到1940年,该牧场向伪满洲国的53个日本开拓团和19个训练所交付了兴安北省以及多伦产蒙古种公羊11441只以及日本内地产或朝鲜产考历代种公羊970只。1942年1月,龙爪牧场饲养的绵羊为2582只②。

1939年、1940年、1941年、1942年东亚绵羊协会预算分别为63万、94万、109万、112万元。主要用于牧场的经营维持、种绵羊的购进、奖励伪满洲国及殖民地朝鲜的绵羊事业、绵羊技术员的养成指导、羊毛加工实验、羊毛资源的调查及开发等③。第一期计划中,将蒙古原种母羊以及考历代种公羊贷放与开拓团,进行杂种改良繁殖。但蒙古原种羊在贷放期间产生一系列技术及经济问题,影响到饲养繁殖。为此,第二期计划期间,以三年为期,改变过去贷放蒙古原种母羊以及考历代种公羊,改为贷放考历代种与蒙古种杂交后的杂种羊的作法,以图实现开拓团农家的经济高度化。因此,1943年7月开始的协会第二期计划中,在吉林省敦化县大石头村大桥屯设立了专门进行杂种绵羊繁殖的大桥牧场,作为杂种绵羊供给源机构对开拓民进行绵羊指导,以促进绵羊的改良增殖。该场从龙爪牧场购进25头种公羊,从锦州省和兴安北省购进560头蒙古原种母羊。但由于降雨以及饲料困难等原因,绵羊大量毙死,到1944年3月底,考历代种羊仅剩9只,蒙古种羊剩226

---

① 《东亚绵羊协会概要》,第7页。
② 同上书,第11页。
③ 同上书,第49页。

只。繁殖成绩仅为46.5%①。

1943年度,东亚绵羊协会向48个日本开拓团贷放日本内地产考历代种公羊49只、蒙古原种母羊1000只。到1943年年底,东亚绵羊协会贷放绵羊总数为蒙古原种母羊14875只,考历代种母羊50只,同种公羊1357只,总计16282只。贷放到146个日本开拓团②。1944年3月底,龙爪牧场饲养考历代种公母羊2489只。生产羊毛5069公斤,平均每只2.82公斤。在场内开设开拓团绵羊技术员培训班,传授绵羊技术。还招收羊毛加工技术女子练习生,传授羊毛加工技艺③。

从1935年到1941年,东亚绵羊协会累计向伪满洲国提供绵羊改良增殖奖励补助费5191008元④。1944年为154210元,1945年,提供156660元。其中种绵羊购置费92000元,计划购入内地产种公羊300只;蒙古原种母羊2000只。其余为指导技术员养成费、绵羊改良增殖奖励费、防疫费等⑤。

1944年设立了第二杂种改良牧场(宁年牧场),年末将生产绵羊1236只贷放给开拓民。该牧场当年经费107100元。到1944

---

① JACAR(アジア歴史資料センター)研修所旧藏记录,满洲大桥牧场,畜产关系杂件,绵羊之部「关于昭和18年度东亚绵羊协会助成经费」Ref.B06050487800,外務省外交資料館藏。

② 满洲国绵羊改良增殖事业,JACAR(アジア歴史資料センター)「关于昭和18年度东亚绵羊协会助成经费」,Ref.B06050487800。

③ 东亚绵羊协会昭和18年事业概要,JACAR(アジア歴史資料センター)「关于昭和18年度东亚绵羊协会助成经费」,Ref.B06050487800。

④ 《东亚绵羊协会概要》,第19页。

⑤ JACAR(アジア歴史資料センター)「关于昭和20年度东亚绵羊协会预算汇编」,Ref.B06050488400,外務省外交資料館藏。

年年底,东亚绵羊协会共向开拓民贷放种绵羊 18382 只[①]。

1945 年,东亚绵羊协会预算 2808932 元。在继续经营龙爪牧场、大桥、宁年改良牧场外,预计新增设第三杂交改良牧场。其中,龙爪牧场经费 128932 元、第一杂交改良牧场经费 75386 元、第二杂交改良牧场经费 122702 元、第三杂交改良牧场新设经费 214177 元。东亚绵羊协会 1945 年预计贷放包括考历代、蒙古原种、第一杂交改良牧场产杂种 3407 只。对华北绵羊改进会、蒙古绵羊协会进行补助,同时准备在印度支那设立种羊场,以确保军需羊毛资源的供应[②]。

以上伪满洲国政府以及东亚绵羊协会的绵羊改良计划和改良活动,随着 1945 年 8 月日本投降而成为泡影,日本在伪满洲国进行的牧羊活动宣告结束。

三、本章小结

1931 年九一八事变后,日本欲以中国东北为绵羊改良生产基地,决定在大陆发展牧羊业。为此,1934 年设立了"日满绵羊协会",负责指导援助日本经济圈内的绵羊事业。卢沟桥事变后,华北、伪蒙疆亦为日本的占领地,这里成了日本羊毛政策的"新天地"。1938 年设立了"统管东亚绵羊全盘事务"的"东亚绵羊协

---

① JACAR(アジア歴史資料センター)「关于昭和 20 年度东亚绵羊协会预算汇编」,Ref. B06050488400。

② 昭和 20 年度事业计划书,JACAR(アジア歴史資料センター)「关于昭和 20 年度东亚绵羊协会预算汇编」,Ref. B06050488400。

会"。在伪满洲国通过伪政府、东亚绵羊协会日系企业等打着"提高民生"幌子进行绵羊改良,目的是为其对外侵略战争提供急需的重要战略资源羊毛。

第七章　华北绵羊改进会的绵羊改良活动

一、"华北绵羊改进会"的设立背景及经纬

1.《北支那绵羊改良增殖计划实施要领》的制定

如前所述,1931年发生的九一八事变,为日本绵羊事业的发展提供了契机。日本于1934年4月设立了财团法人"日满绵羊协会"。主要业务内容为种绵羊的购入补助,有关种绵羊改良及增产的研究调查等。为了照顾地区性,在伪满洲国的新京设立了满洲支部;在日本当时的殖民地朝鲜设立朝鲜绵羊协会。满洲支部在满铁的公主岭农事试验场,开始用考历代(Corriedale)种羊对原种蒙古绵羊进行改良试验[①]。

日军占领河北、山西、山东、平津等地后,于1937年12月14日在北平扶植成立了傀儡政权"中华民国临时政府",统辖京津和华北等地区,由日本驻北平特务机关对其进行"政务指导"。随着日军占领地域的扩大,前述1934年成立的日满绵羊协会的活动范

---

① 《东亚绵羊协会概要》,第1—2页。

围亦扩大,涉及蒙疆及华北地区,1938年7月,日本将日满绵羊协会改称为"东亚绵羊协会",使之"全般掌握并实施东亚的绵羊事务"[1]。

为了避嫌对占领地的军政统治,1938年3月,日本在北京、上海、厦门、张家口设立了兴亚院联络部,对占领地进行控制指导,实际操纵占领地的伪政权。对伪华北政权的"政务指导"由特务机关移交给了兴亚院华北联络部。1940年3月30日,"中华民国临时政府"并入汪精卫伪国民政府,改称"华北政务委员会"。该委员会控制河北、河南、山东、山西三省沦陷区及北平、天津、青岛三个特别市。承担所谓防共、治安、资源开发及调节物资供求关系等方面的任务[2],兴亚院华北联络部继续对其"政务指导"。

华北地域人口稠密,农业发达,日本欲在此地进行粮食、棉花增产运动的同时,开发华北的矿产资源,实行"以战养战"政策,支撑其对外侵略战争。家畜饲养在华北农业经济中亦占重要地位,饲养有马、牛、羊、猪等家畜,主要为农业生产提供畜力和肥料,同时产出羊毛、皮革等。山西、山东、河北虽然为农耕地带,但山西由于地理上接近蒙古草原,养羊业素来发达。河北、山东农家亦有饲养绵羊山羊之传统。因此绵羊作为农民的家庭副业被广泛饲养。据统计,当时华北拥有绵羊近300万只,山西省第一,250万只;河北次之,200万只;山东为80万只[3]。但品种大部分为蒙古原种绵

---

[1]《东亚绵羊协会概要》,第2页。

[2]"华北政务委员会成立",《北支·蒙疆年鉴》,北支那经济通讯社,1941年,第53—56页。

[3]《北支蒙疆农业调查报告书》,第162页。

羊,以提供肉食为主,产毛量少且毛质欠佳。少部分为毛质优良的寒羊[①]、寿阳羊等。寒羊毛质优良,但产量不高。由于华北地区绵羊的饲养量较大,羊毛产量亦相当可观。1937年华北的羊毛产量占中国最大羊毛输出港天津港输出量30万担的25%,相当于1938年日本羊毛需求量25000万磅的15%[②]。羊毛的主要集散地及消费地为天津、青岛。中继市场主要有顺德、石门、太原、交城、汾阳、榆次、济南、济宁周村等。华北的羊毛及其它畜产品当时作为重要战略资源,在战时经济条件下对日本意义重大。

事变前华北地区的羊毛、皮革等由英美外商独占,日本商社活动有限。事变后英美商人的势力被驱逐,华北畜产市场遂成了日本商界的势力范围。日本在华北地区实行畜产收购统制政策,控制该地区的畜产资源。日本在河北省设有以天津为中心的满蒙殖产、三井物产、一群商会;以石门为中心设有大兴物产、一群商会(支店);在山东,设有以德胜洋行、一群商会(支店);在山西,有以太原为中心的钟渊纺织、一群商会(支店)等日本商社收购羊毛和其他畜产品。同时日军在各个要地设置收购支所,各支所又在下部设置收购代理机关,或通过日本商社代为收购[③]。

在上述加强收购统制的同时,日本为掠夺当地的畜产资源,欲

---

① 原产河西走廊之品种,后导入河南黄河流域。由于自然条件好转,自然被改良,毛质优良。饲养区域为河南黄河流域,鲁西南及河北中部,总数约为10—15万只(《北支蒙疆农业调查报告书》,第175页)。

② 满铁北支事务局调查部编:《北支农业要览》,满铁北支事务局调查部,1938年,第163页。

③ 《大东亚共荣圈纤维资源概观》(第一部 羊毛资源·第三辑 支那之部),第42页。

对华北地区的绵羊进行改良,以达提高羊毛产量并改善羊毛质量之目的,满足其战时经济的需求。于是在华北政务委员会内及各个地方政权内设有畜产机关。如华北政务委员会实业总署内设有鱼牧局,进行畜产全盘指导。各省建设厅内设畜产管理局,畜产试验场,在重要地区设种畜场[①]。日本在华北实施的畜产政策中,绵羊的改良增殖被放在第一位。

如前所述,1938年9月,日本企画院制定了《羊毛生产力扩充要纲计划》,制定该计划的背景是:"1937年,日本国内民需羊毛57万俵(1俵＝60公斤——作者注),军需8万俵,输出用19万俵,合计84万俵。但从日本、满洲仅能提供0.25万俵,短时间内谋求自给是困难的,目前以充分满足此次事变(指卢沟桥事变——作者注)所要军需为目标,今后逐渐谋求自给,以供战时军用及平时民用"的目的是"在日、满、北支蒙疆,通过绵羊的增产改良,在满足国防资源需求的同时,以资改善国际收支、安定振兴农村经济"[②]。

该《计划》关于华北地区具体规定:"在北支迅速制定并实施绵羊改良增产计划,到昭和二十一年(1946——作者注),要达到拥有改良种绵羊1042653只,原种绵羊5408148只、年产羊毛2384723公斤的规模水平,为实现此目标所需的改良种公羊由内地(指日本——作者注)及朝鲜提供"[③]。上述计划1939年春开始实行。

为贯彻日本企画院的《羊毛生产力扩充大纲计划》,兴亚院华北

---

① "华北概观·畜产",《蒙疆年鉴》,1944年,第582页。
② JACAR(アジア歴史資料センター)外務省記録.1938年9月,「羊毛生産力拡充大綱計画」,Ref. B05016226700,外務省外交資料館蔵。
③ 同JACAR「羊毛生産力拡充大綱計画」。

第七章　华北绵羊改进会的绵羊改良活动

联络部于 1940 年 4 月制定了华北地区具体的绵羊改良计划——《北支那绵羊改良增殖计划要纲》。其方针为"通过绵羊改良增殖事业,改善畜农业经营,力图振兴农村经济"。但主要目的是欲为日本提供急需战略资源羊毛。要领为"设立华北政务委员会实业总署监督指导下的华北绵羊改进会,指导奖励绵羊改良增殖事业"、"绵羊改良增殖所需经费由华北政务委员会的预算拨出以及日本东亚绵羊协会的赞助"。并规定"为进行改良所需资材及技术由日本方面提供,逐步增加必要的各种设施"[①]。5 月,兴亚院华北联络部又制定了《北支那绵羊改良增殖计划实施要领》,规定:"在北京郊外设置绵羊育成场"、"初年度购进考历代种母羊 810 只,寒羊 260 只。考历代种公羊 100 只,寒羊 680 只,在来种 2085 只"[②]。

与此同时,兴亚院华北联络部还制定了《北支绵羊奖励机关设置要纲》,方针是"由日中合作,力图在华北进行绵羊改良增殖,为此设立指导奖励机关华北绵羊改进会"。要领为"华北绵羊改进会在华北政务委员会实业总署的监督下作为其代行机关,担当实施华北地区的绵羊改良增殖研究奖励事业"。"规定改进会以华北的绵羊饲养奖励,羊毛生产力扩充为目的。改进会的事业地区为华北政务委员会的管辖地区。事务所设在北京、在必要地区设立支部。改进会设理事长一名、副理事长一名、常务二名、理事若干名、

[①] "北支那绵羊改良增殖计划要纲",JACAR(アジア歴史資料センター)畜産関係雑件,绵羊之部「昭和 15 年度以后华北蒙疆绵羊改良增殖対策汇编」,Ref. B06050487400,外務省外交資料館蔵。

[②] "北支那绵羊改良增殖计划实施要领",JACAR(アジア歴史資料センター)「昭和 15 年度以后华北蒙疆绵羊改良增殖対策汇编」,Ref. B06050487400,外務省外交資料館蔵。

监事二名。由理事长、副理事长、常务理事及理事组成理事会,决定审议有关改进会的重要事项"①。

2. 华北绵羊改进会的设立

在上述要领、要纲的基础上,1940年11月18日,"华北绵羊改进会"在北京正式成立,目的是"进行华北的绵羊改良增殖,以提高羊毛、羊肉产量改善提高农村经济,更主要是为确保大东亚共荣圈内纤维资源的需求"②。在华北政务委员会实业总署的监督指挥下,负责指导华北地区的绵羊改良工作。

华北绵羊改进会本部设在北京南池子官豆腐坊2号。本部设有技术部和总务部,总务部担当一般总务关系之事务,技术部负责绵羊的购进和贷放,绵羊改进牧场业务的监督,绵羊的调查,各省及其他会社团体绵羊事业的指导补助,绵羊生产物的处理以及其他绵羊改良方面的业务。

改进会的事业为:(1)设置改进牧场,进行绵羊的饲养管理改良繁殖以及育成;绵羊的贷放;传授绵羊技术;绵羊生产物的调制及加工;绵羊改良增殖方面必要的试验研究。(2)种绵羊的购进及贷放。即从日本及朝鲜输入考历代和美利奴种绵羊,并在现地收购寒羊和原种优质绵羊,将之贷放给各省及绵羊事业相关团体的

---

① "北支绵羊奖励机关设置要纲" JACAR(アジア歴史資料センター)「昭和15年度以后华北蒙疆绵羊改良增殖対策汇编」,Ref.B06050487400,外務省外交資料館藏。

② JACAR(アジア歴史資料センター)研修所旧藏记录.畜产关系杂件,绵羊之部,「昭和20年度华北绵羊改进会事业计划及预算」,Ref.B06050488600,外務省外交資料館藏。

特殊公司,以资绵羊的改良增殖。(3)培养绵羊技术人员。(4)奖励指导绵羊养殖。(5)进行有关绵羊的各种调查研究。(6)进行有关绵羊知识的普及[①]。

二、华北绵羊改进会活动概要

1.《华北绵羊改进会事业计划要纲》

1941年,兴亚院华北联络部制定了昭和16—26年度(1941—1951年度——作者注)《华北绵羊改进会事业计划要纲》。规定"在适当地点设立支部及绵羊改进牧场"。改良增殖的方法为"通过种绵羊的贷放进行,贷放种绵羊为考历代种、美利奴种、改良种、寒羊种、原种绵羊等。贷放对象为官公立畜产配给机构,与绵羊事业相关的特殊公司(华北交通株式会社)团体(新民会、绵羊组合)。改良增殖从模范农村地区开始。计划从第1年度到第5年度设立六处改进牧场"。关于种绵羊的购进规定:"从第1年度到第11年度,购进考历代、美利奴种公羊59460只,寒羊1700只,在来种24071只,杂种53863只。种母羊第1年度到11年度输入考历代种、美利奴种4500只,寒羊种3000只,在来种93825只"。关于种绵羊的贷放规定:"考历代和美利奴的贷放从第1年到11年平均贷放头数为27397只,第10年贷放头数82061只。种绵羊的贷放

[①] JACAR(アジア歴史資料センター)研修所旧藏记录.畜产关系杂件,绵羊之部「关于昭和18年度东亚绵羊协会助成经费」,Ref.B06050487800,外务省外交资料馆藏。

为无偿贷放,贷放期间为五年。春季从 4 月到 5 月为贷放期,秋季为 8 月中旬到 11 月中旬。贷放时以公母比例 1∶15 或 20 的比例贷放。贷放公羊产生的果实归贷放接受人所有。贷放期间所需饲养管理费用由接受人负担"。种母羊的贷放期间为 5 年,贷放单位以 15—20 头为单位,必须其中配置一头种公羊。贷放种母羊生产的果实由接受人和委托人之间按 2∶1 分配。贷放期间的饲养管理费用由接受人负担"①。此后到 1945 年日本投降,华北绵羊改进会的活动基本上按照这一要纲进行的。

2. 1942 年以后的改良活动措施及事业计划

到 1943 年,华北绵羊改进会在本部之外设立了改进会所属的石门、济南、太原支部以及四处绵羊改进牧场。即 1940 年末设立的北京西郊门头村的西山绵羊改进牧场(河北);1941 年设立的济南市西郊堤口庄济南绵羊改进牧场(山东);1942 年设立的太原市北郊古城村太原绵羊改进牧场(山西);1943 年设立的石门市东郊北定村石门绵羊改进牧场(河北)②。

1943 年 4 月 22 日在北京召开改进会第六次理事会,决定 1943 年改进会的预算和事务事项。为改进华北地区的原种绵羊,决议从日本以及朝鲜购进考历代和美利奴种绵羊,同时收购现地的优良种羊的寒羊、寿阳羊等,对山西、山东、河北各省以及其他团

---

① "华北绵羊改进会事业计划要纲",JACAR(アジア歴史資料センター)「昭和 15 年度以後華北蒙疆綿羊改良増殖対策彙編」,Ref.B06050487400,外務省外交資料館藏。

② "华北绵羊改进会事业概况",JACAR(アジア歴史資料センター)「昭和 15 年度以後華北蒙疆綿羊改良増殖対策彙編」,Ref.B06050487400,外務省外交資料館藏。

体贷放,力求绵羊的改良增殖。同年计划输入纯种绵羊2582只,购进原种绵羊6249只,贷放给各个机关。具体分配及贷放单位为河北、山西、山东省公署;太原铁路局;甲第1811部队;苏淮特别行政区畜产管理总署;军粮城绵羊合作社;山西省合作社联合会;西山绵羊改良组合;西山绵羊改进牧场、济南绵羊改进牧场、太原绵羊改进牧场。总计8811只①。

改进会决定选择重点地区和模范地区,进行绵羊改良增殖的指导。在集中重点进行指导的前提下,改进会与各省商议后将以下地区定为重点地区。

表7-1 绵羊改良重点地区

省别	考历代改良区	寒羊改良区	美利奴改良区	寿阳羊改良区
河北	保定、冀东道②	真定、真勃、顺德、冀南道		
山东	兖州、泰安、青州道	东临、武定、济南、曹州道		
山西	运城、潞安管区		崞县管区、太原管区榆次以东	太原管区榆次以西

资料来源:华北绵羊改进会业务报告书,JACAR「昭和15年度以后华北蒙疆绵羊改良增殖对策汇编」,Ref.B06050487400。

---

① "华北绵羊改进会业务报告书",JACAR(アジア歴史資料センター)「昭和15年度以后华北蒙疆绵羊改良增殖对策汇编」,Ref.B06050487400,外务省外交资料馆藏。

② 国民政府时期,华北地区的地方行政制度在省下设县、市,分别设有县政府、市政府。事变后的临时政府时期,在市、县之间回复了旧制度的"道",在废除县政府、市政府的同时,在省长之下设道尹、县知事、市长,华北政务委员会成立后亦无更变(北支那通信社:《北支·蒙疆年鉴》,1941年,第59—64页)。

在上述重点地区之内,考虑到治安、水质、绵羊状况、地方中心人物以及民众的"积极性",确定各省的模范饲养地区。山东为兖州道峄县店子庄、滋阳县栗园;青州道博山县夏家庄、淄川县三里沟、前来庄、七里店;益都县钟家井,共五县七处。山西省为原平县及汾阳县;河北省为徐水县。在山东模范地区峄县的店子庄、淄川县的三里沟设立两处种公羊圈养场,收容能力各为50只,场内设有药浴场和青贮窖[①]。

改进会在上述模范地区内配置绵羊技术员,贯彻改进会之计划,担任所在地区的绵羊改良增殖事业的指导奖励工作。山东青州道配置三浦信夫技佐为绵羊技术员;兖州道配置小川宪太技佐。山西原平县配置的绵羊技术员为初山贞雄技佐、王庆元雇员;汾阳县为藤井末治技佐、靳文壬技佐。河北徐水县为中尾善之助技佐[②]。

为鼓励绵羊饲养,实行发放绵羊饲养奖励金制度。如1943年,石门地区真定道公署召开第一次寒羊品评会,发放绵羊饲养补助金5000元。此外还发放绵羊药浴补助金,如作为移动式药浴槽设备奖励金,1943年河北省公署拨出1680元、山东省、山西省公署各拨出2000元专项奖励金[③]。

[①] "华北绵羊改进会业务报告书",JACAR(アジア歴史資料センター)「昭和15年度以后华北蒙疆绵羊改良增殖对策汇编」,Ref.B06050487400,外務省外交資料館蔵。

[②] "驻在员的设置",JACAR(アジア歴史資料センター)「昭和15年度以后华北蒙疆绵羊改良增殖对策汇编」,Ref.B06050487400,外務省外交資料館蔵。

[③] "绵羊饲育的指导奖励",JACAR(アジア歴史資料センター)研修所旧藏记录.畜产关系杂件,绵羊之部「关于昭和18年度东亚绵羊协会助成经费」,Ref.B06050487800,外務省外交資料館蔵。

第七章 华北绵羊改进会的绵羊改良活动

通过召开绵羊改良工作座谈会,发行散发印刷品,力图普及绵羊知识。1943年2月24日,在华北绵羊改进会本部召开绵羊座谈会,出席者为各省公署畜产官员及本部职员20余人。会议事项为:关于绵羊改良增殖的目的;绵羊改良适合地区的选定;绵羊收购;羊毛收购斡旋;绵羊技术训练;绵羊实态调查;绵羊知识的普及提高事项。

1943年10月15、16日在太原绵羊改进牧场召开人工授精讲习会。出席者有山西省种畜牧场技术官、改进牧场及支部成员30余人。

1943年改进会发行的有关绵羊的印刷品有:大陆绵羊的改良(华北绵羊刊物第9号)、关于华中的湖羊(华北绵羊刊物第12号)、蒙古的牧业(华北绵羊刊物第13号)、羊肉家常菜(华北绵羊刊物第14号)、绵羊的品种(华北绵羊刊物第15号)、关于华北的绵羊调查(华北绵羊刊物第16号)、关于山西的寿阳羊(华北绵羊刊物第17号)、绵羊的疾病(华北绵羊刊物第18号)等,力图普及绵羊知识。此外还进行宣传标语的制作、发放以及绵羊标本的收集整理①。

在有关绵羊调查研究方面,1943年3月中旬开始利用两周的时间,在河南省的豫北、豫东地区进行有关寒羊的实地调查。10月中旬,在山西省寿阳县进行当地特有的寿阳羊的调查。此外由改进会主持,进行关于绵羊人工授精试验。由日本九州帝国大学

---

① "华北绵羊改进会业务报告书·印刷品的发放",JACAR(アジア歴史資料センター)「昭和15年度以后华北蒙疆绵羊改良增殖对策汇编」,Ref.B06050487400,外務省外交資料館蔵。

农学部与华北绵羊改进会所属的西山绵羊改进牧场之间通过空运进行绵羊的精液交换,实施人工绵羊授精。并在各个绵羊改进牧场内栽培饲料作物①。

表7-2 1943年年末各绵羊改进牧场内饲养绵羊头数

(单位:只)

牧场	考历代	美利奴	改良种	寒羊种	原种	总计
西山牧场	217	14	32	55	45	363
济南牧场	204	2				206
太原牧场	375	74	99	3	20	572
石门牧场	1	1	1			3
总计	797	91	132	58	65	1,044

(资料来源:同表7—1JACAR「昭和15年度以后华北蒙疆绵羊改良增殖对策汇编」)

在培养绵羊技术员方面,1943年8月10日,在太原绵羊改进牧场内开设绵羊技术员养成所,招收10名学员学习。每月授课60小时,进行有关绵羊技术知识以及日语学习,同时学习其他农业知识并进行体育锻炼,力图培养优秀绵羊技术人员。1944年在济南绵羊改进牧场内又设立了济南绵羊技术员养成所②。

改进会1943年事业经费总额3503739元。其中日系人员工

---

① "寿阳羊调查·绵羊人工授精",JACAR(アジア歴史資料センター)研修所旧藏记录.畜产关系杂件,绵羊之部,「关于昭和18年度东亚绵羊协会助成经费」,Ref. B06050487800,外务省外交资料馆藏。

② "绵羊技术员的养成",JACAR(アジア歴史資料センター)研修所旧藏记录.畜产关系杂件,绵羊之部「昭和20年度华北绵羊改进会事业计划及预算」,Ref. B06050488600,外务省外交资料馆藏。

资及绵羊购进费(不包括在来种购进费)601025元由东亚绵羊协会负担①。

表7-3 华北绵羊改进会各年度预算

(单位:元)

年度	华北政务委员会	东亚绵羊协会	合计
1940	396,648	190,000	586,648
1941	500,000	250,000	750,000
1942	930,000	280,000	1,210,000
1943	2,902,714	601,025	3,503,739
1944	3,799,872	670,579	4,470,401
1945	5,179,093	1,209,077	5,826,138

(资料来源:根据JACAR「昭和15年度以后华北蒙疆绵羊改良增殖对策汇编」，Ref.B06050487400内容作成)

由表7-3可知,随着改进会事业的扩大,预算逐年增加,这里有华北地区物价腾贵,通货膨胀的因素,但更主要说明日本为了获取羊毛资源,加大了对华北绵羊改良的力度和步伐。

随着各地改进牧场、支部、绵羊技术员养成所等机构的设立,改进会所属职员亦不断增加。1941年改进会所属职员仅有27人;1942年为73人;1943年80人,1944年达144人②。

改进会1944年曾计划在前年度已设立四所绵羊改进牧场的

---

① JACAR(アジア歴史資料センター)研修所旧藏记录.畜产关系杂件,绵羊之部「关于昭和18年度东亚绵羊协会助成经费」,Ref.B06050487800,外務省外交資料館藏。

② "职员配置表",JACAR(アジア歴史資料センター)「昭和15年度以后华北蒙疆绵羊改良增殖对策汇编」,Ref.B06050487400,外務省外交資料館藏。

基础上，1944年度在适当的地区新设同样规模的改进牧场，但该计划未能实现。鉴于绵羊改进中技术人员缺乏之现状，1944年度在济南改进牧场内增设了与太原同样规模的绵羊技术员养成所。

1944年度从日本内地、朝鲜引进考历代、美利奴种种绵羊3840只（母羊400只，公羊3440只），同时购进现地改良种母羊343只、寒羊种3760只（母羊2702、公羊1040只），将之贷放与相关机构（华北交通、新民会、合作社）。并计划与华北农事试验场及北京大学农学院共同进行有关的绵羊试验及实态调查[1]。

到了1945年，将1943年设立的石门、济南、太原支部分别改为河北、山东、山西支部。将各地原来的绵羊改进牧场和绵羊技术员养成所置于新支部之下，进行绵羊的指导奖励。并对以上各个改进牧场进行整备强化，充实内容。1945年，为加速培养绵羊技术人员，在已经设立了太原、济南绵羊技术员养成所之外，在石门绵羊改进牧场内也设立了绵羊技术员养成所[2]。

1945年，改进会预计从日本、朝鲜购进考历代及美利奴种绵羊2500只（其中母羊500只，公羊2000只），在现地购进改良种55只、寒羊种4700只。附加一定条件，将其分别贷放给公立种畜配给机关以及与绵羊改良事业有关的特殊会社，以资绵羊的改良增殖。并制定了改进会到1951的改良计划，计划到1951年华北

---

[1] "民国33年度华北绵羊改进会事业计划书"，JACAR（アジア歴史資料センター）「昭和15年度以后华北蒙疆绵羊改良增殖对策汇编」，Ref. B06050487400，外務省外交資料館蔵。

[2] JACAR（アジア歴史資料センター）研修所旧藏记录.畜产关系杂件，绵羊之部「昭和20年度华北绵羊改进会事业计划及预算」，Ref. B06050488600，外務省外交資料館蔵。

的绵羊保有头数达 650 万只,年生产羊毛 4670070 公斤[①]。如此洋洋大观之改良计划,随着日本投降、华北伪政权的崩溃而成为泡影,日本在华北地区进行的绵羊改良活动宣告结束。

三、本章小结

日本占领华北地区后,通过伪政府、华北绵羊改进会等,投入大量资金,以增加羊毛产量和改善毛质为目标对原种绵羊进行改良,目的是为其对外侵略战争提供所急需的战略资源羊毛。这充分说明日本在华北地区进行的绵羊改良是迫使该地区的畜牧业服从其战时经济的需要,为其侵略战争服务之实质。

虽然华北绵羊改进会等为绵羊改良做了一些工作,但从改良的过程及规模看,尚属刚刚起步、初步试验阶段,并未推广普及。初期制定的一些改良计划并没有如期实施。此外实施绵羊改良除需资金投入外,尚需较长的周期。不可否认,当时华北绵羊改进会确实在绵羊改良技术以及改良的普及推广等方面做了一定的工作,但该会实际存在只有 4、5 年时间,尚难见实际效益,所以并未看到特别显著的改良成果。

---

① JACAR(アジア歴史資料センター)「昭和 20 年度华北绵羊改进会事业计划及预算」,Ref.B06050488600,外務省外交資料館蔵。

第八章　二战前日本在中国绵羊改良的失败

从20世纪初开始到第二次世界大战结束前,日本曾在我国东北和"蒙疆"、华北等地进行绵羊改良,欲在大陆发展牧羊业,主要目的是为其对外侵略战争提供羊毛资源。

当时日本在伪满洲国、伪蒙疆等地进行绵羊改良,是以增加产毛量,提高毛质为主,目的是获得羊毛资源。即企图将肉、皮兼用型的蒙古原种绵羊改良为毛用型,以便为日本的对外侵略扩张提供急需的羊毛资源。但这与当时草原牧民的生活实际相冲突,故普及工作无法推广。

一、蒙古家畜的生存因缘与当时蒙古人生活的关系

日本在属于伪满洲国和蒙疆的东、西部内蒙古地区进行绵羊改良,试验阶段可以说取得了成功。但普及推广工作却收效甚微。日本在满铁成立之初,就在公主岭农事试验场内计划实施对蒙古在来种绵羊进行改良。伪满洲国成立后,继承了这一事业,曾制定了一系列改良计划。尽管在试验场内改良成果颇有收获,用于改良的品种也随之确定(先为美利奴种,后改为考利代种)。但走出

试验场来到蒙古草原现地,到日本战败前夕的1945年,日本在蒙疆进行绵羊改良6、7年,在我国东北进行绵羊改良也有近30年的历史。虽然日本提倡鼓励,但改良普及推广事业几乎无任何成果。所以日本投降前夕哀叹"绵羊改良近30年,但蒙古草原上见不到改良羊的影子,草原上放牧的依然是蒙古羊"①。

这是由于日本的改良趣旨,即对蒙古种羊进行变种改良与草原牧民的生活相冲突,严重脱离当时草原牧民生活实际,改良只是日本的一厢情愿,自然无法摆脱失败的命运。

1. 蒙古家畜的生存因缘

首先谈谈当时的蒙古在来种绵羊,即蒙古羊。众所周知,当时日本欲进行绵羊改良的东西部内蒙古地区,地处蒙古高原,主要部分为半沙漠和草原。气候以寒冷干燥为特征。包括蒙古羊在内的蒙古家畜(蒙古马、牛、骆驼)放牧在这高原性草原上,蒙古家畜是在蒙古高原寒冷干燥环境的锻炼过程中,经过自然淘汰发展而来的。这通过蒙古家畜的性质即可知。以蒙古在来种绵羊为例,其脂肪丰富,尤其羊尾部积蓄大量脂肪,以抗冬季严寒和饲草不足。其他家畜亦有相同特性,如骆驼为双峰驼,双峰内充满脂肪,是严寒冬季以及饲料不足时补充精力的源泉。骆驼被称为沙漠之舟,具有忍耐沙漠干燥无水环境之特性。蒙古高原的其他家畜,如羊、马、牛等,耐渴性虽然不及骆驼,但忍耐饥渴的能力也非常强。由

---

① 米内山庸夫:"蒙古家畜改良论",财团法人善邻协会蒙古研究所编:《蒙古》通卷147号,1944年9月号,财团法人善邻协会,第13页。

此可知，蒙古的家畜都具有耐饥渴性能。这些特性是为了维持其在蒙古高原的生存，经过自然淘汰发展而来的，如果使蒙古的家畜失去这些性能，其结果在蒙古高原即无法生存。

所以，蒙古的家畜改良，不能使蒙古家畜失去这些优良特征。而是因该充分日益发挥利用这些特征，这是蒙古家畜改良中心所在。而日本欲进行的绵羊变种改良，只为获取羊毛。所谓培育成功的改良种羊，首先应该质疑的是是否具备这些优良品质。

当时蒙古原种羊与澳洲的美利奴种羊、新西兰考历代种羊相比，产毛量少且毛质欠佳。但由于体内脂肪多，肉味鲜美，这一点上澳洲羊与之无法相比。这是蒙古羊作为肉用种为当时蒙古人喜食的原因所在。并且，蒙古羊体内多脂肪，这首先是为了羊自身的生存，而不单是为了蒙古人的食用。因此，失去作为肉种羊的特性，当时不仅影响蒙古人的生活，羊自身的生存也成了问题。

由此可知，蒙古家畜的性能以及其特征，都是为适应蒙古高原的生存发展而来的。即使在某些方面存在退化之处，那应该是家畜自身不需要的方面。全面来讲还是沿着适地进化之路发展而来的。即蒙古的家畜，想要顺应蒙古的自然环境生存下去，就不能对其特性轻率改变。要想对其改变，在饲养方面必须投入大量的人力和物力。即若要变当时完全依赖自然生存的蒙古家畜的生活方式，必须像在改良试验场那样，或者在某种程度上人为地改变饲养方法。但这一点，在当时的蒙古草原难以做到。

2. 家畜与当时蒙古人生活的关系

从蒙古的家畜与当时蒙古人生活的关系看，不言而喻，蒙古的家畜主要由蒙古人饲养。谈及家畜改良，也正是因为有家畜才改良，如果家畜不存在，一切都是空谈。蒙古家畜的存在是因为有蒙古草原，才能从最初维持现状到追求盛大。不可想象假设失去草原来看蒙古人的生活以及家畜的状况。所以如果企盼蒙古家畜的繁盛，维持蒙古人的草原生活非常必要，而蒙古人的草原生活又完全依赖家畜。即当时蒙古人依赖家畜生活，家畜由于蒙古人的存在而存在。不确保蒙古人的草原生活，无法想象蒙古家畜的存在。如果蒙古家畜不存在的话，最终还谈何改良。所以蒙古家畜与蒙古人生活之关系作为重要问题异常凸显。也就是说蒙古人依赖家畜而生存，家畜依存于草原，而草原又通过蒙古人来维持。即当时蒙古人、家畜、草原之间为三位一体之关系。

当时蒙古人的生活根据家畜的特征决定其分工不同。羊、马、牛、骆驼四畜各有其岗位职责，不能随便滥用。即羊是供食用及防寒用的资料供给源，马专供乘用，牛用来供牵引用，骆驼供驮载或牵引用。四畜在使用用途上极其严格遵守，不能随便混淆。当时蒙古人的草原生活需要这样，并且蒙古的家畜也是适应这一点发展而来的。是不可轻易改变的现实，如对其改变，结果会招致蒙古人生产生活的破产。即蒙古羊有作为蒙古人食用以及防寒材料的供给源的意义，所以蒙古羊属于肉用种和皮毛用种，正是其为肉用种和皮毛用种，才有在蒙古生存的意义。对蒙古种羊改良，如果在用途变更的趣旨下进行的话，那自然会和当时蒙古人的生活发生正面冲突。与蒙古人的生活发生冲突，而又要对蒙古人饲养绵羊进行改良，这岂不是自相矛盾！

下面进一步说明蒙古羊与当时蒙古人生活的关系。如前所述,蒙古羊在分类上属于肉用种兼毛皮用种,因其体内脂肪丰富所以肉味极佳。并且毛长适中轻柔,毛层并不过厚,最适用于制作防寒皮衣。但另一方面,绒毛少,粗毛、死毛等杂毛多,毛质不纯不适合用做高级毛纺材料。所以蒙古羊适宜食用和制作防寒服装,但充作高级毛纺材料时,不免被列为劣等种。总之,羊种的优劣,是根据用途不同来决定的,没有绝对的优与劣。当时日本的绵羊专家经常讲蒙古羊为劣等羊种。但那是与澳洲的美利奴毛用种羊等比较而言得出的结论。作为肉用种、皮毛用种,并不能简单地断言蒙古羊属于劣等种。进一步讲,如果从蒙古人将绵羊作为食用以及毛皮用的角度来看,或许肉味不佳又不适宜作皮毛衣料的美利奴种羊反而成了劣等种。因为牧民是从自己的生活实际出发来判断家畜价值的。

生活在蒙古高原,抵御寒冷是重要内容之一。人类首先是抵御寒冷之后才能开始一切生产生活。因此,为抵御寒冷,第一需要摄取高热量的食物,第二需要有防寒用的衣类。当时,为蒙古人供给这两点的恰是蒙古羊。即蒙古人吃羊肉、饮羊乳、着其皮毛,还有,用羊毛制造防寒防湿用的毛毡以及地毯,用羊粪作燃料。

蒙古羊肉脂肪丰富味道鲜美,并且热量高,作为保温食料效果非同一般。蒙古人非常相信这一点,吃羊肉抗寒对蒙古人来讲成了一种宗教信念。蒙古羊是蒙古人保温及肉食的主要供给源之一。当时的蒙古人离不开羊肉,可以说就如同日本人离不开大米一样。嗜好习惯之外,在某种意义上讲,生活在蒙古高原食用羊肉也是持续生存的必要条件之一。

在蒙古高原生活需要防寒用皮衣是一般常识。零下 20 度左右没有皮衣还可以忍耐,但零下20度以下如果没有皮衣恐怕就难抵其寒了。此时抵御如此严寒必需之物不是毛织物,而是皮衣。毛织物即使是驼毛或高级羊毛的制成品,无论编织得多么厚密,如果气温达到零下20度以下,寒气会透过毛织物的空隙向你袭来。所以非皮衣不能抵挡蒙古高原的严寒,而提供皮衣材料的也正是蒙古羊。

蒙古羊之羊皮,毛轻质柔并且毛层适中,最适用作皮毛外套的里子。蒙古人用它做皮袄、皮帽子、皮手套等。当时冬季草原蒙古人的服饰,说全部由羊毛和羊皮做成也不言过其实。还有,蒙古高原冬季漫长,以日本的标准来看,一年几乎有近9个月相当于冬季。而作为冬季服装材料的主要是羊毛羊皮。并且,蒙古高原即使是夏季,由于昼夜温差大,也常常是皮衣不离手,以备夜间的寒冷。也就是说,皮衣对当时的蒙古人来讲,几乎是一年中绝对需要的必备主要衣类。皮衣的供给材料自然是来自蒙古羊。当时,成羊的羊皮作为一般的衣料,羔羊以及胎羊羊皮用作高级皮衣的衣料。并且羊皮不仅蒙古人使用,还向华北以及东北输出。尤其是高级羊皮,不仅输出到东北和华北,甚至输出到华中和华南。即蒙古羊皮除蒙古人自身需要外,作为对东北以及内地的贸易品也具有重要价值。蒙古人出售羊皮换取棉布以及粮食等农产品和其他生活必需品。

此外,从居住方面看,当时蒙古牧民由于逐水草游牧,经常移动搬家;并且草原缺乏树木,所以其住居为蒙古包。搭建蒙古包的主要材料之一是毛毡,即蒙古包四周的墙壁是用蒙古羊羊毛压缩后制成的毛毡围成,制作毛毡的原料羊毛来源于蒙古羊。并且制造毛毡用的羊毛,粗支的与细支的相比,无论从保暖性还是从外观看,原种蒙古羊所产粗支羊毛更适用。如上所述,当时蒙古人吃羊肉、穿用皮毛,住在用毛毡作墙壁的蒙古包内。这些都是蒙古草原生活绝对必要的,而提供这一切的是蒙古羊,因为蒙古羊同时具备这三种主要功能。

二、日本的绵羊改良严重脱离当时草原牧民生活实际

当时,日本为解决急需重要战略资源羊毛的供给问题,在家畜改良方面最为优先考虑并且真正付诸实施的是绵羊改良[①]。即以改变羊种为目的进行改良。如前所述,蒙古羊从用途上看,其品种属于肉用兼皮毛用种,所以其肉易于食用,其皮毛适合作衣料。但毛质粗杂,作为毛纺材料欠佳。特别不适合作呢绒毛料等纺织材料。因此,日本主要从这一点出发考虑改良。于是在由蒙古羊提供高级毛织用羊毛这一目的下,开始推进如前所述日本在伪满洲国、伪蒙疆的绵羊改良计划。即在这些地区欲将本来为肉用兼皮毛用种的蒙古绵羊,使之向纯毛用种变种的目的下实施改良。

1. 改良在试验阶段的成功

日本进行有关蒙古羊的改良试验,最早在公主岭满铁农事试

---

① 当时日本还制订了马改良计划,如伪蒙疆政权1942年制订马产计划,并于第二年开始实施,计划实施中日本投降,故无成果可言。

验场内进行。该场当初用澳洲美利奴种羊与蒙古羊交配,由此培育出与美利奴羊近似的品种,即改良种羊培育成功。但培育出来的改良种羊,与美利奴种同样属于毛用专用种,其肉不堪食用;并且由于羊毛过长且毛层过于密、厚,其羊皮也不适合制作皮衣。日本发现这与蒙古人的草原生活相冲突,于是作为第二阶段的改良计划,开始用新西兰产毛肉兼用种的考历代种羊与蒙古羊交配。通过考历代种改良而来的改良种羊,毛质得到提高,产毛量也增加了[①]。日本并称其肉也适合食用。由此得出蒙古绵羊是可以改良的结论。于是改良种羊走出试验场,开始在现地普及推广。从1930年代中期到1940年代初,在伪满洲国开始正式推行该改良计划,先在各地的种羊场内实施,然后欲全面普及推广。卢沟桥事变后,在伪蒙疆地区也实施改良。如此看来,蒙古羊变种改良计划,在试验上可以说取得了成功。但实际上是否真正取得了成功,能否普及推广,对此有必要进行严格的检讨。

根据日本1938年制定的《羊毛生产力扩充要纲计划》,到1946年,伪满洲国要达到拥有520万只改良羊,年产700万公斤改良羊毛的目标;伪蒙疆要达到拥有200万只改良羊,年产500万公斤改良羊毛的目标[②]。然而到1945年年初,当时东西部内蒙古草原上放牧的仍然是蒙古羊,全然见不到改良羊的踪影。即蒙古羊改良计划,虽然在试验场内取得了成功,但在普及推广方面属于

[①] 如本文前述,蒙古原种羊平均每只产毛量约1公斤左右,改良后的第一代杂交种羊平均产毛2公斤,第二代杂交种平均产毛约2.9公斤。

[②] JACAR(アジア歴史資料センター)Ref. B05016226700,「羊毛生産力拡充大綱計画」,外務省外交資料館蔵。

失败。即家畜改良,试验场的成功并不等于现地实践的成功。

　　试验场的绵羊改良,是在试验者周到细致的管理下进行的。而草原现地是否有这样周到细致的照顾是首要问题。即试验场拥有饲育家畜的一切必要设备。然而,现地草原并不具备这些。而且草原上的风土气候可能与试验场的环境存在很大差异。并且家畜的饲养者是与改良计划的制订者立场截然不同的蒙古人。于是第二个问题接踵而来,即家畜改良的结果带给当地人生活的影响问题。在这一点上,蒙古人均持消极态度。所以改良试验场与现地之间存在着对改良迥然不同的状态。由此可知,试验场的改良成果,在现地未必能够如实进行普及推广。家畜是活物,其饲养者为人类,家畜改良,是以活物和人为对象进行的。所以说试验场的成功,并不能等于现地实践的成功。

　　蒙古羊通过与美利奴种交配得到的改良品种,试验方面虽然取得了成功,但由于与蒙古人的生活正面冲突,普及方面难以进行。意识到这一点后,日本的绵羊改良计划者从考虑蒙古人生活的角度出发,制订了第二阶段的改良方案。即通过毛肉兼用考历代种与蒙古羊交配进行改良的方案。该改良方案在试验场取得的成绩另当别论,普及推广方面与美利奴种同样,也是毫无成果,原因何在? 因为日本实施的绵羊改良严重脱离当时草原牧民生活实际。

2. 改良严重脱离当时草原牧民生活实际

　　第二阶段通过考历代对蒙古羊改良,培育出的改良羊在毛质和产毛量方面虽然不及美利奴种改良羊,如前所述但在改良变质方面还是很显著。并且改良者称改良后的羊肉可以与蒙古原种羊肉媲美,由此可以照顾蒙古人的生活习惯。前述满铁公主岭试验场为解决皮毛问题,曾经从德国进口剪毛机,由此对改良种通过剪毛欲得到适合做衣料的皮毛[①]。由此看来,通过考历代种羊与蒙古羊的交配,毛质以及产毛量得以提高增加,日本的目的达到;并且肉亦可食用,通过机器剪毛还能得到皮毛,似乎完全可以协调蒙古人当时的生活。

但事实上蒙古人对以上两点并不认可。这从考历代改良计划推广普及活动在蒙古草原无任何举动就可以明白。这说明第二阶段的计划仍然有和蒙古人生活脱节的地方。关于这一点,有必要从改良后改良种的体质、肉的品质、皮毛三点来说明。

首先是改良羊的体质问题。澳洲产美利奴种羊原产于西班牙,在气候温暖的澳洲放牧;考历代种是美利奴种与长毛种的杂交种,在新西兰培育成功,那里的气候环境和澳洲无大差别。即美利奴种、考历代种都生长在温暖地带,并且有躲避风霜雨雪的畜舍,是在周到的管理环境下育成的。蒙古高原与澳洲相比,可谓酷寒干燥之地,并且当时蒙古草原的家畜即使在严寒的冬季,大部分亦无畜舍。也就是说蒙古草原的家畜包括绵羊在内必须在严寒中依靠自身的力量生存下去。美利奴、考历代改良种如何适应这严酷环境?即使能够忍受严寒之苦,从苦难中挣脱出来,这样经过几代,根据自然淘汰原则,可能会重新返回蒙古在来种原来的状态。

[①] 米内山庸夫:"蒙古家畜改良论",财团法人善邻协会蒙古研究所编《蒙古》,1944年9月号,第14页。

所以当时蒙古人认为改良种最终一定无法承受蒙古高原的苦难，饲养这种羊危险性大，故不敢或不愿饲养。

蒙疆由于日本占领时间较短，处于试验改良阶段。1941年后在试验的同时企图开始普及推广工作。即将从日本或朝鲜输入的考历代种羊先安置在种羊场，然后贷放给农牧民。但当时蒙疆，即西部内蒙古的蒙古人同样不愿饲养毛用种绵羊，这同样是因为毛用种绵羊不适应当地的自然环境。毛用种或毛肉兼用种绵羊，由于是外来种，对蒙古草原风土气候的抵抗力较弱且容易患病，饲育麻烦。尤其是在气候条件良好的日本实行集约式舍饲、被称为"温室绵羊"的这些输入绵羊，一旦到了气候恶劣的蒙古草原，于是因饥渴和寒冷日见憔悴，饲养这种绵羊对牧民来讲是一种危险。如前所述，改良试验及推广工作主要在京包线沿线及半农半牧的察哈尔盟地区进行。

其次是改良羊羊肉的品质问题。绵羊改良要照顾蒙古人的生活，应该解决的第一个问题是改良后羊肉的品质。如本章屡屡所言，蒙古羊作为食肉品质优良，这是蒙古人生活的绝对重要。毛肉兼用的考历代种与蒙古种交配而来的改良种，日本绵羊改良者称其肉味美，足可以供食用。由此可以照顾蒙古人的生活习惯。虽然日本改良者说改良羊肉好吃，但牧民并不买账，并未引起蒙古人的共鸣，蒙古人依然执着地热爱蒙古羊肉。这说明改良羊肉用当时蒙古式常用料理方法烹调时，依然无法与蒙古在来种羊肉的美味相媲美。

正宗蒙古式羊肉吃法与一般中华烹调不同，并不讲究煎炒烹炸，只是短时间将带骨羊肉水煮而食，而且不使用名目繁多的调味料。一般人最初难以恭维其美味。但习惯后才能体会到其吃法的奥妙和食理。对于当时的草原牧民来讲,草原、家畜、盐以外,也不易得到其他调味料。即使你百般劝说其使用各种调味料,牧民们依然吃的是水煮手把肉,这才是当时草原蒙古人饮食的一般规律。关键是蒙古羊最适合这种做法和吃法。可以说蒙古羊正是在适应这种吃法的基础上发达而来的。将改良羊肉无论做成什么美味佳肴,蒙古人也不会放弃蒙古羊和自己的传统吃法。

那么改良种的肉究竟如何?据说公主岭农事试验场为了宣传改良种羊肉的美味,曾经举办羊肉品尝会。品尝会是在奉天(今沈阳)的饭店内举行,按照中华料理的做法将羊肉做成各种菜肴,参加品尝会的人都大赞其美味[1]。这种品尝会本身就和蒙古人的草原生活不接轨,太脱离蒙古人当时的生活实际。

众所周知,中华料理最大的特长就是将无味的东西使之有滋有味。再无味干燥的东西,经过厨师之手,都会变成美味佳肴。所谓料理就是将不好吃的变为好吃。越是无味道的东西将其做成顾客喜欢的口味是中华料理的高明之处。所以,无论是美利奴种羊肉,还是考历代种羊肉,只要经过中国厨师之手,没有不好吃之理,都会变成珍馐美味。所以所有参加品尝会的人自然都会赞其美味,但我想那不是在赞美改良羊肉,而是在夸奖厨师手艺。所以说改良种羊肉未必像日本改良者所宣传的那样,可以取代蒙古在来种羊肉之美味。

---

[1] 米内山庸夫:"蒙古家畜改良论",财团法人善邻协会蒙古研究所编《蒙古》,1944年9月号,第16页。

第三是改良种的皮毛问题。如前所述,蒙古羊皮的优点在于其轻柔。所以作为防寒服的内衬或者外表都适用。用蒙古羊皮做成的防寒衣是蒙古人必备之物。用蒙古羊毛制成的毛毡,既用来作蒙古包的屋顶围墙,也用作铺敷之物,是蒙古包生活不可缺欠之物。改良种能否提供满足如此需要之皮毛?这与肉同样,也是当时蒙古人非常重视之处。改良种是为了欲获得优良羊毛培育而成,绵羊的羊毛越适合毛纺用,羊皮质量越低劣。因为作为毛用种的优良绵羊,必须是绒毛多、长毛少并且毛量丰富。所以其毛层厚且重,不适合作防寒服的内衬或外表。以改善毛质为目标之一的改良种,越是毛质优良,越难以得到优良的羊皮。并且作为失去了肉用种性质的改良毛用种羊,当作肉用羊被宰杀的几率自然减少,其结果,在食肉机会减少的同时,羊皮的生产也会减少。羊皮劣化和生产量减少,这对当时蒙古人的生活至关重要。

如前所述,满铁公主岭农事试验场内为解决毛皮问题,曾从德国进口剪毛机对改良羊皮进行剪毛。即把改良羊羊皮的羊毛剪短、剪薄,欲以此代替天然蒙古羊皮。但我想剪毛是极其复杂而且需要高超的技术,非一般普通牧民能为之。并且机器购置以及供给机器的能源在当时也是未解决的问题。所以在当时购置及使用如此精巧昂贵的机器,对生活在草原的牧民来讲,简直是天方夜谭。并且,假设即使剪毛成功,也不会得到与蒙古天然羊皮相同质量的东西,如此幼稚单纯的想法及做法,更说明日本的改良严重脱离草原生活实际。

总之,如上所述,蒙古在来种羊肉和皮毛性质优良,改良种失去了这些优点,只是羊毛性质优良。而且蒙古羊的肉和皮毛,与草原上蒙古人的生活有着绝对不可分离的关系,优良羊毛输出与蒙古人生活的关系是间接的。并且当时蒙古草原的社会状况,尚未达到必须通过羊毛贸易保持发展生活的经济阶段。所以,当时进行的欲改变蒙古羊品种的改良,除招致草原牧民生活破产以外别无他物。对日本而言,牧民的生活破产,家畜改良何存?这是不问自明的道理,对蒙古人来说更是生死攸关的现实问题。所以蒙古人对绵羊改良问题极为敏感且抱消极态度。

如果说日本在蒙疆的绵羊改良工作比伪满洲国起步晚,实施绵羊改良除需要资金投入外,还需较长的周期,短期间内难见效益。的确,日本在蒙疆实际进行绵羊改良只有6、7年时间,属于初步试验阶段,难以推广普及。但其在伪满洲国的改良活动到日本投降前夕,从发案到实施已有30余年,最终在普及推广方面几乎也是一事无成。其根本原因就在于日本的绵羊变种改良严重脱离当时的蒙古实际民情,所以不可能在普及推广方面取得成果。

三、本章小结

日本入侵以前,东西内蒙古地区饲养绵羊主要以生产羊肉、羊皮为主。日本占领这些地域后,打着提高民生、复兴蒙古的幌子,进行绵羊改良。企图将肉、皮兼用型的蒙古原种绵羊改良为毛用型,目的是为其对外侵略战争提供所急需的战略资源羊毛。但"复兴蒙古"的口号与绵羊改良之目的却南辕北辙,改良与草原蒙古人当时的生活实际严重脱节,只是日本的一厢情愿。这充分说明日本在东西部内蒙古地区进行的绵羊改良是迫使这些地区的畜牧业服从其战时经济的需要,为其侵略战争服务之实质。

　　改良后期,日本自认为为了解决牧民生活的种种不适宜性,选择了毛肉兼用的考历代种来改良蒙古原种羊,在增加产毛量及改善毛质方面虽然取得了一定的进展,但是居住在草原深处的蒙古人依然存不喜欢这种杂交种绵羊。如当时参与蒙疆绵羊改良的日本人曾有这样的记载:改良后的杂交种绵羊、毛的产量和质量确实提高了,但羊皮的质量和肉的质量却大大下降。改良羊没了原来的大羊尾,蒙古人非常讨厌之。改良者将这些杂交种绵羊免费赠送给附近的蒙古人,人们并不乐意接受[①]。而且不仅蒙古一般牧民对改良消极抵制,甚至伪政府高层官员亦有反对之声。如"某次日本绵羊专家与蒙古政府的要人会见时、建议蒙古绵羊的毛质改良是当务之急。当时蒙古要人反问道:你们日本人为了获得优质稻草也进行稻种改良吗"[②]。这是日本不了解当时草原蒙古人的衣食住与原种蒙古绵羊的密切关系,严重脱离实际,是对日本为了获得羊毛战略资源,只重视毛质改良的畜产指导的绝妙讽刺!

[①] [日]善邻协会编:《善邻协会史—在内蒙古的文化活动》,日本蒙古协会,1971年,第186页。

[②] [日]骆驼会编:《回忆内蒙古—内蒙古回忆录》,骆驼会本部,1975年,第137—138页。

第九章 日系蒙疆羊毛同业会在羊毛流通领域的统制

卢沟桥事变前,蒙疆地域拥有绵羊、山羊的数量约为绵羊400万只,山羊90万只。事变前从蒙疆输出的羊毛、驼毛每年约为3500万斤,由于推定在集散地内现地消费为200万斤,所以每年的产量为应该是3700万斤①。

集中到当地的羊毛,由两部分构成。一部分是通过西北贸易,主要由回族从业者从宁夏、甘肃、青海、新疆等地通过骆队以及舟筏,运到包头和归绥(事变后称厚和豪特)等中继市场的交易机构毛栈、毛店。年平均上市量约2400万斤。另一部分是蒙疆自产,由出拨子、擀毡子的、毛贩子等从产地收购的本地自产羊毛,产出量大约是1300万斤②。汇集到蒙疆地域的这些羊毛,除200万斤供本地消费以及约40—50万斤经多伦、贝子庙等地向我国东北地区输出外③,汇集包头、归绥、大同、张家口等集散地上市的羊毛,大部分运往天津,在外商设立的打包工厂,经过选别、打包,经英、美、德等国商人之手,输往美国、德国、英国等国,向日本出口的份

---

① 《蒙疆政权管内羊毛资源调查报告》,第5—6页。
② 同上书,第6页。
③ 《蒙疆畜产资源调查报告书》,第62页。

额很少①。如1935年,从天津港输出的羊毛,占输出额95%的14506029公斤出口美国,向日本的输出量仅为10590公斤②。这之前日本对蒙疆羊毛的认识极其有限,除极少的一部分输入外,主要是输入澳毛。但以卢沟桥事变为契机,蒙疆羊毛也处于日本占领当局的统制下。从整备战时经济体制的角度;还有澳毛、南美羊毛、南亚羊毛的输入限制;实施外汇管理等方面,日本开始对蒙疆以及中国西北产羊毛和皮革的重视程度越来越高③。

作为蒙疆统制经济政策的重要一环,为进行羊毛统制,日本占领当局占领蒙疆之初,设立了"蒙疆羊毛同业会"。目的是确保蒙疆的羊毛资源;实行一元化的收购输出政策;"振兴"西北贸易;还要"完成边境民族大团结的政治经济使命"。

一、事变前羊毛收购机关、收购习惯以及收购形态

卢沟桥事变前蒙疆地域的羊毛交易,存在各种复杂机构。以下按照羊毛交易机构以生产市场、中继市场、消费市场三个阶段为顺序,加以说明。

1. 生产地市场的羊毛交易

生产地或生产地市场的羊毛交易,主要由出拨子、擀毡子的、

---

① 《蒙疆经济地理》,第174页。
② [日]满蒙毛织株式会社原料调查班:《满蒙及北支羊毛以及皮毛资源事情》,1936年,第55页。
③ [日]蒙疆羊毛同业会编:《蒙疆羊毛事情》,1938年,第17页。

毛贩子等进行。

出拨子 出拨子的本意,是具有独特的组织,其中有通晓蒙古语、蒙古事情风俗习惯等的店员,组成驼队,携带蒙古人必要的日用品如各种谷类、烟草、火柴、砂糖、针线、茶、棉布类等,进入草原深处的蒙古族居民点交易。或利用庙会,与牧民进行物物交换,用上述物品换取牧民的羊毛等畜产品。然后将这些畜产品运到中继市场,卖给毛贩子、毛栈(也称毛店、毛皮店、毛皮庄)。这些被称作"行庄"。与此相对,比"出拨子"的行庄更发达,采取静的形态,由王公特许在蒙古生产地市场的王府所在地开设店铺,称为"坐庄",其交易机能与"行庄"差异不大。资本方面,既有拥有自己资本独立的出拨子,也有中继市场的毛店的派出机构,它们都是适应草原深处特点的交易机构,确实存在着对蒙古人严重剥削的缺点,但常年积累的经验和构筑的地盘是非常巩固的①。

擀毡子的 即深入到草原制作蒙古牧民生活中必不可缺的日常用品"毡子"(可用作蒙古包的墙壁,或作铺敷物)的人。他们携带制作工具来到草原,根据牧民的要求,从事剪毛以及毡子制作,牧民以羊毛作为付给他们的工资。如牧民提供100只绵羊的羊毛(约150斤)时,一块毡子的重量约15、16斤(宽4尺、长8尺),大概擀制6块毡子需要羊毛100斤,剩下的50斤作为报酬归擀毡人所有。擀毡子的每年4月入蒙,9月左右沿着铁路线返回出发地。半年左右收集到的羊毛,一组人员6、7人的话,大概8000斤乃至

---

① 《大东亚共荣圈纤维资源概观》(第一部 羊毛资源·第三辑 支那之部),第102页。

10000斤[①],他们将这些羊毛卖给中继市场的毛栈等。

毛贩子 所谓毛贩子就是深入蒙古草原深处,以羊毛买卖为职业的人。他们与蒙古人签订羊毛买卖契约。作为定金,交付若干的现金或者票据,让蒙古人将羊毛在一定的时间内运到指定的市场。交接羊毛后,大部分情况下是交付给相当于其价格的各种杂货结清当年的关系。也有的时候,支付现金,或者保留一部分支付,第二年交易时再结算。也可以根据蒙古牧民的希望,以高价赊购一些杂货,在以后的交易时再联络结算[②]。在当时的蒙古草原,毛贩子的势力相当大。

2. 中继市场的羊毛交易

中继市场的羊毛交易机构,有毛栈(也称毛店、毛皮栈、皮毛店、皮毛庄)、外庄、经纪、跑街的、杂货铺等。

毛栈是在中继市场的包头、归绥等地设有店铺,并且兼营旅馆、仓库业,拥有多间仓库和客房的商业机构。他们从出拨子、擀毡子的、毛贩子以及羊毛生产者等手中收购羊毛,然后倒手转卖。或者充当买家与卖家之间的中介,收取手续费[③]。此外,以羊毛做担保,还进行金融斡旋。毛栈进行买卖的中介活动,当没有适当的收购人时,对卖主进行金融斡旋。即以羊毛做担保,按照当时的价格进行评价,一般付给羊毛价格的70%,委托毛店将担保的羊毛

---

① 《满蒙及北支羊毛以及皮毛资源事情》,第28页。
② 《蒙疆畜产资源调查报告书》,第96页。
③ 包头和归绥两市场毛栈的手续费(1934年9月调查),毛和皮都是从卖方和买方各收取交易额的2%(《满蒙及北支羊毛以及皮毛资源事情》,第29—30页)。

卖掉。而毛栈选择适当的时机将担保的羊毛卖掉,待委托者下次来毛栈时再结算。这些毛栈和银行以及其他的金融业者都有金融业务关系。特别是后者,超过10000元金额的融资例子并不少见①。并且直接将店员作为毛贩子派遣到收购地的情况也不鲜见,其活动范围相当广泛。皮毛庄、皮毛店基本与毛栈同样,只不过是规模稍小而已。

所谓外庄,是天津买办等在蒙古草原地方的办事处。根据本店的指示进行羊毛类的收购活动,担任与本店的联络任务。

所谓经纪,即纯粹的中介商人,具有羊毛以及市场状况的专业知识,一般没有店铺,寄生于毛栈,进行中继市场的交易中继,挣取手续费,是市场交易中不可缺少的存在。

杂货铺又称歇家,在地方的集散地开设店铺,除向草地派遣出拨子外,直接将羊毛生产者和其他畜产物资生产者招致店内,受托为其贩卖物资,或用日用杂货与其进行交换②。

这样中继市场的交易,几乎全是现金交易。毛栈等将羊毛卖给外庄,或者通过向消费市场派遣的外客进行交易,占交易的大部分。

当时,包头是京包铁路的终点站,是所谓西北贸易的据点,通过黄河水运连接宁夏、甘肃、青海等羊毛产地,是中国第一大羊毛中继市场。据称以前集中到天津的羊毛,约6—7成是通过包头集散的③。卢沟桥事变后,由于黄河水运断绝,羊毛集散遭受重大打

---

① 《蒙疆畜产资源调查报告书》,第80页。
② 同上书,第96页。
③ 《蒙疆经济地理》,第175页。

击。当地的毛店主要有以下 20 余家。

表 9-1　包头的主要毛店①

毛店名	经理姓名	资本总额(元)	年营业总额(元)	开业年
广恒西	董世昌	10,000	950,000	光绪 19 年
广丰厚	郑海渊	6,000	52,198	民国 12 年
德丰祥	刘继量	2,000	50,000	民国 25 年
德生厚	乔如高	5,500	94,414	民国 13 年
义同厚	张汝猷	4,284	26,159	光绪 24 年
天成恒	郭树泽	8,500	545,000	民国 4 年
通顺昌	乔述圣	5,000	155,391	民国 16 年
天义长	刘廷会	5,500	237,506	民国 13 年
广生厚	李世华	9,000	251,500	民国 25 年
仁和祥	郑相国	8,000	144,110	民国 25 年
双义厚	郝　锐	—	355,000	民国 26 年
广丰裕	崔全义	8,000	202,000	民国 23 年
广丰源	冯　理	1,450	40,114	民国 26 年

3. 消费市场的羊毛交易

卢沟桥事变前，西北、蒙疆羊毛的最终消费市场是天津，并由此输往海外。而天津消费市场主要的交易机构及商人是货栈、外客、买办等，这些商人的交易客体是输出商以及一部分企业主。而且交易不是公开进行，而是分别个别交易，于是所谓"跑合儿"这一

---

① ［日］西北研究所：《西北丛书第一号　包头概况》，1939 年，第 31—32 页。

中介成为不可缺少的存在。输出商中外国商人主要通过买办进行交易。

货栈是经营羊毛以及其他物资的批发商,并兼营旅馆业乃至金融中介业务的机关。从草原来的商人,一般投宿在货栈中进行交易。货栈一般让外客住宿于此,并提供三餐。进行对外客带来货物的纳税、仓库搬运的手续、以保有货物为担保进行贷款(年利为15%—20%)的中介等业务。卢沟桥事变前,天津有大义栈、美丰东栈、五会栈为主的12家货栈[1]。

外客是中继市场的毛栈等批发商向天津派出的派出人员,作为草原批发商的触角,经常注意市场状况,向本店逐一报告并联络,并调查交易对象的信用状况,是交易、交易结算等交易上的中枢机构[2]。

买办是外国商社由于语言以及对复杂的商业习惯、度量衡还有信用状况不了解,不能亲自单独进行交易,为避免风险以及不便,将认为可信用的中国人作为自己的专属商人,由其代理从收购到输出的一切业务。买办附属于外国商社,外国商会为了取得必要的资金以及许可证,购入的羊毛,必须交给买办所述的外国商会,于是这些买办以外商为背景,势力逐渐增大[3]。

跑合儿是以羊毛所有者为买方介绍为业的人。即跑合儿造访外客或货栈毛庄,从外客获得所买羊毛的价格以及样品后,提供给

---

[1] 《大东亚共荣圈纤维资源概观》(第一部 羊毛资源·第三辑 支那之部),第104页。

[2] 同上书,第104页。

[3] 同上。

羊毛商，商定价格。天津的外商和输出商之间的交易，就必须经过跑合儿之手。跑合儿获得的手续费为一分，这必须由买方支付[①]。

天津的羊毛购入者分为两类。一类是毛纺工厂；另一类是进行羊毛输出的外国商会或华系商会。属于第一类的主要有海京毛织厂、仁立毛呢纺织厂、东亚毛呢纺织公司等。属于第二类很多，根据其重要性，如表9-2所示。

表9-2 天津的主要羊毛输出商

商会名	所在地	商会名	所在地
德隆	领事路73	聚立	海大道118
仁记	维多利亚路43	禅臣	大沽路63
新泰兴	维多利亚路72	三井	山口路1
平和	大沽路50	隆茂	大沽路 136-1
美丰	大法国路36	高林	领事路75
礼和	波哥基洛夫路		

（资料来源：金建寅著，若林友康译：《东亚的羊毛》。生活社，1939年，第201页）

由蒙疆羊毛同业会进行的有关羊毛的流通统制，由于其自身力量有限，没能对羊毛的生产市场进行统制，只是通过对中继市场加以统制，力图实现对以前的消费市场进行控制，来夺取外商的贸易权。

卢沟桥事变前，蒙疆的羊毛流通的生产市场、中继市场、消费市场的羊毛交易机构，如图所示。

[①] ［日］金建寅著，若林友康译：《东亚的羊毛》，生活社，1939年，第189页。

第九章 日系蒙疆羊毛同业会在羊毛流通领域的统制

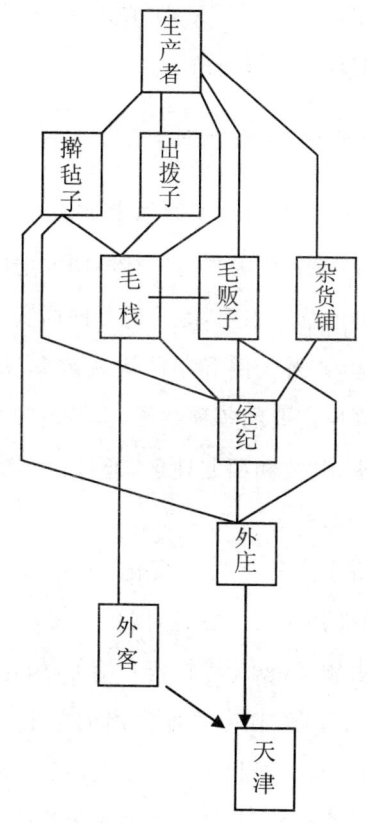

二、羊毛流通领域中蒙疆羊毛同业会的统制

蒙疆羊毛同业会的设立,是日本蒙疆统制经济政策的重要一环。力图在羊毛流通领域进行统制,确保蒙疆的羊毛资源,进行一

元化的收购和输出,更进一步"振兴"西北贸易,以达成所谓"边境民族的大同团结的政治经济使命"。

1. 事变后西北贸易的衰退

如前所述,蒙疆地域产出的羊毛,其实其中的过半是宁夏、甘肃、青海、新疆等地产出,以蒙疆为中继的西北地区产羊毛。以前,这些以蒙疆为中继的移入羊毛,除一部分向西安方面流出外,大部分通过黄河的水运,以及公路和骆队运往包头、归绥,然后在运往天津。而西北地区所需要的各种杂货,也经过归绥、包头经由该地区输往西北。包头、归绥和西北地区,通过西北贸易,建立起密切的联系。

但随着卢沟桥事变后战局的变化,宁夏、甘肃方面的国民党军、八路军的活动极其活跃。并且,国民党军对边境逐步重视,严禁物资流向日本占领区,据传将物资卖给苏联,作为军需品的购入的款项①。即宁夏、青海、甘肃等地产出的羊毛,几乎都通过兰州运出,经新疆销往苏联。因此西北产羊毛通过公路、驼队等运往包头、归绥的羊毛急剧减少。并且以前的主要运输手段舟筏运输,已经完全不能利用,西北贸易处于日益减少的状态。

卢沟桥事变爆发之初,边境上的各种物资,支付过境税后,即使数量少,还能向包头方面运入,但由于国民政府方面将羊毛作为军需品禁止外运以及路途不靖、治安不良等原因,西北物资运往包

---

① [日] 清田康久"西北贸易小论",京城帝国大学大陆文化研究会:《蒙疆调查报告》,京城帝国大学大陆文化研究会,1940年,第148页。

头变得越来越困难。伪蒙疆政权成立后进行的西北贸易，只不过是走私贸易而已。所以，卢沟桥事变后以包头为中心的西北贸易可以说是苟延残喘，贸易额只相当于事变前的五分之一左右[①]。

由此招致了以前交易机构相当的变革，并且伴随着日本在蒙疆统制经济政策的推进，依存于旧的经济机构的地方商业资本不得不全面后退。即处于所谓破坏和建设过渡期的羊毛交易事情，呈现出相当的变态。从治安以及其他关系正常的交易运营被歪曲化的事实也不看出，如走私贸易。在蒙疆，与交易机构相关联，交易机构的变化非常大。特别须要指出的是日本商社的进入以及统制经济机构的设立与发展。即随着日本对蒙疆的军事占领，蒙疆的羊毛资源也处于日本的控制之下。换言之，日本的羊毛输入业者获得了蒙疆地域的羊毛商业权。如前所述，鉴于该地域的羊毛作为日本的军需资源具有绝对的必要性，不言而喻，确保羊毛资源成了非常重要的问题。

特别是以前在消费市场，处于外商以及华商垄断的状况不复存在。伴随着蒙疆统制经济的发展，羊毛统制政策也被持续推进。蒙疆的羊毛交易统制，经过了蒙疆羊毛同业会、驻蒙军、蒙古皮毛股份有限公司三个阶段。最初的羊毛统制机关是蒙疆羊毛同业会。

2. 日系蒙疆羊毛同业会的设立

蒙疆羊毛同业会设立的背景，除上述的欲振兴西北贸易的同

---

① 《蒙疆绵羊改良增殖状况报告书》，第143页。

时,还与日本国内当时羊毛的特殊供给状况;军部的欲统制蒙疆的羊毛计划交错在一起。如前所述,战前日本的工业用羊毛几乎全部从澳大利亚进口,但1936年11月发生了"日澳通商纷争事件"。后来通过交涉,达成了"日澳通商谅解"。其内容可以概括为:日本允许输入一定数量的澳洲羊毛,澳洲允许输入一定数量的日本棉布、人造丝。这些商品的对澳输出,日本的目的是强化统制,以期望安定市场[1]。也就是说,日本又重新开始了购买澳洲羊毛,有两国政府间签订的协定,在数量方面加以限制。

1937年,日本的羊毛输入总额为195万担,金额达2亿9800万元。其中澳毛输入量占全体输入量的38%,金额占到40%(1935年澳毛输入量占全体输入量的94%,金额占到95%)[2]。这一年的澳毛输入,由于通商纷争,在收购季节当初就适当控制,还有"通商谅解"协议达成后,数量上也加以限制,分散进口羊毛成了日本羊毛输入界的当务之急。为此,日本从南非、阿根廷、新西兰等世界各地分散进口羊毛。恰在此时,中国的重要羊毛产地蒙疆地区已经成为日本的占领地。以前日本毛纺工业很少使用的中国羊毛也成为分散购买的对象。于是,日本羊毛输入界企图"共同收购北支那蒙疆地域一带的各种羊毛、动物毛类"[3],以解燃眉之急。

另一方面,随着对外战争的扩大,军需羊毛量的需求也激增。羊毛资源对战时的日本来讲,是极其缺乏的纤维资源。因此确保军需羊毛对军部来讲是当务之急。

---

[1] 《羊毛输入同业会与我国羊毛输入七十余年的历程》,第87页。
[2] [日]大阪市产业部编:《羊毛的需给统制》,大阪市产业部,1938年,第5页。
[3] 《羊毛输入同业会与我国羊毛输入七十余年的历程》,第49页。

第九章 日系蒙疆羊毛同业会在羊毛流通领域的统制

如在第三章所研究讨论的那样,日本占领蒙疆之初,1937年11月,负责指导蒙疆地域各自治政权的张家口特务机关,颁布了《蒙疆地区绵羊、羊毛以及羊毛皮配给统制要纲》,制定了蒙疆畜产统制的最初政策,主要从军需的观点出发,力图确保羊毛需求。

该要纲的要领为:"(1)目前以钟纺、满蒙毛织、大蒙公司、满洲畜产会社(三井物产)以及其他蒙疆联合委员会指定者,原则上作为担当绵羊、羊毛以及羊皮毛的配给业务者。上述以外者根据行政措施不认可其业务权。(2)由联合委员会指定者结成组合。收购领域、收购数量、收购价格、销售渠道等,原则上根据该组合自治统制,进行适当协调,避免产生行业界的混乱"。即该要领告诉我们,关东军欲以日系会社为中心结成组合,在流通领域对蒙疆地区的绵羊、羊毛以及羊毛皮进行垄断统制。并规定组合的结成由蒙疆联合委员会指定,蒙疆地区的畜产资源的收集地域、数量以及收集、销售价格,全部通过蒙疆联合委员会以及军方来统制。全部畜产品的最终收集、销售,全部由军方指定的、主要由日本资本构成的会社实行垄断经营,欲确保军方的需要。

1937年11月11日,根据上述要纲的方针、要领,张家口特务机关制定了《蒙疆地域动物毛配给统制要纲》。其方针为"鉴于羊毛以及其他毛纺工业原料资源在国防乃至产业上的重要性,对蒙疆地域内的羊毛、山羊毛、山羊绒、骆驼毛类的配给(收购销售输出等)原则上实行一元化统制。强化日、满、北支经济圈,以资确立毛纺工业政策,并驱逐外国商人在该地的商权"[①]。明确表明要迅速

[①] 《蒙疆政府公文集(下辑)》,第399页。

剥夺外国人在蒙疆的动物毛贩卖商权,这成为尽快设立蒙疆羊毛同业会的理由之一。

要纲中作为具体的动物毛类的统制措施,规定其要领为"改善蒙疆地域动物毛类的交易,使上市量增大,进一步促进输出以及期待地域内毛纺工业的发达,以资蒙疆地域畜产,力图提高蒙疆地域人民的利益。目前该地域动物毛类进行配给统制,其设施如下。由蒙疆联合委员会指定一定的机关,进行羊毛、山羊毛、骆驼毛的输出(中略)。与支那羊毛类的使用和销售等关系密切并有利害关系者(目前由钟纺纺织株式会社、满蒙毛织株式会社、株式会社大蒙公司、满洲畜产股份有限公司、三井物产株式会社、三菱商事株式会社、株式会社兼松商店、日本毛织株式会社等八社),由委员会指定,由这些会社组成组合,形成强有力的收购、销售机关,担当蒙疆地域内动物毛类的配给统制"①。于是根据蒙疆联合委员会的指定,由日系八社结成预定组合,明确表示在蒙疆将要对动物毛类的流通进行统制。

于是,1937年11月25日到27日的三天,在张家口蒙疆联合委员会内,召开了蒙疆羊毛同业会组织审议第一次会议。作为伪蒙疆政府当局的张家口特务机关松井特务机关长,蒙疆联合委员会金井章次最高顾问,业务方面钟渊纺织的山内正夫、大蒙公司的川口市之助,满蒙毛织的栢木胜光,平岛太市、满畜的永岛忠道,三井的齐藤藤作、三菱的上野己世次,还有以观察员身份列席会议的日本农林省畜产局的三宅工程师,满洲畜产局的吉冈事务官等出

---

① 《蒙疆政府公文集(下辑)》,第399—400页。

席会议。会议的主要议题,是所谓当时的"关于从国策的角度出发,确保羊毛资源以及收购的单一统制化对策的研究为重点,并对组合的规约的起草、业务执行的细则专门委员会细则等"①。

其后,1937年12月9日,关东军参谋长在"关参满电地四三四号"中,认可了张家口特务机关制定的"要纲"。关于成立组合之事,关东军参谋长指示张家口以及绥远特务机关长"伴随着组合的结成,关于军需用品的筹措要利用该组合(中略)。鉴于军需的特殊性,关于以下各点,对蒙疆联合委员会以及组合进行指导。(1)组合关于军用羊毛等优先供给军方;(2)军方购买羊毛等的价格由军方同蒙疆联合委员会协商决定;(3)组合对收购领域、收购数量、收购价格、销售价格等的决定以及变更要向军方机关通报"②。

于是,12月11日到13日的三天里,蒙疆联合委员会又召开了蒙疆羊毛同业会组织审议会第二次会议,制定了组合规约③。

根据上述两"要纲"及关东军参谋长的指示,为了对蒙疆的羊毛等畜产资源的收购和输出进行统制,1937年12月25日,蒙疆联合委员会发布了第11号指令《关于蒙疆羊毛同业会设立认可之件》。1938年1月16日,召开创立总会,经过一般委员会、执行业务、事务所设立,以及其他的预先商洽等议程。

于是在伪蒙疆政权的首都张家口,由钟渊纺织株式会社、满蒙毛织株式会社、株式会社大蒙公司、满洲畜产股份有限公司、三井物产株式会社、三菱商事株式会社、株式会社兼松商店、日本毛织

---

① [日]蒙疆联合委员会编:《蒙疆特殊会社概观》,1938年,第225—226页。
② 《现代史资料9·日中战争(2)》,第160页。
③ 《蒙疆特殊会社概观》,第226页。

株式会社等八家日系商社结成了蒙疆羊毛同业会。

其方针和事业内容为:"关于蒙疆地区内的羊毛以及其他动物毛的交易,受蒙疆联合委员会的监督指导,实行自治统制,在谋求畜产资源利用发展的同时,以协力援助蒙疆联合委员会以及蒙疆地区内自治政府、以资畜产的发达为目的(中略)。本会经营羊毛、山羊毛、山羊绒以及骆驼毛的买卖(包含物物交换)以及与之相关附带的一切业务"①。

作为蒙疆羊毛同业会的营业所,在包头设立了支部;在大同和厚和设立了办事处;还在天津、东京以及大阪设立了作为联络机关的支部。蒙疆羊毛同业会是蒙疆联合委员会的指导监督下,与相关部门配合的、经营蒙疆的动物毛以及相关事务的指定机构。是蒙疆地区内羊毛类收购、输出的一元化组合性垄断团体。其机构为资本金300万元的组合组织,各社的出资额分别为钟渊纺织株式会社65万元、日本毛织株式会社50万元、满蒙毛织株式会社50万元、三井物产50万元、兼松商店45万元、三菱20万元、满蒙畜产股份有限公司10万元、大蒙公司10万元②。

蒙疆羊毛同业会是蒙疆联合委员会的监督指挥下,是蒙疆地域关于羊毛收购和输出的唯一的政府指定机构,是该地域羊毛类收购以及输出的一元化垄断性组合。剥夺了以前在该地域进行羊毛输出的华商、外商此后继续在该地进行此项业务的权利。

军部和日本羊毛输入界设立蒙疆羊毛同业会的目的,是欲达

---

① "蒙疆羊毛同业会规约",《蒙疆政府公文集(下辑)》,第408—409页。
② 《蒙疆政府公文集(下辑)》,第411—412页。

成"为确保蒙疆羊毛资源,实行一元化的收购、输出统制,振兴西北贸易,力图实现边疆民族的大同团结的政治、经济使命"①。

总而言之,张家口特务机关,在关东军的指令下,为确保蒙疆地域的羊毛等资源,决定实施羊毛的配给统制。在此基础上,组成了蒙疆联合委员会指导下、由日系商社组成的"蒙疆羊毛同业会"。以前,该地域的羊毛是经过汉族商人之手,从天津输往国外各国。但"蒙疆羊毛同业会"成立后,由该会独霸了这项业务。蒙疆羊毛同业会从成立起,就作为军方的代理机构进行收购。

3. 收购活动

1938年1月同业会成立后,立即着手准备收购张家口、大同、厚和、包头等地积压的羊毛。当时,蒙疆羊毛同业会草创初期,因为在羊毛的生产地没有收购网,不能从生产者手中直接收购羊毛。所以蒙疆羊毛同业会采取允许原来的毛店或毛栈继续存在,用统制中继市场的方法,即主要采取垄断收购集中到毛店羊毛的办法获得羊毛。蒙疆羊毛同业会存在期间,前后进行了两次收购,1938年3月初到6月中旬为第一次收购;从1938年5月下旬到8月下旬为第二次收购期。

1938年1月,立即准备收购去年以来张家口、大同、厚和以及包头动物毛类库存,但因正值春节,以及创立初期人员尚未配齐,实际的收购交涉是从2月下旬开始的②。

---

① 《大东亚共荣圈纤维资源概观》(第一部 羊毛资源·第三辑 支那之部),第108页。
② 《蒙疆特殊会社概观》,第227页。

如前所述,由于包头是当时该地区最大的羊毛集散市场,汉族毛店实力雄厚,当地回族开设的毛店亦占相当数量,并且包头是日本准备进行西北工作的最前线,包头地区的收购价格自然会影响到其他地方,因此,同业会各社成员一时云集包头,商议收购价格。1938年3月初决定了包头的收购价格后,同业会成员返回张家口、大同、厚和,以包头的收购价格为参考,根据各地存货的品质在3月下旬决定了本地区的收购价格①。即各个地区的收购是因地而异。各地收购价格如下表所示。

表9-3 包头的收购价格

种类	平均每100斤的单价(单位:元)		备考
	回民方面	汉人方面	
西宁毛	95	75—80	汉族毛店平均每100斤的收购价格是95元;而回族毛店平均每100斤的收购价格是119元。
宁夏毛	80	65—75	
骆驼毛	150	140—200	
紫羊绒	150	100—160	
白羊绒		200	

(资料来源:根据满铁调查部《蒙疆政权管内羊毛资源调查报告》第138页的内容作成)

这里应该引起注意的是,汉族毛店与回族毛店的价格不同。通过表9-3可知,汉族毛店每100斤的收购价格平均是95元。回族毛店每100斤的收购价格平均是119元②。并且这个价格,

---

① 《蒙疆特殊会社概观》,第227—228页。
② 根据《蒙疆政权管内羊毛资源调查报告》第138页的内容算出。

对回族毛店是指土货而言,汉族毛店是针对净货来论(土货是指从原产地运输到集散地的羊毛,净货是将混在土货中的土沙以及其他附着物筛选清除后的羊毛)。同业会称回族毛店没有往羊毛中混入土沙的恶习,羊毛质量不受损失,故高价收购,不用说回族毛店占有压倒的优势。

其理由只是羊毛品质的不同。即回族毛店的羊毛主要来自西北,品质比汉族毛点收购的地方产羊毛品质优良。更主要的是欲利用西北羊毛主要由回族业者运入包头这一特点,以便其将来推进西北政治工作。所以在经济方面笼络回族,以期"振兴"事变后陷于萎缩状态的西北贸易。实际意义如日本方面自己所言"与其说羊毛品质的不同,倒不如说主要是利用西方羊毛引诱和保护回民,政治方面的色彩更加浓厚"[①]。即目的是笼络回民为进行西北工作做准备,同时挑拨了回、汉之间的民族关系。

表9-4 大同的收购价格

种类	第一回	第二回	备考
抓毛	81	68	1.单位　　元
羔毛	71	65	2.净货每100斤的单价,斤的单位是山西秤,即1山西斤=
秋毛	66	55	0.595公斤(磅秤·山西秤·新秤换算表)据蒙疆羊毛同业会编
黑山羊毛	35	33	《蒙疆羊毛事情》
紫山羊毛	137	125	3.平均63元

(资料来源:根据满铁调查部《蒙疆政权管内羊毛资源调查报告》第139页的内容作成)

---

① 《蒙疆政权管内羊毛资源调查报告》,第137页。

两次的收购价格如上所示,从表9-4可知,第二次的收购价格比第一次的收购价格低。

表9-5 厚和的收购价格

种类	收购价格	备考
西宁套毛	80	1.单位:元 2.净货每100斤的单价,斤的单位是新秤,新秤1斤=0.5公斤(磅秤・山西秤・新秤换算表)据蒙疆羊毛同业会编《蒙疆羊毛事情》 3.平均70元
肃字套毛	70	
西路秋毛	65	
羔子毛	65	
北路骆驼毛	120—180	
白山羊绒	140—170	

(资料来源:根据满铁调查部《蒙疆政权管内羊毛资源调查报告》第139—140页的内容作成)

具体收购办法是,首先根据类别不同,任意开封两三袋或五六袋羊毛,通过手筛查定其净货的出品率,根据净货量决定单价。毛店从买卖双方各收取2%的手续费。羊毛出售者实际得到是羊毛卖价的98%[①]。同业会也必须向毛店支付相当于收购额2%的手续费。

同业会的第一次收购,3月初从包头开始,结束因地而异。大同、厚和大体在4月中旬到4月底完成。包头是5月中旬,张家口在6月上旬终了。这些收购羊毛的大部分,是前一年度的羊毛,由于事变的原因,没能运出,一直被库存。

---

① 《蒙疆政权管内羊毛资源调查报告》,第134页。

表9-6 第一回各地收购预定数量

种类	张家口	大同	厚和	包头	合计	备考
抓毛	27,000	93,716	158,625			1.包头、厚和为新斤;张家口为磅秤;大同为山西秤 2.新斤1斤=0.5公斤;磅秤1斤=0.605公斤;山西秤1斤=0.595公斤。(磅秤·山西秤·新秤换算表)据蒙疆羊毛同业会编《蒙疆羊毛事情》
套毛	23,700		103,938	883,103		
羔毛	7,000	46,513	31,979	48,543		
秋毛	5,964	14,791	54,310	111,494		
骆驼毛	70,000		30,026	510,091		
白山羊绒			2,231	48,641		
紫山羊绒	6,000	34,647	355	247,423		
黑山羊绒						
白山羊毛				23,189		
黑山羊毛		68,426		35,457		
合计	352,965	258,093	381,484	1,907,981		
磅秤换算	352,965	253,964	316,615	1,583,482	2,507,026	

(资料来源:《蒙疆政权管内羊资源调查报告》第135页)

通过表9-6可知,第一回收购的数量是净货约251万斤,金额约265万元[①]。

从5月下旬到8月下旬,进行了第二次收购。其特点是首先扩大了收购范围,在包头、大同、张家口、厚和等大的集散地继续收购,另外,像张北、萨拉齐、丰镇等小的集散地也进行收购,企图增加收购量。其次,第二次的收购价格低于第一次的收购价格。同

---

① 《蒙疆政权管内羊毛资源调查报告》,第135页。

业会认为"第一回的收购价格,考虑到现地各种事情,用比较高的价格进行了收购。第二次收购要根据世界羊毛市场的行情,制定公正妥当的基准价格,逐渐降低收购价格,以当时的市场行情进行收购"①。也就是所谓"制定适当的收购价格",实际是利用垄断地位,压价收购。在此方针下,从5月下旬各地开始收购,到8月下旬收购基本结束。第二次的收购价格与第一回的收购单价相比,降低了5%—10%②。如表9-4所表示的那样,大同第一回的收购价格,每100斤为63元,第二回的收购价格仅为55元,第二回的收购价格比第一回低9%左右③。

据史料记载,第二回的收购总量为430万斤(土货)支付金额为200元④,没有关于净货量的记录。但利用其他资料,可以算出其中的净货量。1943年由日本毛织物中央配给株式会社调查课编写的《大东亚共荣圈纤维资源改概观》中记载,蒙疆羊毛同业会存在期间,两次共收购羊毛51300担,由此可以推算出第二次的收购数量是净货257.7万斤⑤。

收购后的羊毛,由同业会在当地分配给各个会员,但要收取

---

① 《蒙疆特殊会社概观》,第228—229页。
② 《蒙疆政权管内羊毛资源调查报告》,第139页。
③ 根据《蒙疆政权管内羊毛资源调查报告》第139页的内容算出。
④ 《蒙疆特殊会社概观》,第229页。
⑤ 羊毛一担=60公斤,51300担×60公斤=3078000公斤。1磅秤斤=0.605公斤,3078000公斤÷0.605=508.7万磅秤斤。即51300担为508.7万磅秤斤,将这一数字减去第一次的收购量251万公斤,第二次的收购量应该是508.7-251=257.7万斤。重量单位换算,根据蒙疆羊毛同业会编《蒙疆羊毛事情》中的"磅秤·山西秤·新秤换算表"完成。

5%的手续费。分配后的羊毛运往输出港天津时的运输捆包等费用,由会员各自负担。大同的收购情况是每收土货 100 斤,除收购费、铁路运输费外,还需支付捆包费、毛店到车站之间的运费、税金等 1.5 或 1.7 元左右[①]。

4. 蒙疆羊毛同业会的解散

日本设立蒙疆羊毛同业会的目的,是确保蒙疆地域的羊毛资源在日、满、蒙经济圈内,振兴卢沟桥事变后几乎陷于停滞的西北羊毛贸易,在获得西北羊毛资源的同时,将其势力向中国西北地区渗透。以"图完成边疆民族大团结的政治使命"。但同业会设立一年后即被迫解散,其原因是多方面的。

第一,蒙疆羊毛同业会是当时唯一的政府指定羊毛收购机构,利用垄断统制的特权地位,无视以往蒙疆羊毛输出港天津的行情,强行压价收购,引起毛店行业等的不满。

1938 年 5 月到 7 月,满铁调查部在蒙疆进行羊毛资源调查之际,就听到如下情况"毛栈等现地系对同业会,不满的焦点主要集中在收购价格上,尽管现在天津市场的羊毛价格异常腾贵,可同业会的收购价格却远远低于天津的价格,特别是第二次收购之际,因为所定的收购价格比第一次还低,不满之声日益高涨"[②]。即尽管当时天津的羊毛行情显著腾贵,但同业会的收购价格却与之相差甚远。特别是由于第二次决定的收购价格,比第一次的收购价格

---

① 《蒙疆政权管内羊毛资源调查报告》,第 134 页。
② 同上书,第 142 页。

还要低,引起毛栈等强烈不满,同业会继续收购困难。

卢沟桥事变前,天津市场的羊毛行情是土货每100斤,山东羊毛50—60元;张家口羊毛(蒙古套毛)50元内外;西宁羊毛90元左右①。由于事变后,内地以蒙疆为主的羊毛输出几乎停滞,1938年天津羊毛市场价格暴涨。如表9-7所示,1938年天津羊毛市场行情高腾。

表9-7 1938年天津羊毛行情(每100斤的单价)

品种	土货	净货
白羊绒	160元内外	300元内外
紫山羊绒	200元内外	420元内外

(资料来源:根据《蒙疆政权管内羊毛资源调查报告》第141页的内容作成)

表9-8 1936、1937年包头的羊毛行情

品种	1936年	1937年	备考
骆驼毛	130—195	120—250	
羊绒	150—220	250—300	
西宁羊毛	80—110	100—130	净货每100斤的单价
杂路羊毛	75—90	90—110	
黑山羊毛	30—50	40—60	
白山羊毛	70—100	70—100	

(资料来源:根据《蒙疆政权管内羊毛资源调查报告》第141页的内容作成)

---

① 《蒙疆政权管内羊毛资源调查报告》,第142页。

表9-9 蒙疆羊毛同业会1938年包头第一回收购价格

种类	每100斤的单价		备考
	回民方面	汉人方面	1.单位:元 2.净货每100斤的单价,1斤的单位为新秤。新秤1斤=0.5公斤(磅秤·山西秤·新秤换算表)据蒙疆羊毛同业会编《蒙疆羊毛事情》
西宁套毛	95	75—80	
宁夏套毛	80	65—75	
骆驼毛	150	140—200	
紫羊绒	150	100—160	
白山羊毛	85	55	

(资料来源:根据《蒙疆政权管内羊羊毛资源调查报告》第138页的内容作成)

通过对表9-7、表9-8、表9-9的数据进行比较分析可知,同业会1938年在包头的收购价格,比1937年该地的收购价格要低,比当时天津的收购价格也低得多。并且,第二回的收购价格,比第一回的收购价格还要低5%—10%。同业会压价收购到毛栈的羊毛,毛栈也不得已压价收购汇集到毛栈的羊毛,形成恶性循环,并伴随出现由于走私而引发的羊毛黑市交易[①]。因为羊毛生产者与其将手中的羊毛廉价地卖给毛栈,还不如冒险将羊毛卖到黑市获利更丰厚!

第二,日本军部掠夺蒙疆羊毛战略资源的野心,日本羊毛输入分散采购羊毛的计划与日本商工省所定的日本内地羊毛进口限制分配之间存在着矛盾。即军部、羊毛输入界、政府行政机关之间的关系缺乏协调一致,结果导致收购到的羊毛不能顺利地运到日本,

---

① 《蒙古资源经济论》,第272页。

没能实现日本羊毛输入界紧急输入蒙疆羊毛,以解燃眉之急的目的,并且蒙疆羊毛同业会也失去了继续存在的必要性。

驻屯蒙疆的关东军以及后来的驻蒙兵团(1938年7月改称驻蒙军),从攫取战略资源的角度出发,欲将该地区的羊毛资源置于军部控制之下。蒙疆羊毛同业会成立后,欲通过收购该地区的羊毛,来弥补由于澳毛输入减少导致日本国内出现的羊毛供给不足。但是,军部和同业会的愿望与1937年1月8日日本政府为了加强外汇管理实行的"原毛输入许可制"以及同年9月10日公布的"关于输出入品等临时措施令"等发生了矛盾。根据该"许可制"和"临时措施令",对从海外向日本输入羊毛完全置于政府的统制规制下,对从各国输入原毛的数量也做了具体国定,从中国的输入配给额很少[1]。并且羊毛作为甲号商品输入之际,必须经过商工省大臣的批准[2]。

蒙疆羊毛同业会第一次收购的羊毛为净货251万斤,由于以上原因,如何处置收购后的羊毛却成了问题。当时加入同业会的八家日本公司中,实际能消费所收购羊毛的,只有在厚和设有毛纺厂的"满蒙毛织株式会社"以及钟渊纺织株式会社。大部分羊毛由于日本内地输入限制的原因,只好堆放在天津的仓库里。有的会员甚至违背蒙疆羊毛同业会"获得该地区羊毛商业权"的初衷,做出了将堆放在天津仓库的羊毛转手卖给外国商人的咄咄怪事[3]。

---

[1] 《羊毛输入同业会与我国羊毛输入七十余年的历程》,第49页。

[2] [日]商工省贸易局:《昭和十一年敕令第四七四号(关于限制羊毛输入之件)关系法规》,1937年,第1—3页。

[3] 《蒙疆政权管内羊毛资源调查报告》,第142页。

第九章　日系蒙疆羊毛同业会在羊毛流通领域的统制　267

为此，1938年4月3日，驻蒙兵团参谋长曾向日本陆军省致电，说明"此次蒙疆羊毛同业会从该地方收购的羊毛约二百五十万斤，但由于日本的羊毛输入分配制以及妨害汇兑管理制度等原因，处于不能输入到日本的窘境。本地方的羊毛在质量上虽然不能与澳毛相比，但年产量约4000万斤（实际上大概为土货3000万斤左右——作者），将来随着改良的进步，在帝国的羊毛国策方面具有重要地位。现在同业会收购的250万斤羊毛不能运往日本，希望陆军省与大藏省、商工省等方面协调，撤销对蒙疆羊毛的输入分配制。并强调若输入蒙疆羊毛，即使日本资金流向蒙疆，也是在日元经济圈内，必然会向日本还流，不会流向其他外国，与外汇管制法并不冲突[①]。对此，4月11日，陆军省次官给驻蒙兵团参谋长回电称"关于促进蒙疆羊毛输入一事，目前正与关系各省协商交涉，努力争取实现贵电陈述之意"[②]，但最终结果是不了了之。

第三，蒙疆羊毛同业会不是政府行政机构，只是自治性的统制团体，是伪政府的"协力机关"，凭其规模、组织、职能范围难以达成"振兴西北贸易、实现边疆民族大同团结"政治经济使命。

日本成立蒙疆羊毛同业会的目的之一，是企图"振兴"卢沟桥事变后几乎处于停滞状态的西北羊毛交易，在获得西北产羊毛的同时，从经济领域入手进行"西北工作"，将势力逐渐向中国西北地区渗透，最终实现其大陆政策之目的。但当时围绕着蒙疆羊毛，政

[①] JACAR（アジア歴史資料センター）Ref. C04120366700，昭和13年陆支密大日記16号「蒙疆羊毛の輸入促進に関する件」，防衛省防衛研究所蔵。

[②] JACAR（アジア歴史資料センター）Ref. C04120366700，「蒙疆羊毛の輸入促進に関する件」。

治、经济、军事、国际关系等多方面的因素交错在一起。

首先,是将西北产羊毛运到包头、厚和的多为回民业者,所以羊毛收购这一经济工作与日本的"回民宣抚"政治工作密切相关。即使是蒙疆地域内的羊毛收购也与日本的"对蒙疆民生工作紧密相连。其次,尽管蒙疆羊毛品质欠佳,但价格却稍高。为了"诱致"西北羊毛,不得不做一些经济上的牺牲。但同业会不是慈善团体,而是以营利为目的的组织。为诱致西北羊毛,至关重要的是必须向从事西北羊毛交易的商人提供他们想要的、品种齐全而且价格低廉的各种商品。即当时与通过货币结算相比,通过"物物交换"结算的方式更重要。但当时的蒙疆,实行严格的物资统制政策,同业会的作用,被限定在羊毛的收购和输出方面,调集西北贸易所需要的杂货,对其来讲是力不从心。此外,当时的西北地区处于国民党和共产党的控制下,西北产羊毛多经新疆销往苏联,换取军需物资。严禁这些物资流入蒙疆。为防止战略物资资敌,对流向蒙疆地区的羊毛等严格检查取缔[①]。因此如果欲将西北的羊毛诱致到包头、厚和,必须打破取缔。而凭同业会自身的力量无论如何也做不到这一点。三是被剥夺了对外输出权的外国商人在新的国际形势下,进行"搅乱"工作,收购个别同业会会员因无法运往日本而堆放在天津仓库的羊毛,同业会作为自治性质的羊毛收购统制团体是难以协调各方面关系的。

最后一点,如前所述,卢沟桥事变前,德国商社也是蒙疆羊毛

[①] 清田康久"西北贸易小论",京城帝国大学大陆文化研究会:《蒙疆调查报告》,第 148 页。

的主要收购、输出者之一。1936年,德国与日本缔结了反共产国际协定,德国成了日本的盟国。蒙疆羊毛同业会垄断了该地域的羊毛输出权后,德国的商社也成为了排斥的对象。于是从防共协定国的德国,关于该国的商社不能进入蒙疆地域从事羊毛交易之事,德国向日本提出了严重的抗议①。也即是说,围绕着蒙疆羊毛,引发了国际纷争。所以,欲振兴西北贸易,必须由政府、军部协调各个方面的关系,仅凭蒙疆羊毛同业会这样的自治统制团体,其组织、规模,无法担此大任,难以达成振兴西北贸易的政治、经济使命。

第四,伪蒙疆政府颁布《动物毛类输出取缔令》及设立蒙疆畜产公司后,蒙疆羊毛同业会陷于尴尬境地,被迫解散。

1938年10月18日,蒙疆联合委员会公布实施《动物毛类输出取缔令》,其中规定:"第一条,蒙疆联合委员会为促进兽毛类的输出,使蒙疆地域内羊毛的收购更加活跃,并期待地域内毛纺工业的发达,谋求地域内人民福利的向上,对其输出进行统制。第二条,将羊毛、山羊毛、山羊绒、骆驼毛以及其他的动物毛类向蒙疆地域外搬出者,必须获得蒙疆联合委员会的许可"②。这一规定适用于一切向地域外搬出的动物毛类。由于实施了这一输出许可制度,蒙疆羊毛同业会的特权丧失。

蒙疆联合委员会不得已采取这一措施的根本原因是,蒙疆的大宗资源羊毛,由于同业会8社的垄断运往蒙疆地域外的华北,特

---

① [日]日本毛织社史编修室编:《日本毛织六十年史》,日本毛织社,1957年,第359页。

② 《蒙疆政府公文集(下辑)》,第426页。

务机关不能充分获得必要的回程物资,使锐意努力的回民工作不能顺利进行。由此决定收回了羊毛的地域外输出权[①]。

同日,天津也公布了输出许可制,这等于解除了同业会的羊毛输出垄断权。据此,以前赋予同业会的羊毛类的一元化收购输出的垄断体制的基础开始动摇。同时,1938年10月,蒙疆政府又设立了"蒙疆畜产公司",委托其收购蒙疆地区的羊毛。蒙疆畜产公司不仅负责收购羊毛,还同时进行金融斡旋[②]。在这一点上,蒙疆羊毛同业会无法与之抗衡。1938年12月26日,蒙疆羊毛同业会不得已只好宣布解散。蒙疆羊毛同业会存在期间,从毛栈等分两次共收购羊毛53100担[③]。

三、本章小结

随着日本对蒙疆的占领,该地域的羊毛资源也处于日本的支配下,日本的羊毛输入界获得了蒙疆地域的羊毛商业权。日本占领当局充分认识到该地域的羊毛作为日本军需资源的重要性,将其置于自己的控制下成为军部与政府的共识。为此,日本占领当局在蒙疆地区推行统制经济政策,羊毛统制政策是其中的重要内容之一。

日本为掠夺该地域的羊毛资源,在蒙疆最初设立的羊毛统制

---

① 《日本毛织六十年史》,第359页。
② 《大东亚共荣圈纤维资源概观》(第一部 羊毛资源·第三辑 支那之部),第109页。
③ 同上。

机关是蒙疆羊毛同业会。日本设立蒙疆羊毛同业会的目的,是欲将蒙疆的羊毛资源确保在日、满蒙经济圈内,力图振兴卢沟桥事变后处于停滞状态的西北羊毛贸易,在获得西北羊毛的同时,将其势力向中国西北渗透,以达成所谓"边疆民族的大同团结的政治使命"。蒙疆羊毛同业会是在蒙疆联合委员会的监督指导下,在该地域进行羊毛收购以及输出的唯一的政府制定机关,是该地域羊毛收购以及输出的一元化的垄断性组合。

蒙疆羊毛同业会设立前,蒙疆的羊毛主要是经过汉族商人之手,从天津输往国外。蒙疆羊毛同业会成立后,该项业务也为被蒙疆羊毛同业会所垄断。同业会成立后,作为军方的代理机构进行羊毛收购活动。蒙疆羊毛同业会的收购方法,是允许原来的毛栈继续存在,用统制中继市场的方法,将集中到毛栈的羊毛通过垄断的方式进行收购,交易采取净货交易的方式。同业会成立后,因为在羊毛的产地没有收购网,不能从羊毛生产者手中直接购买,只能让以前一直在发挥中继市场的毛店或毛栈继续存在。但通过羊毛同业会进行的羊毛统制所带来的影响是很大的。约在一年左右的时间内,剥夺了以前在该地域进行羊毛收购以及输出的华商、外商进行这项业务的权力。

在蒙疆,蒙疆羊毛同业会的关于羊毛流通的统制,由于能力所限,不能直接支配生产市场,于是通过在包头、厚和等羊毛中继市场进行垄断收购这种统制方法,控制天津等的消费市场,成功地从外商以及华商手中夺取了羊毛贸易权。

但是,同业会利用垄断统制的特权,强行压价收购,军部、日本羊毛输入业者的愿望、计划与日本商工省的羊毛输入限制之间发生了矛盾,再加上同业会自身的弱点,设立后不到一年,不得不被迫解散。

蒙疆羊毛同业会解散后,关于该地域的羊毛资源收购,经驻蒙军与蒙疆联合委员会之间协商的结果,决定1939年蒙疆的羊毛由驻军直接收购,以及驻蒙军委托,由日系会社大蒙公司等收购。即蒙疆羊毛在驻蒙军的一元化统制下进行收购。这一状态,一直持续到1943年9月,新的羊毛收购机关——蒙古皮毛股份有限公司设立为止。

第十章 畜产流通领域中蒙古皮毛股份有限公司的统制

从蒙疆羊毛同业会解散到1943年9月,蒙疆的畜产物收购以及输出,一度陷于混乱状态。也就是说涉及畜产物收购、输出业务的日系商社、本地的同业会以及新设的豪利希亚之间,围绕着畜产物的收购与输出,出现了争夺战,所以蒙疆地域的畜产品交易陷入混乱状态。并且在收购价格、收购地域以及运输等方面缺乏协调,各个方面只考虑自己的利益,各种弊害发生,严重地阻塞了流通。

进入1943年下半年,由于太平洋战场日本败色渐浓,确保战略资源显得更加重要。于是日本加紧了对占领地资源的搜刮和掠夺,蒙疆的畜产资源也成了日本为应付战争经济加紧搜刮的重要一环。但当时蒙疆的畜产物交易却陷入混乱状态,如果日本的败势继续持续的话,当然会对战略物资的搜刮带来影响,同时也会对蒙旗经济的健全发展,以及对日系商社、汉族业者的利益带来影响。所以,日本占领当局认识到必须急速采取措施,以解决当时混乱状况。

也就是说,非常有必要将当时各个业者处于分散状态实施的畜产物的收购以及输出重新进行统制。因此,1943年9月,作为蒙疆有关畜产物的新统制机关,设立了特殊会社"蒙古皮毛股份有限公司"。其目的是将全部该地域的畜产资源全部把握在伪政府手中,统制以前处于分散状态的畜产关系者,设立更加强有力的统制机关。与蒙疆羊毛同业会时期的从毛栈、毛店等收购羊毛不同,考虑要从生产市场的生产者手中直接收购畜产品。并且将畜产品的收购成绩与返程物资的配给挂钩,彻底把握该地域的畜产资源,力图为日本的战争经济做贡献。

一、蒙疆羊毛同业会解散后的畜产品收购形态

从蒙疆羊毛同业会解散到蒙古皮毛股份有限公司成立,最初,仅羊毛由驻蒙军直接收购,很快就委托日系商社收购。其他畜产品的收购以及输出,由本地的同业会、日系商社、豪利希亚等办理,于是围绕着畜产品的收购与输出,它们之间展开了争夺战,蒙疆的畜产品收购与输出,一时陷入混乱状态。

1. 驻蒙军的羊毛直接收购

1938年年末蒙疆羊毛同业会解散后,由于没有适当的中介机关,1939年1月起,由驻蒙军直接从毛店以及其他地方收购羊毛[①],此外,还规定"日、华、外商都不允许过问羊毛搬出之事"[②]。

收购地点主要是以前的羊毛集散地的包头、厚和、张家口、大同、丰镇、平地泉、多伦以及贝子庙等地。在这些集散地的包头、张

---

① 《蒙疆畜产资源调查报告书》,第99页。
② 《蒙疆经济地理》,第175页。

家口、大同、多伦和贝子庙,驻蒙军军需部直接派遣技术官,进行检验收购。在其他地方,当羊毛搬入市场之际,采取随时出差验收的方法。收购的对象依然是蒙疆羊毛同业会时期的各个毛店,像在贝子庙那样的草原深处,以汉人买卖家为收购对象。从生产者手中直接收购的情况也有,但这种情况很少,其数量也不过是极少的一部分①。

验收方法是对搬入毛店的羊毛,首先是称重量,其次是检查毛质,决定土沙的混入程度。技术官根据"支那羊毛检查规格",对其定价。但当时,能充任这样验收的军方的技术官员不过数名,于是从兼松商店、三井、三菱、大仓、饭田高岛屋、岩井、伊藤忠商事、日绵等八家商社招收了10名技术人员,作为军方的嘱托担任验收任务②。

驻蒙军的羊毛收购价格计算,以1938年12月澳洲(东京价格)羊毛价格为基准,参酌蒙疆羊毛的品质以及东京陆军千住制绒所标注的所需要的各种手续费来决定③。

驻蒙军的羊毛收购款支付是在检查验收后立即进行,在金融方面有自己的优势,但不预付货款,这一点与毛店以及以前天津的外商在交易方面相比,不免显得拮据。但是,驻蒙军手中掌握着价格低廉的物资来进行支付这一点上不容轻视。即本地域的羊毛与原产地的交易,特别在与西北地区贸易中,从其特殊性"物资重于金钱"这点看,其优势非常明显④。

---

① 《蒙疆畜产资源调查报告书》,第94—95、99页。
② 同上书,第95页。
③ 同上书,第101页。
④ 同上书,第80—81页。

当时蒙疆地域执行"物价统制"政策,为此对粮食、畜产品等实行"公定价格",蒙疆地域的输入品物价批发指数和输出品物价批发指数之间存在着巨大的差距。如1940年6月,输入品物价批发指数与1938年相比,上升了360.1%,而同时期输出品物价批发指数仅上升了147.3%[①],所以交易过程中"物资重于金钱"这一点备受重视。

当时,由于向草原深处的流通不顺畅,军方的估价与市场价格相比,极其低廉,所以受到草原深处货主以及从业者的好评。驻蒙军收购时,进展比较顺利,到1939年6月,已经完成了全部支付额的50%。包头开始后半年,几乎100%完成,厚和、张家口的完成率也近20%,并且有逐渐增加的倾向。还有,以前流向伪满洲国的察哈尔、锡林郭勒两盟生产的皮毛类,由于驻蒙军的收购,也流向京包线[②]。

驻蒙军作为充当羊毛货款的物资,主要是棉布类、砂糖类、蜡烛、砖茶、火柴等。砖茶是1938年10月武汉战役后没收的汉口茶厂的制品,棉布类是军方管理的工厂生产的产品。还有,考虑的在运费、税收等方面的优势,不难推察出其商品比市场价格明显低廉[③]。

驻蒙军收购羊毛的大部分,经天津、大阪,运到东京的陆军千住制绒所。此外,收购羊毛的一部分,也运往厚和的满蒙毛织株式

---

① 《蒙疆的经济》,第229—230页。
② 《蒙疆畜产资源调查报告书》,第101—102页。
③ 同上书,第102页。

会社的蒙疆毛织厂,与木棉混纺,生产极为粗劣的军用毛毯①。

但关于驻蒙军的羊毛收购,更加具体是如何进行的,由于资料不充分,尚不能深入阐述,这是今后的研究课题。

2. 豪利希亚的设立

1941年后,作为动物皮毛两品目的指定商,有满蒙毛织、三井、三菱、兼松、大蒙、正华等日系商社,根据驻蒙军的指令担当收购,然后向军方缴纳。只有少量不合格品在地域内销售、加工乃至输出②。

但是进入1941年,如在第三章略述,蒙疆的各盟旗组织起了"豪利希亚"(合作社),收购皮毛等畜产品和家畜,力图进行生活必需品的配给,于是在畜产品流通领域又出现了新机构。豪利希亚的出现,与当时蒙疆实施的统制经济有着密切的关系。这是欲将在伪政府的统制经济下,企图安定逐渐陷于痛苦状况的畜产物生产者牧民们生活的组织。

蒙疆的蒙旗地带的游牧民,出售家畜以及畜产物,购入作为生活必需品的谷物类、棉布类、茶等维持生活。但是,当时蒙旗地带的游牧经济,由于大蒙公司等日系会社垄断了皮毛交易,处于悲惨状态。

即蒙疆地域由于实行畜产统制政策,蒙古牧民生产的家畜以及皮毛类,由于受到价格统制,不能提高价格。但所有的输入生活

---

① 《蒙疆畜产资源调查报告书》,第76页。
② 《跃进蒙疆的产业与交易》,第80页。

必需消费品,比如,蒙古人生活中必不可缺的棉布类、谷物类、砖茶等的价格涨幅,远在畜产品的价格涨幅之上。

如果以事变前一年(1936年6月—1937年7月)的100作为物价指数,来观察输出入商品的话,输入品的纺织品类的指数,到1940年8月达426.4,而蒙疆地域内的生产物、作为输出品的动物皮毛类的指数仅为109.7[①]。当时曾有这样的记载:"十年前卖一匹马,可以买白面一千四、五百斤,现在卖一匹马,只能买白面四、五百斤"[②]。可见由于输入品价格暴涨,导致了草原生活的贫困。

当时,对草原牧民来讲,导致生活必需品的输入价格显著腾贵,作为输出品的畜产物等的价格不能提价的原因,主要有以下几点。

卢沟桥事变后,与日元经济圈的其他地域同样,蒙疆的物价也呈显著腾贵之态[③]。物价显著上涨,会引起很多负面问题,而造成民众生活不安定是其中之一。

抑制物价腾贵作为一个重要问题,不得不提上伪蒙疆政府的议事日程。作为物价腾贵的抑制对策,基本方法是必须纠正导致物价上涨的基本原因通货膨胀和解决物资供应的相对不足。但是,当时在通货以及物资两方面纠正和解决物价上涨的余地不是说绝对没有,但也极其有限。原因在于,蒙疆的物价腾贵,与该地

[①] 蒙疆银行:《蒙银经济月报》9月号(转引自《蒙古资源经济论》第280页)。
[②] 《蒙疆牧业状况调查》,第245页。
[③] 蒙疆物价腾贵的原因,一般认为是由于蒙疆被编入日元经济圈,自然就会受到日本内地高物价的影响。此外,事变当时,交通一时隔绝,物资输入困难,导致物资缺乏,引起物价上涨。最后还有由于法币贬值带来的影响(平竹传三:《兴亚经济论(北支·蒙疆篇)》,大阪屋号书店,1941年,第126页)。

域作为"日、满、支经济圈"的一环,首先必须满足日本的战时经济需求,其次是必须急速完成蒙疆自身的特殊的军事、政治建设等密切相关。

如果说在通货以及物资两方面,不能实行抑制物价上涨的政策,或者说实行这一政策的余地极其有限的话,那么作为抑制物价腾贵的对策除对其进行统制外别无他策。所以在蒙疆欲通过制定公定价格,通过物价统制来达到目的。所谓公定价格,也就是进行价格统制。如在第三章所述,蒙疆地域推行的统制经济,几乎包含生产流域和流通领域的金融、交通、矿产、粮食、畜产业、贸易、物价、劳动力等各个方面。物价统制,是其中的重要一环。

于是,1939年11月,伪蒙疆政府成立了物价委员会,公布了"物价统制令",开始对粮食等农产品、畜产品实行"公定价此后各个地区确定了本地区的粮食以及畜产物的"最高标准价格"[①]。

但实行物价统制,在蒙疆也有困难或者说还包含着矛盾。首先,第一是物价统制,会成为其对象的物资供应不畅这样的困难出现。蒙疆地域的生产物、实施公定价格的商品,在蒙疆地域与地域外,特别是与华北之间存在显著的价格差异。因此蒙疆地域内的物资通过走私渠道有流向华北地区的倾向。关于此贸易统制方面的问题,已经在第三章进行了论述。

伴随着物价统制的另一个困难是低物价政策,即使对地域内生产物适用,对地域外的输入品未必适用。关于输入品,并不是不

[①] 蒙古联合自治政府总务部编:《蒙古法令辑览》(第1卷)产业篇,蒙疆行政学会,1940年,第18(3)页。

能不实施公定价格。只是关于输入品,蒙疆政府的价格统制的范围,对其极其有限。这是因为输入蒙疆的商品大部分都通过华北,或者输入是由京津资本来进行的,蒙疆的输入品价格,经过京津地方高物价的洗礼,而蒙疆又不得不接受这一"洗礼"。仅仅输入品价格受华北高物价的影响,蒙疆就相应地背负上了不当的、不合理的负担。其结果是在蒙疆地区,地域内的生产物与输入品之间产生了悬殊的价格差距。比如,相对于 1940 年 8 月输入品指数(调查品目 14)的 373.6,输出品指数(调查品目 23)为 153.8[①],可见两者之间的悬殊差距。

输入品价格与地域内生产物价格之间呈现如此悬殊的差距,意味着地域内生产者必须低价出售自己的生产物,高价购入生活必需品。不用说,这就意味着由于价格统制,加重了地域内生产者的生活负担。如果不能纠正由于价格统制导致的生产者负担的加重,就会导致物资供出困难。

鉴于此,为"安定牧民生活和畜产物的顺利供出,并振兴蒙旗经济",1940 年 12 月 21 日到 28 日,蒙疆政府在张家口召集各盟长官以及代表,召开了蒙古生活会议,讨论后决定在蒙旗地方设立"豪利希亚"。豪利希亚的设立,是欲达成"使牧民的家畜以及畜产品以合理的价格卖出,同时廉价购入粮食、棉布、茶等生活必需品,以求安定牧民生活之目的"[②]。

关于豪利希亚的机能和作用,伪蒙疆政府预想到:"这个给蒙

---

① 《蒙古资源经济论》,第 280 页。
② 蒙古生计会合作部:《蒙古生活豪利希亚第一辑》,转引自芦明辉《蒙古自治运动始末》,中华书局,1980 年,第 315 页。

古人的经济生活带来划时代转换的豪利希亚,是类似中国的合作社的组织,是以更生、提高蒙古人消费经济的组合性组织。因此,发展扩大豪利希亚,消除以前商人的中间剥削,以合理的价格进行交易,对于从事商业交易历史不长的蒙古来说,是一大福音"①。

豪利希亚大纲如下:

一、蒙古各旗,如使其民众,将自有之牲畜皮毛等生产品,售得较高之价格,并以廉价购得米面、茶、布等日常必需品,以求其生活之安定起见,一律依照近数年来各旗长官及代表屡次会商之成议,以及苏尼特右旗、太仆寺右旗业经举办之实例,各会本旗民众,成立一生活团体,而称之为某旗生活豪利希亚,其组织及业务会计等规则均另定之。

二、各旗生活豪利希亚,均采股份制,每股金额定为十元,各旗民众每户须担任一股至三百股。其无力缴款者,须按每户一股,由各旗豪利希亚代问银行或本旗富户借给之,逐年以其应得之利润扣还之,或提本豪利希亚所得公积金之一部分代还之。

三、各旗豪利希亚,为与本盟公署联络便利及共同办理关于购入售出等事宜,每盟豪利希亚公推代表、副代表各一人,称之为某盟各旗生活豪利希亚代表或副代表。

前项代表、副代表,为办事便利节省经费计,在本盟时,以劝业厅为联络处所,到张家口时,在从前倡办的各旗生活合作

---

① "蒙旗豪利希亚设置",《蒙疆年鉴》,1942年,第90页。

社之蒙古生计会合作部办事。所有该合作部在各旗合办之生活合作社,均并归各该旗豪利希亚办事之。

四、各旗生活豪利希亚之全部会计,各自独立办理,其营业盈亏,各不相涉,蒙古生计会合作部,自各旗生活豪利希亚代表加入后,其关于业务会计,亦独立办理。与蒙古生计会其他部分关于业务之会计,各不相混。

五、各旗生活豪利希亚及蒙古生计会合作部,因系关于安定民众生活之事业,对于政府地方各关系官署,务须妥为联络,求其予以便利及指导。对于各关系公司商号等,亦须推诚相与求其同情与援助[①]。

于是,将曾于1936年设立的蒙古生计会[②]进行整顿,作为豪利希亚的总机构,推选政务院院长吴鹤龄任会长,兴蒙委员会会长松津旺楚克,兴蒙委员会副会长吉尔嘎郎为副会长[③]。

当时羊毛、骆驼毛、皮革是日本军方规定的统制收购物资,而纯游牧地带牧民生活必需品的购入和畜产物的销售,驻蒙军委托大蒙公司等日系公司代为收购。但大蒙公司等日系会社由在生产市场的蒙旗地域没有密布的收购网,由于人手不足,所以只能利用经常到盟旗"出拨子"的旅蒙商代为收购。日系商社的大蒙公司

---

① "蒙旗豪利希亚设置",《蒙疆年鉴》,1942年,第90页。
② 1936年,蒙旗地带发生雪灾,当时的蒙古军政府从伪满洲国等地募集到了雪灾救济金。于是就用这笔救济金作为基金,设立了蒙古生计会。在会长吴鹤龄的主持下,开设德化商店,收购受灾者家畜的皮,然后将这些皮转卖给军队制作军服。计划将受灾者集中起来组织新村建设,进行植树造林(森久男译:《德王自传》,第153页)。
③ 《我所知道的德王和当时的内蒙古(2)》,第78页。

等，从驻蒙军手中以统制价格取得廉价的棉布和砖茶等商品，将其分配给赴盟旗的旅蒙商，旅蒙商将这些商品高价出售给牧民，将低价收购牧民的羊毛、皮革交给大蒙公司，再由大蒙公司转交给驻蒙军。经过这些中间盘剥后，牧民所受的损失非常大，也严重影响到了他们的生活。

豪利希亚设立后，经与驻蒙军交涉，将收购蒙旗地区皮毛类畜产品的收购权，由日系的大蒙公司等转交给豪利希亚办理[1]。即皮毛类等畜产品由豪利希亚收购后，缴纳驻蒙军，向军方直接换取牧民所需的生活物资，减少中间盘剥。还有，由盟旗各地输出的家畜，也尽量经豪利希亚之手，直接向北京、天津、伪满洲国输入，并购入棉布、米面、砖茶等，然后以低廉的价格向牧民配给。

这样，由于豪利希亚的设立，蒙疆地域的皮毛类收购，作为向军方纳入输出的从业商，有以前的日系商社，过去各地的汉族羊毛同业公会，新成立的豪利希亚也成为其中的一员。

原来蒙疆羊毛同业会的成员，日系会社的蒙疆畜产股份有限公司等，虽然在蒙疆地域进行畜产品的收购活动，但在草原深处没有收购网，只不过是将汉族旅蒙商收购到的货物转手上缴军方而已。1941年末，在蒙疆的草原深处的各蒙旗，设立豪利希亚后，开始进行畜产物的收购，生活必需物资的配给，其后其活动逐渐加强。汉族业者在草原的交易也失去了往日的自由，同时也间接地影响到了日本商社的利益。由此可知，如果日系商社得不到汉族业者的配合，无论如何也难以提高业绩[2]。因此，日系商社与豪利

---

[1] 《我所知道的德王和当时的内蒙古(2)》，第78页。
[2] "蒙古皮毛公司新设"，财团法人善邻协会：《蒙古》，第11卷第1号，1944年1月，第84页。

希亚之间,开始出现纠纷。对于日系商社来说,维护汉族商人的利益,就等于维护自己的利益。为此,围绕着畜产品的收购,与豪利希亚之间展开了争夺战。

但是,以成为蒙旗唯一经济机构为目标的豪利希亚,处于草创初期,机构尚不健全,并且其成立的宗旨也与日商利益相冲突。再加上由于控制豪利希亚的政府官员贪污肥己等原因,其运营效果并不理想[1]。由此可知,蒙疆的皮毛类交易当时处于混乱状态,在收购价格、收购地域、运输等方面缺乏协调,没有统一规定,各自维护自身利益。弊害丛生,导致流通梗塞,严重影响到了日本为支撑战争而进行的对该地域畜产资源的掠夺搜刮。日本方面认为:"蒙旗经济健全发达不利这一点上理所当然,就是对汉族业者的影响方面也无益处,已经到了必须设法解决的阶段。若使蒙古的皮毛交易走向健全化,除加强统制外别无其他选择"[2]。于是决定对伪蒙疆地区的皮毛畜产品实施强制性的一元化统制,建立更具有统制力的机关。

二、设立新畜产物统制机关的必要性和目的

鉴于羊毛等畜产品作为战略资源的重要性,为确保这些资源,日本占领当局欲对蒙疆的羊毛等畜产物的收购机构进行更加严厉

---

[1] 《我所知道的德王和当时的内蒙古(2)》,第78页。
[2] "蒙古皮毛公司新设",财团法人善邻协会:《蒙古》,1944年1月,第84—85页。

的一元化统制。建立新机构进行统制的理由,主要是促进收购;强化配给及输出统制;统制皮毛类的价格;保障蒙旗牧民生活必需物资的供给。

1. 促进收购

设立新的畜产物一元化统制机构的目的,首先是为了促进收购。由于当时皮毛类的交易及产地多处于交通不便的草原深处,需要有密集的收购网、强大的运输能力以及丰富廉价的回程物资和巨额的收购资金。但当时在蒙疆地区内从事皮毛交易的日商公司、汉商、豪利希亚等虽然在个别领域有自己的优势,但都不具备凭借自身实力满足以上在草地从事收购交易的全部条件。如日系商社在收购资金和运输能力方面虽然占优势,但收购网点少;各地羊毛同业公会的汉族商人在资金方面较为紧张,可由于在蒙地经营多年,收购网点密集;豪利希亚虽占"地利"优势,但资金紧缺,运输联络方面也是其"短项"。日本占领当局认为,将在蒙旗从事皮毛收购交易的日系公司、汉商、豪利希亚进行统合,使之作为统一机构的构成分子发挥各自的优势,才能更好地促进收购。

2. 统制配给与强化输出

日本占领当局欲通过设立新的统制机构,力图强化配给和输出统制。当时的所谓配给是包括将收购到的所有皮毛类的对日供给、地区内的配给以及对外输出等相关事宜。皮毛类的对日供给,尤其是对日军需供给是配给统制的重点。在以此为中心强化收购的同时,日本占领当局虽言兼顾地区内消费,但强调地区内的消费必须严格控制,只能补充最低所需量。所以对地区内消费进行一元化统制,建立起施行原材料的重点配给制度,可以防止出现倒卖原材料现象。关于输出,日本占领当局规定,在满足对日供给和地区内消费的前提下,其剩余部分可输出。从当时的实际情况看,并没有对外输出的可能。但伪满洲国和华北日本占领区等地,希望多提供蒙疆产皮毛的要求极其强烈。于是日方规定:"对此要在负责的前提下,从蒙古自身的立场考虑,某种程度上可以输出,价格方面可以自由掌握。在皮毛资源并不十分充足的情况下,由于价格的诱惑,为满足输出要求有可能希望输出"[①]。所以,在输出方面也非常有必要建立更具统制力的机关。

3. 统制皮毛类的价格

通过设立新的统制机关,计划对皮毛类的价格进行统制。当时羊毛每100斤的平均收购价格大概为60元左右[②],这一价格与卢沟桥事变前的平均收购价格差别不大。如前所述,卢沟桥事变后,蒙疆地域的输入品价格飞涨,而皮毛类的价格由于受到伪政府的价格统制无法提价。生产者低价出售皮毛类,高价购入生活必需品,损失极大。

当时作为解决此问题的办法之一是将从畜产品对外输出组合征收的手续费,来充当向家畜主产区的物资配给费。这是为解决由于蒙疆实行低物价政策带来的矛盾,即蒙疆地域内的生产物与

[①] "蒙古皮毛公司新设",财团法人善邻协会:《蒙古》,1944年1月,第85页。
[②] 《蒙疆政权管内羊毛资源调查报告》,第13页。

输入品之间的价格差异,为继续坚持蒙疆地区的低物价政策,弥补蒙疆地区输出品在地域内外的价格差异,以伪政府名义支出的预算①。

所以军方对出售皮毛类的配给回程物资的价格,比当时同类物资的市场价格要低,但低价配给的回程物资能否确确实实地落到生产者手中却是问题。即中介者无视回程物资的优惠价格而以市场价格充当收购皮毛类的报酬时,生产者获得的出售皮毛类的收入自然减少。如果中介者利用倒卖回程物资获得的巨额利润来充当投机资金的话,反过来又会刺激皮毛类价格的上涨。日本占领当局认为:"出现第一种情况对直接生产者不利,其结果会招致生产减退;出现第二种情况,在某种意义上使生产者蒙受损失的同时并会导致价格的不合理上涨"②。这些都不利于其搜刮。为避免出现这两种情况,"制定合理价格,并且最好是呈现合理价格,能够直接让生产者受惠的交易形态,这是必须实行价格统制的理由"③。而这一任务的完成,更需要强有力的统制机关来担任。

4. 强化蒙旗民众生活必需物资的供给

如前所述,输入品价格与地域内生产物价格之间如果存在显著差距,就意味着地域内生产者不得不廉价出售自己的生产物,高

---

① 《蒙古资源经济论》,第 273 页。
② "蒙古皮毛公司新设",财团法人善邻协会:《蒙古》,1944 年 1 月,第 86 页。
③ 同上。

价购入生活必需品。也就是说由于价格统制,地域内生产者生活负担加重。所以,如果不纠正由于价格统制导致的生产者负担加重问题,会引起物资供出困难。

所以,在物资供应日益不足的当时,为使皮毛类顺利供出,为保障蒙旗牧民生活必需品的供应,有必要设立强有力的统制配给机关。

在蒙旗地带进行皮毛交易之际,作为回程物资的生活必需品的充足供应,对促进皮毛类的收购至关重大。但进入1943年后,日本本土以及殖民地、占领地普遍物资匮乏。当时"最近一般物资供应紧张,供应蒙旗的回程物资在取得上亦出现困难。现在就连获得所需最低数量亦不可能,可以预测,将来的供应状况会更加困难"[1]。这种情况下,如果想有效地利用有限的配给物资,安定蒙旗的民生,并且使皮毛类的收购更加顺利的话,必须建立起能够在适当的时期、适当的方面将所需要的回程物资能够妥当安排投放的统制机关。

为实现上述目的,有必要将蒙旗地带既存的各种收购机关统制在新机构下,"克服过去的种种弊端,以便高度完成经济决战形势下赋予蒙古的重要使命"[2]。于是日本占领当局设立了集收购、配给、输出为一体的一元化统制机关"蒙古皮毛股份有限公司"。

---

[1] "蒙古皮毛公司新设",财团法人善邻协会:《蒙古》,1944年1月,第86页。
[2] 同上。

三、蒙古皮毛股份有限公司的性质及业务内容

1941年12月8日,太平洋战争爆发,战争初期,日本取得了压倒性的胜利,但1942年6月中途岛海战后,美军逐渐开始反击。进入1943年后,战局的发展对日本更加不利。连年战争,带来巨大的物资消耗,战争开始以后一直被贯彻的"以战养战"政策,此时更进一步被强化。对占领地以及殖民地的战略物资搜刮也更加变本加厉。在蒙疆提出了所谓生产协力三大原则的"粮食就是子弹、羊毛就是火药、人力就是武力"的口号,更加重了蒙疆为日本战争经济提供战略资源的"任务"。蒙疆地域所产的铁矿石、煤炭重工业资源以及羊毛等畜产资源,更成为向日本加速提供的重要物资。鉴于羊毛等畜产物作为战略资源的重要性,为确保这些资源,有必要对蒙疆的羊毛等畜产物的收购以及输出实行一元化统制,设立新的统制机关。

在此背景下,1943年9月30日,拥有资金1000万[①],对羊毛以及其他动物毛、动物皮革进行一元化收购统制,在确保对日供给以及军需供出的同时,将不适合军需用皮毛类,用于地方轻工业,力图增大轻工产品的振兴输出,并在培养畜产资源的目的下,设立了"蒙古皮毛股份有限公司"。

---

① [日]创造社:《跃进的蒙疆经济 新东亚经济(特别号)》第3卷第30号,1944年11月,第127页。

1. 蒙古皮毛股份有限公司设立要纲

为设立适应新形势下的统制机构,1943年7月初,张家口日本大使馆事务所制定了《蒙古皮毛股份有限公司设立要纲》,对计划设立的新机构的设立方针、要领、措施等向日本大东亚省请示。设立方针为"为使皮毛类的收购、对日供给、军需交售、地域内配给以及对外输出顺畅,并为振兴地域内产业以及为提高民生做贡献,设立关于从事皮毛交易的新公司"。要领是"新公司为新设立之机构,但适当承认既存的业者中(包括豪利希亚)为新公司的指定收货者,充分活用其经验技术,新公司要尽可能整备现地阵容,努力进行直接收购"。措施为通过"制定蒙古皮毛股份有限公司法"以及"基于物资统制法以及贸易统制法和制定兴蒙委员会及经济部共同部会令",作为新公司成立的准备阶段。这里引人注目的一点是,这次计划设立的预定统制机关,和前述的蒙疆羊毛同业会不同,即不采用允许以前的毛店继续存在,通过统制中继市场的办法,将集中到毛店的羊毛进行收购的方法,而是计划要从生产地直接进行收购。

7月16日,大东亚省就张家口大使馆事务所关于新机构设立之事,"原则上同意",并指示当前正值皮毛上市之际,应加快办理[①]。

于是在日方的操纵下,伪蒙疆政府很快就颁布了《蒙古皮毛股

---

① JACAR(アジア歴史資料センター)Ref.B06050425100,「蒙古皮毛股份有限公司設立ニ関スル件」。

份有限公司法》①,关于设立新公司的方针、事业内容、组织等是这样规定的:"政府对羊毛以及其他动物毛、动物皮实行一元化的收购统制,在确保对日供给和军需交售的同时,力图振兴扩大使用军需不合格皮毛类进行生产的轻工业,增加输出,设立有利于畜产增殖的蒙古皮毛股份有限公司(以下简称公司)(第1条)。"公司以经营下述事业为目的:(1)皮毛类的收购;(2)皮毛类的对日供给以及军需供出;(3)军需不合格产品的处理;(4)指定业者的统制及融资;(5)皮毛类的加工;(6)回程物资的手续保管及配给;(7)以上各项的附带事业"(第2条),"政府对公司的业务可以在监督上、公益上或对军需交售方面进行必要的命令"(第18条)。

鉴于动物皮毛类作为战略资源的重要性,为确保并增强之,力图整备适应战争局势的机构,日本方面通过蒙疆政府,公布蒙古皮毛股份有限公司法,特别强调政府的业务监督和军需交售的同时,决定成立特殊会社,全权垄断有关皮毛类及其他畜产品的收购输出,重点保障皮毛类的对日输出和军需供给。

2. 蒙古皮毛股份有限公司的性质及构成

1943年9月30日,由伪蒙疆政府、日系商社、豪利希亚以及各地的羊毛同业公会,根据"蒙古皮毛股份有限公司法","抛弃前嫌,响应决战下的大使命"设立了作为特殊会社的"蒙古皮毛股份有限公司"(以下简称新公司),决定"今后除本公司和本公司指定

---

① JACAR(アジア歴史資料センター)Ref.B06050425100,「蒙古皮毛股份有限公司設立ニ関スル件」。

的收购者外,禁止第三者收购蒙疆的皮毛类"。新公司的资本金为1000万元,出资者以及出资股份(全部 20 万股)为伪蒙疆政府出资 500 万元(10 万股),豪利希亚 240 万元(48000 股),大蒙公司、蒙疆畜产股份有限公司各出资 100 万元(各 20000 股),现地的同业公会出资 60 万元(12000 股)①。

豪利希亚以及现地的同业公会共出资 300 万元,超过日系商社的 200 万元,占总股份近三分之一,日本主要是要贯彻要纲中的"充分活用其经验技术,使新公司迅速整备现地整容,努力进行直接收购"。即考虑新公司在开展业务时,希望得到现地系的理解和支持。伪蒙疆政府出资占出资总额的一半,足见伪蒙疆政府、其实是日本占领当局对皮毛收购输入之事的重视程度。伪蒙疆政府不仅仅是新公司在形式上的监督指挥者,而是身体力行,让其作为其中的一分子参与新公司的具体业务,通过从事具体业务来进行必要的统制。

公司机构采取本店、支店制,在大同、厚和、张北、贝子庙、百灵庙、包头、多伦、西苏尼特旗、北京、天津、新京、东京设置办事处②。

组织机构方面,"重用现地系,采用理事制,由政府任命理事长一名,副理事长两名,通过董事会互选,经政府认可的理事三名"③。

---

① "蒙古皮毛公司新设",财团法人善邻协会:《蒙古》,1944 年 1 月,第 83—84 页。

② 《跃进的蒙疆经济 新东亚经济(特别号)》第 3 卷第 30 号,1944 年 11 月,第 127 页。

③ JACAR(アジア歴史資料センター)Ref. B06050425100,「蒙古皮毛股份有限公司設立ニ関スル件」。

成立当初，理事长缺员（后由城谷洋海担任），副理事长由永岛忠道、张积成担任。有理事6名。监事3人。理事分别由川野末吉（大蒙公司）、生田久太郎（蒙疆畜产）、阿拉坦额齐尔（豪利希亚）、万成（大同同业会）、傅永春（巴盟）担任。监事分别是冈部理（政府）、松克鲁多尔（豪利希亚）、常福（张家口同业会）。初建时，公司拥有日系职员90人，现地系职员90人，共计180名①。

在处理新公司与既存收购机构的关系方面，指定蒙旗的豪利希亚为该公司的收购人，在指定的地域内担当收购工作。并将收购的产品交付公司，公司对其提供回程物资。在没设立豪利希亚的地域或豪利希亚存在，但没有完全收购能力的地域，指定其他业者进行收购。对于日系商社，规定"以前在蒙旗地带进行皮毛类收购，之后向军方缴纳的蒙疆畜产、大蒙公司之外的六家商社（三井、兼松、高岛屋饭田、满毛、钟纺、东拓）从其资金和技术方面考虑，期望在今后的收购活动中发挥更大作用，作为新公司的指定收购者在新公司的统制下担当收购任务"。关于当地从业者，规定其作为新公司的指定收购业者担当收购任务②。

蒙古皮毛股份有限公司的性质是一元化统制地域内皮毛类的收购、对日供给、军需交售地域内配给输出的机构，并且不单单进行形式上的统制，自身也从事业务，通过从事业务强行进行统制。所以，新公司是完全垄断皮毛类交易事业的机构。公司事业的运

---

① 《跃进的蒙疆经济 新东亚经济（特别号）》第3卷第30号，1944年11月，第127页。

② JACAR（アジア歴史資料センター）Ref. B06050425100,「蒙古皮毛股份有限公司設立ニ関スル件」。

营,一切接受伪政府的指挥监督,以除去由于垄断业务带来的弊害,力图完成皮毛类的顺利供给。

根据《蒙古皮毛股份有限公司设立要纲》和《蒙古皮毛股份有限公司法》,该公司的具体事业内容为"皮毛类的收购、皮毛类的对日供给以及军需输出,军需不合格品的处理、统制指定业者以及对其融资、回程物资的分配配给事项"[1]。

即新公司原则上直接进行皮毛类的收购,由于地域关系和其他原因,可以指定业者代为收购,然后交付公司。在对指定业者进行统制的同时,也对指定业者进行融资业务。

具体销售配给方法为,对日供给及军需用皮毛类全部直接缴纳给驻蒙军。军需不合格产品,公司与伪政府协商后,列入交易计划。对伪满洲国和华北输出。关于地域内轻工业者的原材料配给,各地以同业公会为单位提出所需数量的申请,伪政府核定后,指定每个季度的配给计划,在接受伪政府认可计划的基础上实行[2]。

关于资材(原料)获得方面,蒙古皮毛股份有限公司称为安定牧民的生活,以资提高民生,为确保导入生活必需物资,顺利实施配给,以期待确保动物毛、动物皮的增量。所以,在每年的交易计划中,列入所需要的品种数量回程生活必需物资,作为获得

---

[1] JACAR(アジア歴史資料センター)Ref. B06050425100,「蒙古皮毛股份有限公司設立ニ関スル件」。
[2] 《跃进的蒙疆经济 新东亚经济(特别号)》第 3 卷第 30 号,1944 年 11 月,第 128 页。

第十章 畜产流通领域中蒙古皮毛股份有限公司的统制 295

物资①。

蒙古毛皮股份有限公司的收购经路以及回程配经路图

1. 收购经路

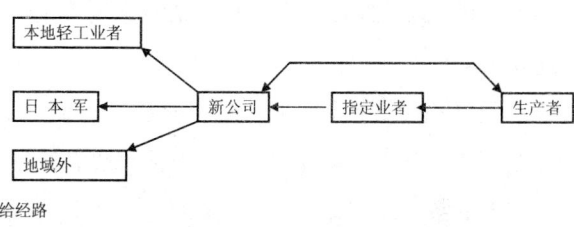

2. 回程物资配给经路

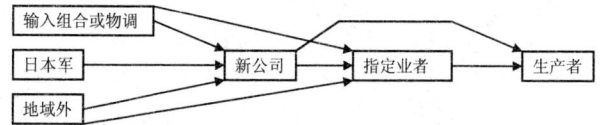

3. 业务活动

考虑到蒙古皮毛股份有限公司的业务发展，1944年4月7日，作为兴蒙委员会、经济部令，颁布了有关动物皮毛类统制的《关于动物皮毛类统制之件》②，并开始实施。《关于动物皮毛类统制之件》的主要内容如下。

第一条　本令对动物毛类、动物皮毛等的收购输出进行统制，以确保供出数量，对轻工业者配给顺利为目的。

第二条　动物皮毛类的收购由蒙古皮毛股份有限公司或

---

① 《跃进的蒙疆经济　新东亚经济（特别号）》第3卷第30号，1944年11月，第128页。
② "关于动物毛动物皮之件"，JACAR（アジア歴史資料センター）Ref. B06050425100，「蒙古皮毛股份有限公司設立ニ関スル件」。

同公司的指定收购业者收购，其他机构和人员不得为之。

第三条　动物皮毛类的销售输出除蒙古皮毛股份有限公司外不得为之，但由同公司发给证明书的指定收购业者不受此限。

第四条　上条关于销售输出根据政府的指示蒙古皮毛股份有限公司每个月制定计划，预先得到政府的许可。

第五条　根据本令，动物皮毛类包含屑毛、故毛、皮革、旧毡类。

第六条　本令适用成纪七三七年一月三十一日的经济部令第一号关于西北贸易的统制中，有关动物皮毛类的规定。

即再次强调了今后有关皮毛类的收购以及销售输出，必须全部通过蒙古皮毛股份有限公司来进行。

为使新公司的业务顺利运营，1944年4月7日，蒙古皮毛股份有限公司在张家口日本商工会议所会议室召开了指定收购业者座谈会，以贯彻同法令的精神。对地区内加工业者的配给、军需纳入输出进行一元化的处理。新公司与本次新指定的收购业者，在本年度收购上的各种问题、各个地区应确立的收购目标、不同地域的标准收购价格的事先商定、回程配给物资的标准价格、地方运输能力的使用等方面进行了磋商[①]，以求顺利完成当年的收购任务。

总之，从1943年10月到1945年8月日本战败、伪蒙疆政权崩溃为止，该地域的皮毛类等畜产品，在蒙古皮毛股份有限公司的

---

① "指定收购业者恳谈"，财团法人善邻协会：《蒙古》，1944年6月号，第108页。

一元化统制下,其收购、配给以及输出都在该公司的垄断下进行。但是,由于受资料不充分的制约,该公司的详细业务活动是如何展开进行的,尚不能全部清晰还原、彻底阐述,这是今后的研究课题。

四、本章小结

日本占领蒙疆地域后,日本的羊毛输入界同时也获得了蒙疆地区的羊毛商业权。并且伴随着蒙疆统制经济政策推进,羊毛统制作为统制经济中的一项重要内容,也被积极推进。在蒙疆地区最早成立的羊毛统制机关是蒙疆羊毛同业会。但是,如在第九章所论述的那样,该会设立一年后,由于种种原因,不得不解散。

蒙疆羊毛同业会解散后,动物皮毛类的收购以及军需的纳入和输出曾一度由驻蒙军、日系商社、各地的汉商同业会以及豪利希亚承担。在收购价格、规格、运输等方面缺乏协调和统一,在确保军需方面产生了诸多不便。

进入1943年以后,伴随着日本在太平洋战场上的颓势,军需物资的输入愈加困难,于是对占领地的资源依赖更进一步加强。蒙疆地域也鉴于动物皮毛类作为军需物资的重要性,力图确保并增强之。为适应时局的变化,对机构进行整备,日本占领当局开始考虑对蒙疆的畜产品收购机关进一步实行新的统制。目的是促进收购;强化配给统制和输出;对皮毛类的价格进行统制;保障蒙旗牧民生活必需物资的供给等。因此,1943年10月,设立了关于畜产品的新的统制机关——特殊会社蒙古皮毛股份有限公司。

设立新的畜产物一元化统制机构的最大目的,是促进收购。

即统合在蒙旗进行皮毛交易的日系商社、汉族商人、豪利希亚,设立一个统一的统制机关,让上述机构作为构成分子在新统制机构中发挥自己的特色、特长,提高综合业绩,这是在收购方面最希望的。

还有,通过设立新的统制机构,力图达到强化配给和输出统制。更进一步,通过新统制机关的设立,欲统制皮毛类的价格。也即是说,制定适当的价格,通过合适的价格将生产者手中的产品,通过合理交易吸收到自己方面来。为顺利完成这一任务,也须要更加强有力的统制机关来担任。为实现以上目的,克服、超越以前的各种缺点,设立了集收购、配给、输出为一体的"蒙古皮毛股份有限公司"。

日本占领当局的目的是通过设立新的统制机关,全面把握该地域的畜产资源,统合以前散在的畜产关系者,通过设立更加强有力的统制机关,增大军需供应数量,同时提高蒙旗的民生,振兴该地域的轻工业。

收购方法,不像前述蒙疆羊毛同业会那样,允许以前的毛店继续存在,利用统制中继市场的方法,垄断收购集中的毛店的羊毛。而是企图从生产者手中直接收购畜产品。特别是从此以后,蒙古皮毛股份有限公司或该公司指定的收购者以外,不承认第三者对动物皮毛的收购。强烈表现出要垄断经营从生产市场到中继市场畜产品收购、输出业务。并且将畜产品的收购成绩与回程物资的配给分配挂钩,企图彻底把握该地域的畜产资源,为日本的战时经济"做贡献"。

总而言之,到日本投降,伪蒙疆政权崩溃,该地域的皮毛类等畜产品，置于蒙古皮毛股份有限公司的一元化统制下，其收购、配给以及输出等，都在该公司的垄断经营下进行。

余论 畜产物生产及流通领域以外的考察及今后的课题

一、畜产物生产及流通领域以外的考察

1. 蒙旗建设运动

蒙疆畜产品的主要产地,如前所叙述的那样,是阴山山脉北部的游牧地带的蒙旗地域。这一地域当时是蒙古族的居住地带,受汉族农耕侵蚀的影响较小,由于实行粗放式的游牧,生产效率并不很高。为涵养畜产物,为日本的战时经济服务,在日本主导下,伪蒙疆政府欲通过强化行政能力、提高教育、医疗水平、改善经营方法等,提高牧业的生产效率。

于是,1942 年,伪蒙疆政府欲通过强化蒙旗游牧地域的行政机关职能,发展医疗卫生、豪利希亚事业等,开始了所谓"蒙旗建设运动"。

1942 年 5 月,前述兴蒙委员会召开了委员会会议,在这次会议上,制订了 10 年规划的"兴蒙计划"。该"兴蒙计划"的内容,是以蒙古人的居住地域为对象,以(1)设立畜产加工工厂共同设施;

余论　畜产物生产及流通领域以外的考察及今后的课题

(2)打井以及修理、防止火灾以及狼灾,栽培饲料作物、通过奖励牧草收获进行牧野整备;(3)整备扩充家畜防疫处;(4)制定绵羊改良增产计划、马增产计划;(5)强化苏木制度、确立蒙旗财政;(6)登录蒙医、调查各旗的人口出生及死亡、补助贫困产妇、振兴教育等为目标①。

6月,伪蒙疆政府制订了《蒙旗建设十年计划》,在6月24日的政务院会议上正式通过。该计划将蒙旗建设分为三个阶段进行,第一阶段为4年,第二阶段3年,第三阶段3年,预定为十年计划②。

这个"蒙旗建设10年计划"的主要着眼点,是组建"蒙旗建设队"。以兴蒙委员会为主,各盟、旗公署共同编成、派遣蒙旗建设队,在各旗进行内务行政的实地指导。早在1941年8月,兴蒙委员会就已经向锡林郭勒盟各个旗派遣了实态调查班③,进行行政指导,被认为是派遣蒙旗建设队的第一步。于是作为第一年度(1943年度)的计划,决定向西苏尼特旗(锡林郭勒盟)、四子部落旗(乌兰察布盟)、厢黄旗(察哈尔盟)派遣蒙旗建设队④。并考虑逐渐选择其他旗的适当场所,进行建设。

根据蒙旗建设队的"蒙旗建设重点项目进度表",其推进事项

---

① "兴蒙委员会的活动",财团法人善邻协会:《蒙古》第9卷第8号,1942年8月,第2页。
② 《蒙疆年鉴》,1944年,第26页;《我所知道的德王和当时的内蒙古(2)》,第99页。
③ 作为调查结果,1941年12月由兴蒙委员会发行了《锡林郭勒各旗实态调查报告》。
④ 《蒙古》第9卷第8号,1942年8月,第92页。

为:(1)公共设施建设地点的选定及建设;(2)强化旗公署;(3)对旗制进行研究调整;(4)旗地的研究调整;(5)建立旗兴蒙学校以及分校,设立校外教室;(6)整顿喇嘛庙以及喇嘛制度的复古;(7)充实旗豪利希亚及各支部,定期举行交易;(8)确立旗财政;(9)全面编成旗保安队,并定期举行交替分期训练[①]。即蒙旗建设队的活动目标是确立旗制和旗财政制度,以及喇嘛教制度等。

从1942年7月起,兴蒙委员会开始着手实施"蒙旗建设事业10年计划",正式组成了蒙旗建设队。政务院院长吴鹤龄兼任总监,兴蒙委员会委员长松津汪楚克任督办,副委员长吉尔嘎朗、穆克登宝以及察哈尔盟盟长卓特巴扎布、乌兰察布盟盟长沙巴多尔齐任会办。蒙旗建设队下设总务、调查、工事、民政、教育、保安、实业等7个班,兴蒙委员会各处的处长以及所属的职员具体负责。指定木村佑次郎、中嶋万藏和锡林郭勒、乌兰察布、察哈尔三盟的参事官森一郎、山本亲信、简牛耕三郎参与计划。他们之下,兴蒙委员会的日系职员被任命为顾问。为办事方便,将蒙旗建设队的本部设在德化[②]。

蒙旗建设队队长由前述兴蒙委员会副委员长吉尔嘎朗担任,第一期蒙旗建设队约由30名组成,主要由兴蒙委员会中的蒙古人、日本人职员为中心编成。蒙旗建设队在指定的各旗,根据"第一期计划大纲",对旗公署职员进行内务行政指导,为建设模范旗,推进各种设施的建设。首先,蒙旗建设队根据建设"草原唯一的牧

---

① 蒙古自治邦政府蒙旗建设队:《蒙旗建设队现地工作状况中间报告书》,1943年,第2—3页。

② 前揭:『我所知道的德王和当时的内蒙古(2)』,第99页。

民文化设施集合地带"的构想,选定公共设施的设置地点,并利用现存的设施,预定建设豪利希亚、兴蒙学校、保健所、牧场、农场、乳制品加工厂、皮毛加工厂。建设之际,蒙旗建设队向各旗派遣数十名或百名以上的劳动者,从周围的县域购入建设资材,开始建设各种设施。在进行这些建设的同时,蒙旗建设队还对旗的行政、文教、牧野的概况等进行调查①。并考虑到不给蒙旗增加财政负担,所有的建设费用都由兴蒙委员会负担。欲通过这样的建设,达成强化各旗的行政机能、确立财政制度、指导教育设施、整顿寺庙、充实豪利希亚、普遍设立保健所、普及家畜防疫、建设中心村冬营地等目标。

1942年11月,召开了第三次兴蒙委员会定例会议,政务院长吴鹤龄谈到了蒙旗建设队的派遣问题,并讲今后要继续努力,进行"蒙古复兴"工作。该会议认为,1943年度的兴蒙政策主要推行:(1)蒙旗建设工作;(2)整备蒙旗财政;(3)复兴喇嘛教政策;(4)推进保健行政;(5)推进兴蒙教育;(6)推进牧业发展②。1943年3月,伪蒙疆政府召开了盟、省、特别市次长参与官会议,对建设后的旗的管理,制定了管理要纲,开始推进蒙旗地带保健所人员以及蒙古人现代医学人员培养10年计划等。还有,伪蒙疆政府选定1943年度的建设旗为锡林郭勒盟的浩济特旗、东阿巴哈纳尔旗,乌兰察布盟的达尔罕旗,察哈尔盟的上都旗为新增建设地域③。

---

① 《蒙旗建设队现地工作状况中间报告书》,第1—8页。
② 善邻协会调查部:《蒙古》第10卷第1号,1943年1月,第79—84页。
③ 善邻协会调查部:《蒙古》第10卷第6号,1943年6月,第80—82、100页。

1943年5月,蒙旗建设队,根据"强化旗公署、保全旗地、改善生活"第二年度工作的内务行政指导要领下展开工作,在指定旗建设旗公署厅舍或使之固定化的同时,又制定了伴随着旗地保全政策的推进,禁止开垦蒙地;随着兴蒙委员会训令蒙民生活改善法的颁布,确立蒙旗民众的战时生活等计划①。

当年推行的蒙旗建设运动,并没有取得显著的实际成果。但作为当时在游牧地域进行社会变革的一次尝试,应该给予肯定和较高度的评价。这也是德王、吴鹤龄等通过蒙旗建设,力图积累、建设自己的"政治资本和根据地"的重要措施。

2. 牧野政策

在第三章介绍的"蒙疆畜产政策要纲"中,有"制定有关旗地保全以及牧野的保存及利用、防治毛皮类的乱捕等法规";"冬营地由旗直接经营为原则,关于其设定及各种设施的设立各个机关担当"等内容②。当时伪蒙疆政权的五盟地域,除巴彦塔拉盟外,锡林郭勒、乌兰察布、伊克昭盟以及察哈尔盟的北部,一直实行的是粗放的游牧方法,没有收容保护家畜的畜舍设施,也不储备饲草。每年由于寒冷、饥渴、疫病、狼害等自然因素,要损失全部家畜的30%左右③。

为改变这一状况,根据上述《蒙疆畜产政策要纲》,以进行家畜

---

① 善邻协会调查部:《蒙古》第10卷第5号,1943年7月,第87—88页。
② 《蒙疆政府公文集(下辑)》,第218页。
③ 《蒙古资源经济论》,第133页。

的改良增产为主要目的，伪蒙疆政府为防止牧野退化，作为牧野保护政策，在1939年，公布了"家畜增产计划案大纲"[①]。该大纲规定保护牧地，"土地使用形态方面，不变更现在的共同使用形态，采取保护牧野，绝对禁止变为耕地的方针的同时，奖励牧草种植和其他饲料的增殖改良"。禁止将放牧地作为耕地开垦。

如在第二章中叙述的那样，伪蒙疆政权成立以前，汉族将牧场开垦为农地一直在进行。即从清末到民国时代，内蒙古的东、西部由于开垦，出现了旗、县并存的局面，围绕着土地，蒙古人和汉人之间出现了尖锐的对立。伪蒙疆政权成立后，汉人与蒙古人之间的对立状况也没有改变。对于这一问题，1940年，巴彦塔拉盟对中央提出蒙古人和汉人分治的设立"五旗联合办事处"的要求。伪蒙疆政府尽管对该要求持保留态度，但也意识到改善蒙古人和汉人之间的对立也迫在眉睫[②]。

于是从1940年7月，伪蒙疆政府从"蒙地保护"的必要为理由，认为"蒙汉接壤地带"的整理势在必行，从察哈尔盟开始实态调查[③]。伪政府的地政总署从同年的后半年起，着手进行察哈尔盟蒙古人、汉人接壤地带的调查工作。察哈尔盟南部设有8个县，围绕着旗县的边界线，双方纷争不断。针对于此，地政总署为保全未开垦蒙地和防止蒙古人和汉人之间的摩擦，欲在县的农耕地带和蒙旗的牧地之间设定一定的境界线。察哈尔盟公署每隔两公里设

---

① 《北支・蒙疆年鉴》，北支那经济通信社，1941年，蒙疆篇，第70页。
② JACAR（アジア歴史資料センター）Ref.C04122376400，陸支密大日記第28号3/3，昭和15年，「蒙古連合自治政府政務月報送付の件（1）」，防衛省防衛研究所蔵。
③ 同上。

一个敖包,欲阻止开垦的北进。并且太仆寺右旗与多伦县、宝源县接壤,经过 25 天,在县公署、旗公署的职员努力下,敖包终于建成。当时,仅察哈尔盟,县、旗划界就需要 6 个月①。即伪蒙疆政府欲通过设置旗与县之间的境界线来缓解表面上的对立。但是县的土地原来是蒙旗的土地,地税是旗以及王公的主要收入,本质性的问题暂时被搁置起来而已。伪满洲国也由于汉人不断向蒙地迁入,在旗的内部设置了为数众多的县,土地被大规模开垦,伪满洲国政府通过地籍整理事业,关于这些县的土地,废除了蒙古方面的各种权利(地税等),对汉族迁入者给予土地所有权。其结果是在伪满洲国依存于地税的蒙古王公丧失了权利,封建体制向解体方向迈进②。当时伪蒙疆政府也想在推进诸制度的统一上,土地权利关系的整理以及土地制度的确立是重要的课题。但是,明确蒙古人和汉人的土地权利关系之事,不仅仅使两者之间的纷争尖锐化,更只能导致旗财政、王公财政的混淆不清。并且,因为日本方面当初就对内蒙古西部地域王公制度采取了维持保留的方针,因此没有尽早对盟旗制度进行变革以及旗财政进行整理。当然这也与德王以及其他王公处于政权中心有极大的关系③。

前述的《家畜增产计划案大纲》中,关于家畜的增殖、防疫、牧野等进行试验,储存干草、防止雪灾、能对抗传染病,力图增大家畜

---

① 川口典夫:"怀念察哈尔十年",《回忆内蒙古——内蒙古回顾录》,第 134—135 页。

② 参照广川佐保:"蒙古人参加满洲国与地域的变容——以兴安省的创设与土地制度改革委中心",《亚细亚经济》第 41 卷 7 号,2000 年 7 月号。

③ 《日本的蒙疆占领 1937—1945》,第 80—81 页。

的抵抗能力。为此,规定各旗由旗营,进行大规模的冬营地建设。1939年制定的"家畜振兴具体策"①规定,从1939年到1940年,在察哈尔以及锡林郭勒盟,设置7处冬营地,并计划在冬营地内打井、设立饲料基地等。

为进行干草储存,伪政府在向牧民配备蒙古镰的同时,开始使用割草机。"分配马拉式割草机,最近购置的割草机三天之内分配到了察哈尔盟厢黄、上都两旗,锡林郭勒盟的东、西乌珠穆沁旗,西苏尼特旗,东浩齐特旗,东阿巴哈纳尔旗、东阿巴嘎旗,乌兰察布盟的四子部落旗。割草机的工作效率是蒙古人用蒙古镰割草量的40倍以上,这次分配到各旗的两匹马拉式割草机据说能达到60倍,这对缓和冬季家畜的饲料不足将发挥重要作用"②。

为加强蒙疆各畜产机构之间的联系,召开牧业协议会,力图消除各种障碍,使事业能够顺利进行。由于以蒙疆的畜产资源为基调的生产力的扩充强化,成为当时的当务之急,"成纪七三七年(1942年——引用者注)九月在兴蒙委员会的主办,召开了由军方、大使馆、各盟、省的相关机关,以及其他商社参加的牧业协议会,以此期待达成使命并提高民生福祉"③。为此密切了关联机关的联络,力图扩充强化以畜产资源为基调的生产力的扩充。

牧业协议会之后,作为蒙疆内广义的畜产关系者的联络机关,成立了"蒙古牧友会"。"由此进行意见的疏通,消息或知识的交

---

① 《北支·蒙疆年鉴》,1941年,蒙疆篇,第71页。
② "向草原发放割草机",善邻协会调查部:《蒙古》第10卷第7号,1943年7月,第97页。
③ 《蒙疆年鉴》,1944年,第308—309页。

换,加强相互联系,发展蒙古的畜牧业,担当大东亚共荣圈内应该承担的任务"[①],该会成为畜产关系者之间的交谊联络机关。

1943年度,在兴蒙委员会实业处,伪政府关系各部局以及各机关协商的基础上,关于管内牧野改善对策,对具体的实施方法进行了讨论,决定大体的要领。立即以此为基础实施,通知盟、省、旗、县地方团体等关联机关通报,对牧野改善具有很大的推动作用。作为具体施策主要有"(1)打井及其维修。为利用蒙旗未开发牧野,打井并对现有水井进行维修,力图增大家畜的收容能力,以资确保家畜资源。从去年开始,根据水井开凿要纲,在锡林郭勒、乌兰察布、察哈尔、巴彦塔拉各盟新打井80眼,修改维修100眼,共180眼,因为有草而没水不能利用的牧野逐渐变成水草丰美的草原。(2)饲料对策。由于该地域的家畜大体上依靠生长于丘陵的自然草而生存,去年开始在乌兰察布盟的百灵庙,设置了优良牧草采取圃,使之成为优良牧草繁殖的根基。本年度继续进行第二经营期,在张北县设置了同样的采种圃。并在同圃内种植了豆科等优良牧草的种子,印制了讲解栽培繁殖的小册子,进行技术指导,还设立了奖励金制度,在优良饲料方面做了许多工作。(3)种植草原防风林。为期待牧业的源泉保全牧野改良,建造草原防风林已经根据造林计划开始实施。本年度首先在种植学校林之外,指定厢黄、上都、东苏尼特、西苏尼特各旗,选定具备适合造林诸条件的地点,植树造林。(4)草原防火。草原火灾不仅仅是家畜越冬困难的因素,也是草原生产力减退的原因之一,因此要重视草原防

---

① 《蒙疆年鉴》,1944年,第309页。

火,促进各相关机关对此的统制活动。重视防火宣传教育,制作宣传画以及其他各种印刷品,张贴防火标语,进行防火宣传。普及牧野蒙疆思想,进行行政技术统制,指导牧野对策"①。通过以上这些措施,增加牲畜头数,普及牧野思想,力图确保家畜以及畜产资源。

但是,现实中,这些计划和具体政策,即使某种程度付诸实践,实际效果也并不十分显著。如当时伪蒙疆政府的职员战后曾这样讲:"为了改良牧野,由日系技术人员选定了几个场所,修建了冬营地,可惜他们不听当地人的建议,把冬营地置于无人前去放牧之所,结果浪费了不少的人力财力"②。

伪蒙疆政权时期实行的这些保护牧野、禁止开垦未开发蒙地,打井以及储藏牧草、普及兽医及畜产技术等措施,客观上有利于畜牧经的发展以及提高民生。但是,这些措施在内蒙古西部并没有普遍推行,即使实施了这些措施,出现相应的效果和利益,也需要相当的时间,所以这些措施的效果并没有充分表现出来。

3. 畜产物加工处理方面的统制

当时的蒙疆,工业极不发达,只不过仅有一些小规模的手工业。即使是手工业其生产工具和设备也极其简陋,经营规模也很小。从生产工具和动力这一点看,能属于近代工业的仅有面粉加

---

① "牧野改善要领提示",善邻协会调查部:《蒙古》第 10 卷第 4 号,1943 年 4 月,第 86—87 页。

② 《我所知道的德王和当时的内蒙古(2)》,第 61 页。

工业①。但是,蒙疆的工业以及其种类也未必是全无。为满足地域内需要部分程度的各种工业的存在,也就是说手工业在其工业中占支配地位是一个特征。蒙疆的主要工业是面粉加工业、榨油业、毛纺工业、皮革业、肥皂制造等。也可以说有一定的多样性。下面就畜产加工工业的情况进行概述。

蒙疆的畜产品加工工业主要有毛纺类的绒毡生产、皮革鞣制以及皮革制品的皮靴、马具类、皮箱等以及羊皮衣料的制成品及羊毛工业和皮革工业。

羊毛工业　蒙疆毛纺工业并不是生产毛线,是生产毛织物,生产的毛织物不是呢绒和毛呢,主要是绒毡类的生产。蒙疆毛纺产品比较发达的地方是包头和厚和。包头的羊毛加工业主要有绒毯、毡子、毡帽等,其中绒毯以品质优良著称。

1939年1月,根据西北研究所的调查,属于包头商务会,结成关系团体的有毡毯社15家,资本金合计10130元,年营业额86053元,栽绒社10社,资本金2220元,年营业额5665元②。

这些羊毛加工业每年的原毛使用量以前为年平均85万斤(包括驼毛),卢沟桥事变后据说减半。如第五章所述,1939年后半年,兴亚院进行蒙疆畜产资源调查之际,关于包头的民间羊毛使用,曾有这样的记载:"对于民间所需要的羊毛,不加任何限制,只需报告消费数量。这与其他地方相比,略有不同"③。由此可知,在当时对民间羊毛加工业还未加以统制。

---

① 《蒙古资源经济论》,第160页。
② 西北研究所:《包头概况》,1939年,第46—48页。
③ 《蒙疆畜产资源报告书》,第78页。

在厚和,制造毛毯的毛毯工厂有六七家,其年产额约 1.6 万方尺。制造毛毡和帽子以及毛鞋的工厂有四五家,绒毛毡的年产额 2 万方尺。制造毛布的企业有五六家,其资本和生产规模都较小,一般不过是一家有木制纺织机三四台年产额 2 万方尺。还有生产毛织坐垫的业者两三家,年生产量约为 2000 个左右①。

在旧察哈尔省,万全县、宣化县、蔚县、阳原县、康保县、宝昌县等各县合计有 29 家毛织工厂,年生产额约 3.2 万元,其余还有一些规模小的业者②。蒙疆的毛织工业几乎全部是绒毡以及其制品,但应该注意的是当时已经出现了生产呢绒和毛呢的企业。如在厚和,从 1920—1925 年间,就设立了六家近代化的毛纺厂,但规模都较小,纺织机总数是 24 台,平均一家工厂为 4 台③。并且与毛织工业相关联的印染工厂也开始出现。

制革工业 蒙疆的制革工业主要是皮革鞣制和皮革制品(皮靴、马具、皮箱等)以及羊毛衣料的制成品。特别是羊毛衣料(皮袄)在冬季寒冷的蒙古高原是人们的必备御寒品。在毛皮类中,山羊皮由于廉价并且经久耐磨为一般百姓所爱。

在旧察哈尔省,张家口市、宣化县、蔚县、阳原县、赤城县、宝昌县等 1 市五县合计有 67 家皮革企业或作坊,特别是张家口和宣化县居多。仅张家口就有 28 家,宣化县有 26 家。其他县有 2 到

---

① 实业部中国经济年鉴编委会:《中国经济年鉴》,商务印书馆,1936 年,第 18 页。
② 《中国经济年鉴》,第 17 页。
③ 《蒙古资源经济论》,第 163 页。

6家不等,年生产量约17.5万元[①]。

在旧绥远省,包头市的黑皮房,即以牛、马、骆驼等的"大皮"为原料从事皮革鞣制制造的从业者有37家。集宁县从事羊毛以及狗皮鞣制的业者有7家,其年营业额最大的为5000元,一般为1000元左右[②]。

由以上所述可知,蒙疆地域内的与畜产相关的轻工业,即羊毛以及制革工业,尚处于手工业阶段,最主要的是绒毯制造、制帽、制毡等羊毛工业和制靴、箱包制作、马具附属品制造等皮革工业。与此相关的从业人员较多,所需要的原料数量也非常可观。

但是,由于卢沟桥事变的爆发以及其后政治的、社会方面的各种变动,导致该地域的羊毛、制革工业一时衰退,主要原因是原料的羊毛以及动物皮革成为统制物资,不允许自由购置,因此生产出现一时衰退。

畜产物加工处理的统制 伪蒙疆政权初期,在生产方面还是能够充分自由地购入原料,有关畜产物的统制相对较弱。地方的手工业者还能购入原料,正常从事生产。但伴随着统制经济的推进,羊毛、动物皮革成为重要的统制物资,原料入手逐渐困难。特别是进入对日本来讲战局恶化的1943年,日本力图强化对占领地的统制经济,以此扩大战略资源的搜刮。

1943年6月,伪蒙疆政府制定了振兴地域内轻工业要纲,将以前比较放任自由的各种轻工业、家庭手工业在国家目的的名义

---

① 《中国经济年鉴》,第16页。
② 《蒙古资源经济论》,第164页。

下进行组织统合，以期通过一元化的强化来实现生产的大跃进。更进一步适应确立地域内自给自足体制的重要性，为尽快实现上述目的，根据前述的物资统制法第三条："政府为确保国民经济的运行，认为特别有必要时，在命令所定之处，对同种或异种事业的事业主，可以命令设立以统制为目的的组合"①，作为有关轻工业组合统制的经济部令，1943年6月23日公布了《关于轻工业组合统制之件》②，即日起开始实施。

根据《关于轻工业组合统制之件》，鉴于结成动物皮毛以及动物油脂、动物骨、动物肠类为原料的组合的重要性，根据经济部令，分别设立了各自的统制组合。即以畜产物为原料的皮革鞣制、皮革制品制造业、毛制品制造业、动物骨·动物蹄·动物角加工业、肥皂·蜡烛制造业、动物肠类处理加工业等6个轻工业组合。各组合向政府提交组合章程以及事业计划，在取得政府的许可后，设定统制规程，取得经济部长许可。组合根据事业种别不同以省、盟、特别市为单位设立，在各省、盟、特别市有住所的事业主，为该组合的组合员。组合员欲购买原料以及销售产品之际，必须通过组合，将品种、数量以及价格预先向经济部长提出，必须取得其认可。并且动物毛类、动物皮等原料由指定收购业者接受配给，禁止直接进行收购。组合员之外不能收购原料以及接受配给。从这一点可知，对畜产物加工业的统制更加强化、一元化了。

---

① 《蒙古联合自治政府贸易关系法规集》，第59页。
② "关于动物皮毛统制之件"，JACAR（アジア歴史資料センター）Ref. B06050425100,「蒙古皮毛股份有限公司設立ニ関スル件」，1943年，外務省外交資料館所蔵。

关于在蒙疆的日系畜产物加工业商社,政府的意图是:"日系业者虽然没有根据本令直接加入组合的必要,但由于在原料配给以及产品销售方面具有很深的关系,希望理解政府对振兴轻工业统制的意图,响应政府的号召,配合政府的行动"①。

据此,伪蒙疆政府决定本地系轻工业的技术以及经营等的指导,由在蒙疆开设有工厂的日系商社充当。皮革鞣制、皮革制品制造业、毛制品制造业、动物骨·动物蹄·动物角加工业、肥皂·蜡烛制造业、动物肠类处理加工业等6个部门分别选定日系商社为指导企业。即选定了满蒙毛织、东洋纺织、大蒙公司、钟渊纺织四家公司作为指定指导商社。决定皮革鞣制、皮革制品制造业接受满蒙毛织和大蒙公司的指导,毡帽、毡靴、毡子业由满蒙毛织指导,毛织业由东洋纺织和满蒙毛织指导,动物骨·动物蹄·动物角加工业接受大蒙公司和满蒙毛织的指导,肥皂制造由钟渊纺织指导②。

蒙疆羊毛同业会1938年末解散后,动物毛类、动物皮革由日系公司三井、三菱、满蒙毛织、兼松、大蒙公司等作为指定商,根据驻蒙军经理部的指示进行收购,然后缴纳军方。但是少量的不合格品,可以在本地销售、加工乃至输出。到此为止,对地域内畜产加工业的配给统制,还不是那么严格。但1943年9月集收购、配给、输出等为一体的一元化的统制机关蒙古皮毛股份有限公司成立后,所有畜产品的收购、配给、输出全部由该公司统制,地域内的

---

① "关于轻工业组合统制之件,《蒙疆年鉴》,1944年,第317页。
② 同上。

配给与以前相比,也更加严厉、强化。

关于销售以及配给方法,对日供给以及军需用动物皮毛类,全部直接缴纳现地军方,军需不合格产品,在与政府经济部联络后,制定交易计划,可以向伪满洲国、华北等地输出。对地区内加工业者的原料配给,各地的相关组合为单位,申请所需的数量,在审查配给数量后,每个季度制定配给计划,经伪政府许可后,根据计划实施[①]。

由于动物毛皮的对日供给以及军需优先,输出、特别是皮毛类的地方民需供给就受到了极大的影响,民用皮毛类的消费数量处于显著被压缩状态。全部面向军需。所以,地方民需业者购入原料极其困难。因此,许多业者不得已处于开店休业状态。而动物油脂工业、动物肠衣加工业、骨粉加工业等由于原料配给,原料入手困难,可以说是毫无业绩可言,其结果是大多数破产倒闭,勉强支撑的"现在也只不过处于苟延残喘"[②]状态。也就是说,地方的畜产加工业由于统制,原料不能充分保障,相继倒闭破产。

二、结论与今后的课题

本研究以蒙疆的羊毛生产与流通为主,兼顾日本在朝鲜、伪满洲国、华北的绵羊政策,对两次世界大战之间日本的畜产扩张政策史进行了考察,其要点如下。

---

① 《跃进蒙疆的经济 新东亚经济(特别号)》,1944年11月号,第128页。
② 《蒙疆调查资料92号 蒙古牧业政策的沿革以及现况》,第46—47页。

第一,作为日本畜产扩张政策史研究,对明治维新后,经过甲午战争、日俄战争、第一次世界大战、九一八事变、第二次世界大战,日本在其本土以及殖民地朝鲜、我国东北、蒙疆、华北等地实施的牧羊事业的历史进行了阐述和讨论。对同时期日本政府在以上各地实施的绵羊改良增殖事业的背景、过程厘清的同时,将日本的牧羊事情置于世界羊毛供给状况之下进行考察,究明了战争与日本牧羊业的起伏过程。可知第二次世界大战前日本牧羊业的展开可以说是由于战争刺激的产物,从畜牧业与日本的对外扩张这一特殊角度来揭示其大陆政策。

明治维新以前,由于地理以及气候条件,再加上生活方式的原因,在日本不存在纯粹的牧羊业。明治维新后,毛纺织工业在日本逐渐兴旺发达,但毛纺织工业使用的原料羊毛,从一开始就不得不全部依赖进口。日本内地的牧羊业,由于上述战争的刺激,起伏不定。卢沟桥事变,抗战爆发时,日本羊毛工业所使用的羊毛,依然几乎全部依赖海外市场。了解以上日本牧羊业的历史进程,就很容易理解日本占领家畜以及畜产资源的重要基地蒙疆、我国东北后,在这一地域进行绵羊改良增殖事业、对以羊毛为中心的畜产品实施统制政策的"良苦用心"。

第二,从对畜产行政机关的整备和强化开始,对日本在蒙疆实行的畜产统制政策的指导方针进行了深入分析。围绕着由日本主导制定的、具有蒙疆畜产政策的纲领性文件——《蒙疆畜产政策要纲》,将问题广泛展开。并指出,日本在蒙疆实施畜产政策之际,尽管打出了"复兴蒙古"、"提高民生"等口号和幌子,但根本目的是为了满足日本战时经济的需要。而且从要纲所讲,在贯彻、实施畜产政策之际，必须考虑日本、伪满洲国、华北、华中所谓日元经济圈的需要这一观点，可知蒙疆当时实际上被置于日本经济圈中畜产资源的重要供给源的地位。

从以绵羊为中心的家畜改良到畜产品的收购，家畜防疫机构的整备强化、经济监督机构的设置等，所有的对策都是以为日本的战时经济做贡献为终极目标。即对日提供羊毛、动物皮革等畜产资源，向伪满洲国以及华北提供役畜，是战时日本经济赋予蒙疆畜产的重要任务和课题。日本占领当局为顺利完成这一任务，对蒙疆畜产物以及家畜实施统制政策。那就是在家畜以及畜产物在生产和流通领域，实行严格的统制政策。蒙疆畜产政策的形成，正是在生产领域和流通领域实施的各种政策的体现。同时也明确可知蒙疆畜产政策，其实始终和日本军事方面的需求紧密相关。

第三，为阐明当时所谓"日、满、支经济圈"内，决定蒙疆地位的理由，为将蒙疆地域内的铁矿石、煤炭资源，特别是最具蒙疆经济特色的畜产资源确保在日本经济圈内，对日本在蒙疆地域实行统制经济的背景、措施、具体内容等进行了检验讨论。由这些研究讨论可知，日本通过在蒙疆推行统制经济，完全控制了蒙疆的交通运输、能源以及畜产等经济的重要部门。蒙疆地域成为了抗日战争时期日本获得战略物资的基地。这一研究也弥补了蒙疆经济史研究的不足。更加具体地讲，通过对当时伪蒙疆政权以绵羊、羊毛为主中心的生产领域以及在流通领域实施的畜产统制政策、措施等的分析，明晰了日本占领当局在蒙疆实行畜产统制的背景。并且通过对政策法规、统制方法等的分析，使实施统制经济的具体措施、步骤等更加清晰、明了。通过对当时生产领域和流通领域实施的统制经济内容的概述,基本描绘出了当时统制经济的全貌,为具体、深入地研究畜产统制政策,奠定了基础。

第四,通过对日本占领地蒙疆、华北,伪满洲国的羊毛资源的开发与战时日本经济关系的分析研究,由于世界形势的变化,关于日本物资动员计划中的羊毛资源的计划数量也在不断变化。相应地蒙疆、伪满洲国改良绵羊的数量和羊毛产量,也根据日本的物资动员计划,数次进行了修改。

于是蒙疆现地的绵羊改良增殖事业也随着上述变化,两次进行了修正改革。通过对生产领域实施的绵羊改良事业的分析检讨,当时的绵羊改良事业,是以改善蒙古在来种绵羊的毛质,提高产毛量为中心进行的,目的主要是为日本的毛纺工业提供羊毛。也就是说由日本主导推进的蒙疆的牧业政策,不是重视蒙古人的牧业并强化之,而是把蒙古地域置于原料供应地的位置。但在蒙疆进行的绵羊改良事业,并不是一帆风顺。一般来讲,第一次绵羊改良事业,是以日系民间商社为中心进行的,由于输入绵羊的资质不良、种绵羊输入时期不当、现地驯化不充分以及营养不良、缺乏绵羊技术人员、病害、虫害的发生等技术层面的问题之外,加上事业实行主体内在的弱点,以失败告终。随后,日本对蒙疆的绵羊改良机构进行整备,设立了蒙古绵羊协会,将绵羊改良事业置于政府的统制下进行。但直到日本战败投降,蒙疆绵羊改良事业的规模,只不过停留在试验场、种羊管理所阶段,尚未达到普及阶段。问题的关键是日本占领当局在伪蒙疆、伪满洲国等地进行绵羊改良时,是以增加产毛量,提高毛质为主,目的是获得羊毛资源。即企图将肉、皮兼用型的蒙古原种绵羊改良为毛用型,以便为日本的对外侵略扩张提供急需的羊毛资源。尽管打着"复兴蒙古"的旗号,但其改良目的严重脱离当时蒙古牧民的生活实际,与当时草原牧民的生活实际相冲突。可以是说,是日本方面的一厢情愿,当时的蒙古人,从一般百姓到政府高官,都对日本实行的绵羊改良持消极态度,因此不可能取得显著的改良成果。

第五,关于日本占领当局对以羊毛为主的畜产品的收购统制问题,通过对以羊毛为主的畜产品收购统制机关——蒙疆羊毛同业会设立的背景、具体的收购活动、以及解散原因等进行论述分析的结果,可知蒙疆羊毛统制政策在实践中暴露的矛盾以及该羊毛同业会缺乏整顿之事。正是这些矛盾的存在以及蒙疆羊毛同业会组织上的内在弱点,指出该统制机关最后不得已而被迫解散,阐明了蒙疆初期羊毛统制机关存在的真相。更进一步通过蒙疆羊毛同业会解散后,重新设立的有关畜产统制机关——蒙古皮毛股份有限公司设立的说明论述,当时从促进收购;强化配给统制和输出;统制皮毛类价格;强化蒙旗牧民生活必需品供给等方面,论述了设立新统制机关的必要性。为全部将该地域的畜产资源把握在伪政府手中,将以前散在的畜产收购关系者统制起来,设立更加强有力的统制机关,与蒙疆羊毛同业会时代的从毛栈、毛店等流通市场收购不同,欲从生产市场的生产者手中直接收购畜产品。这是为了彻底、直接把握该地域的畜产资源,力图让蒙疆为日本的战争经济做更大的贡献。可以说是日本在战争末期加紧掠夺占领地经济的具体表现。

总之,本研究以两次世界大战期间日本的畜产扩张政策为题,对日本在其本土和殖民地朝鲜;在伪蒙疆的羊毛生产和流通;在伪满洲国、华北的绵羊改良以及改良失败的原因为重点进行了考察，其意义有以下两点。

首先，本研究填补了有关日本畜产扩张政策研究方面的空白。从二战结束到如今，有关日本殖民地、占领地的畜产研究全部滞后，伪满洲国、华北、蒙疆畜产研究一直处于空白状态，进行归纳总结性的研究更是未见。意识到研究状况的危机，为填补日本畜产扩张政策研究史的空白，激起了作者探求的欲望，这是作者选择这个题目进行研究的根本原因。

其次，本研究是在有关日本畜产扩张政策研究的基础性资料不足、并且没有相关先行研究的状况下进行的探索考察，以所能收集到的资料为抓手，可以说是在关于日本畜产扩张研究方面迈出了第一步。为解读这一研究对象，有必要解读作为历史存在的殖民地所具有的错综复杂的社会性以及民族关系。因此，本书通过以日本畜产扩张为中心进行相关研究，为该研究的基础性研究，作为结论，必须指出的是有必要吸收从日本近现代牧羊业、日本中国占领地经济史、蒙疆畜产等新的研究要素。

作为今后的研究课题，伴随着新资料的发掘，发现，或有待研究同仁的著作的刊出，须更进一步对本书进行修正补充。

附录　部分在蒙疆从事绵羊改良的日本技术人员

牧业试验场　（平地泉）

现职业名称	姓名	原所属职业名	招聘及就职年	有无任期	摘要
场长	大渡清一	东洋拓殖株式会社工程师	1943年	无	退职
事务官	山内和泉	满洲国邮政管理局属官	1939年	无	在职
技正	山本新太郎	北海道农林工程师	1939年	无	退职
技正	松田基三	秋田县农林工程师	1943年	无	退职
技正	户田秀之	栃木县农林工程师	1943年	无	退职
属官	守胁夫	三菱公司	1940年	无	退职
技佐	三坂	农林省月寒种羊场	1941年	无	退职
技佐	蝶野喜代松	北海道厅月寒种羊场	1940年	无	退职
技佐	松井丈夫	北海道公立小学训导	1942年	无	退职
技佐	江藤茂德	无	1938年	无	无
技佐	儿玉吉郎	宫崎县卫生技术员	1943年	无	退职

家畜防疫处（厚和）

现职业名称	姓名	原所属职业名	招聘及就职年	有无任期	摘要
事务官	伊東寿	朝鲜总督府专卖局属官	1939年	无	退职
技正	佐藤広胖	盛冈高等农林学校助教授	1939年	无	退职
技正	榊新太郎	冲绳县农林技术员	1943年	无	退职
技佐	叽贝成吾	朝鲜总督府釜山兽医血清制造所助手	1939年	无	退职？
技佐	中西恭生	无	1940年	无	无
技佐	佐々木芳吉	满洲国奉天兽疫研究所研究员	1939年	无	在职
技佐	梶原景陽	空知郡三笠村农会技术员	1940年	无	退职
技佐	野村隆造	无	1942年	无	无
技佐	遠藤三郎	无	1940年	无	无
技佐	依田四郎	无	1942年	无	无
雇员	水城富美子	无	1943年	无	无

(资料来源:JACAR(アジア歴史資料センター)Ref.B02031793200,昭和19年3月现在日系職員名簿(其一)2,満蒙政況関係雑纂,蒙古連合自治政府官吏録/外務省外交資料館蔵)。

参考文献

1. 地図

松田寿男撰:『新支那満蒙回蔵最詳地図』,四海書房,1939 年
木崎純一:『掌中北支・蒙疆詳図』,伊林書房,1939 年
『華北蒙疆鉄道略図』,華北交通株式会社,1941 年
『二百万分の一蒙疆素図』,陸地測量部製版,1942 年

2. 資料

参謀本部:『東蒙事情第三号』,1916 年
参謀本部:『東蒙事情特別号』,1916 年
柏原孝久・浜田純一:『蒙古地誌』中巻,冨山房,1919 年
満蒙毛織株式会社原料調査班:『満蒙及北支ニ於ケル羊毛並毛皮資源事情』,1936 年
実業部中国経済年鑑編委会:『中国経済年鑑』,商務印書館,1936 年
善隣協会調査部:『昭和十一年版　蒙古年鑑』,共同印刷株式会社,1936 年
商工省貿易局編:『内外における羊毛事情』,日本羊毛工業会,1936 年
山下晋司〔ほか〕編:『アジア・太平洋地域民族誌選集 30　満蒙民族誌』,クレス出版,2002 年(南満洲鉄道　1936 年刊の復刻)
商工省貿易局:『昭和十一年勅令第四七四号(羊毛ノ輸入制限等ニ関スル件)関係法規』,1937 年
蒙疆羊毛同業会編:『蒙疆羊毛事情』,1938 年
善隣協会調査部:『蒙古大観』,改造社,1938 年
北支那経済通信社編:『北支・蒙疆現勢』,北支那経済通信社(天津),1938 年

大阪市産業部:『羊毛の需給統制』,大阪市産業部貿易課,1938年
西山武八編:『蒙疆概観』,日本経済新報社,1939年
朝日新聞社東亜問題調査会編:『朝日東亜リポオト　第五冊　蒙疆』,朝日新聞社,1939年
満鉄調査部編:『蒙疆政府公文集』上輯,南満洲鉄道株式会社,1939年
満鉄調査部編:『蒙疆政府公文集』下輯,南満洲鉄道株式会社,1939年
蒙疆銀行調査課:『蒙銀経済月報』第1巻第11号,1939年11月
蒙疆銀行調査課編:『蒙疆主要会社法令及定款集』,1939年
名古屋市産業部:『蒙疆経済調査』,1939年
真鍋五郎:『北支蒙疆の新相貌』,亜細亜出版協会,1939年
厚和特別市公署:『厚和特別市概況』,1939年
満鉄調査部:『蒙疆政権管内羊毛資源調査報告』,南満洲鉄道株式会社,1939年
蒙疆連合委員会:『法令例規資料集』,1939年
巴彦塔拉盟官房:『巴彦塔拉盟要覧』,蒙疆新聞社厚和支社,1939年
西北研究所:『西北研究叢書第一号　包頭概況』(内蒙古厚和豪特),1939年
興亜院:『蒙疆畜産資源調査報告書』,1940年
興亜院政務部:『興亜院執務提要』,1940年
財団法人善隣協会本部編:『察哈爾綿羊模範牧場報告書』,張家口,1939年
興亜院政務部編:『北支蒙疆農業調査報告書』,1940年
蒙古連合自治政府総務部編:『蒙古法令輯覧』(第1巻)産業篇,蒙疆行政学会,1940年
興亜院:『興技調査資料第52号　蒙疆畜産資源調査報告書』,1940年
高木翔之助編:『北支・蒙疆年鑑』(1940—1944年版),北支那経済通信社(天津),1939—1943年
鈴木清幹編:『蒙疆年鑑』(1941—1942年版),蒙疆新聞社(張家口),1941年
福島義澄編:『蒙疆年鑑』(1943—1944年版),蒙疆新聞社(張家口),1942—1943年
蒙疆銀行調査課:『蒙銀経済月報』第3巻第2号,1941年2月
財団法人東亜経済懇談会編:『蒙古連合自治政府貿易関係法規集』,1941年

参考文献

興亜院政務部:『調査資料26号　蒙疆牧業状況調査』,1941年
興亜院:『武漢地区重要国防資源畜産物調査報告書』,1941年
財団法人日満緬羊協会:『日満緬羊協会概要』,1938年
財団法人東亜緬羊協会:『東亜緬羊協会概要』,1942年
大東亜省編:『蒙疆緬羊改良増殖状況調査報告書』,1943年
蒙古自治邦政府蒙旗建設隊:『蒙旗建設隊現地工作状況中間報告書』, 1943年
察哈爾蒙旗特派員公署編:《偽蒙政治経済概況》,中正書局,1943年
創造社:『躍進の蒙疆経済　新東亜経済(特別号)』第3巻第30号,1944年 11月
包头市公署編:『包頭概況』,1944年
小林龍夫・島田俊彦編:『現代史資料(7)満州事変』,みすず書房,1964年
島田俊彦・稲葉正夫編:『現代史資料(8)日中戦争(1)』みすず書房,1964年
臼井勝美・稲葉正夫編:『現代史資料(9)日中戦争(2)』みすず書房,1964年
島田俊彦・稲葉正夫編:『現代史資料(12)日中戦争(4)』みすず書房, 1964年
外務省編:『日本外交年表竝主要文書』(上・下),原書房,1965、1966年
宇垣一成:『宇垣一成日記(1)』,みすず書房,1968年
善隣会編:『善隣協会史－内蒙古における文化活動』,日本モンゴル協会, 1971年
日本近代史料研究会編:『日本海陸軍の制度・組織・人事』,東京大学出版会,1971年
日本モンゴル協会:『日本とモンゴル』第7巻第7号,1972年11月
らくだ会本部編:『高原千里－内蒙古回顧録』,1973年
防衛庁防衛研修所編:『支那事変陸軍作戦(1)』戦史叢書(86),朝雲新聞社, 1975年
らくだ会本部:『思い出の内蒙古－内蒙古回顧録』,1975年
蒙銀会:『蒙銀春秋』,1978年
王芸生編著:《六十年来中国与日本》第五巻,三联书店,1980年
江口圭一:『資料日中戦争期阿片政策』,岩波書店,1985年

内蒙古图书馆编:《建国前内蒙古地方报刊考录》,内蒙古图书馆,1987年
中共中央统战部编:《民族问题文献汇编》,中共中央党校出版社,1991年
春日行雄编:『日本とモンゴルの一〇〇年』,アジア博物舘・モンゴル舘,
　　1993年
JACAR(アジア歴史資料センター)Ref. A03020220399,1896年「明治二十
　　九年・法律第五十八号・輸入羊毛海関税免除」,国立公文書館蔵
JACAR(アジア歴史資料センター)Ref. B05016226700,1938年9月「羊毛
　　生産力拡充大綱計画案」,外務省外交資料館蔵
JACAR(アジア歴史資料センター)Ref. C01002903800,陸満密大日記昭和
　　8年「満洲ニ於ケル羊毛ノ改良増殖計画要綱案」,防衛省防衛研究所蔵
JACAR(アジア歴史資料センター)Ref. C01003042700,陸満密大日記昭和
　　9年「満蒙ニ於ケル緬羊及羊毛ニ関スル踏査報告概要」,防衛省防衛研
　　究所蔵
JACAR(アジア歴史資料センター)Ref. B06050334800,1941年「本邦会社
　　関係雑件」「10.雑件/(78)東拓ノ緬羊事業」,外務省外交資料館蔵
JACAR(アジア歴史資料センター)Ref. C04121174600,陸支密大日記第43
　　号,昭和14年「政務年報及月報送付の件(1)」,防衛省防衛研究所蔵
JACAR(アジア歴史資料センター)Ref. B02030528200,「支那事変関係1
　　件」第5巻,外務省外交資料館蔵
JACAR(アジア歴史資料センター)Ref. B02030528300,「支那事変関係1
　　件」第5巻,外務省外交資料館蔵
JACAR(アジア歴史資料センター)Ref. C04122360600,「蒙疆ニ於ケル牧畜
　　改良事業ノ現況」昭和15年「陸支密大日記第37号1/2」,防衛省防衛研
　　究所蔵
JACAR(アジア歴史資料センター)Ref. C04120263600,「綏遠蒙疆家畜防疫
　　所業務開設報告並に今後の方針に関する件」,昭和13年「陸支密大日
　　記第10号」,防衛省防衛研究所蔵
JACAR(アジア歴史資料センター)Ref. C04122360600,「蒙疆ニ於ケル牧畜
　　改良事業ノ現況」,昭和15年「陸支密大日記第37号1/2」,防衛省防衛
　　研究所蔵

JACAR(アジア歴史資料センター)Ref. B06050260000,「東拓張家口駐在主任ノ状況報告ニ関スル件」本邦会社関係雑件/東洋拓殖株式会社/会計関係公文書綴,外務省外交資料館蔵

JACAR(アジア歴史資料センター)Ref. C04122360600,昭和 15 年陸軍省大日記「兵要資料提出の件」,防衛省防衛研究所蔵

JACAR(アジア歴史資料センター)Ref. B06050487400,「昭和 15 年度以後華北蒙疆緬羊改良増殖対策綴」,外務省外交資料館蔵

JACAR(アジア歴史資料センター)Ref. B06050488000,「昭和 18 年度蒙古綿羊協会収支決算書」,畜産関係雑件/羊ノ部/東亜緬羊協会関係,外務省外交資料館蔵

JACAR(アジア歴史資料センター)Ref. B06050488100,畜産関係雑件/羊ノ部/東亜緬羊協会関係,外務省外交資料館蔵

JACAR(アジア歴史資料センター)Ref. B02031793200,昭和 19 年 3 月現在日系職員名簿(其一)2,満蒙政況関係雑纂/蒙古連合自治政府官吏録,外務省外交資料館蔵

JACAR(アジア歴史資料センター)Ref. C04120366700,昭和 13 年陸支密大日記 16 号「蒙疆羊毛の輸入促進に関する件」,防衛省防衛研究所蔵

JACAR(アジア歴史資料センター)Ref. B06050425100,「蒙古皮毛股份有限公司設立ニ関スル件」1943 年,外務省外交資料館所蔵

JACAR(アジア歴史資料センター)Ref. C04122376400,陸支密大日記第 28 号,昭和 15 年「蒙古連合自治政府政務月報送付の件(1)」,防衛省防衛研究所蔵

3. 论著

東亜経済調査局:『満蒙政治経済提要』,改造社,1932 年
朝鮮総督府:『緬羊及緬羊事業研究』,1934 年
大島豊:『蒙疆資源と経済』,実業教育振興会,1939 年
田村一郎:『羊毛の需給と満洲緬羊の将来』,松山書房,1934 年
谭惕吾:《内蒙之今昔》,商务印书馆,1935 年
黄奋生:《内蒙盟旗自治运动纪实》,中华书局,1935 年

黄奋生编:《蒙藏新志》(上),中华书局,1938年
財団法人三井報恩会:『本邦の緬羊と本会の緬羊増殖施設』,1938年
農林省畜産局:『本邦内地ニ於ケル緬羊飼育ノ沿革』,1939年
小林知治:『躍進蒙疆を語る』,国防攻究会,1938年
小林知治:『蒙疆読本』,国防攻研会,1939年
金建寅著・若林友康訳:『東亜の羊毛』,生活社,1939年
財団法人善隣協会:『蒙古』第15号(通巻97号),1940年6月
農林省畜産局:『蒙疆の畜産』,1940年
木原均:『内蒙古の生物学的調査』,養賢堂,1940年
京城帝国大学大陸文化研究会:『蒙疆調査報告』,京城帝国大学大陸文化研究会,1940年
朝鮮殖産助成財団:『羊毛資源と朝鮮の緬羊』,1940年
中村信:『蒙疆の経済』,有光社,1941年
平竹傳三:『興亜経済論(蒙疆・北支篇)』,大阪屋号書店,1941年
高津彦次:『蒙疆漫筆』,河出書房,1941年
川村得三:『蒙疆経済地理』,叢文閣,1941年
東亜考古学会蒙古調査班:『蒙古高原横断記』,日光書院,1941年
楊井克巳:『蒙古資源経済論』,三笠書房,1941年
財団法人善隣協会調査部:『蒙古』財団法人善隣協会,第9巻第7号,1942年7月
財団法人善隣協会調査部:『蒙古』財団法人善隣協会,第9巻第8号,1942年8月
兵庫県興亜経済協会:『躍進蒙疆の産業と交易』,1943年
毛織物中央配給統制株式会社:『大東亜共栄圏繊維資源概観』《(第一部羊毛資源・第一輯本邦之部),毛織物中央配給統制株式会社,1943年
毛織物中央配給統制株式会社:『大東亜共栄圏繊維資源概観』(第一部羊毛資源・第二輯満洲之部),毛織物中央配給統制株式会社,1943年
毛織物中央配給統制株式会社:『大東亜共栄圏繊維資源概観』(第一部羊毛資源・第三輯支那之部),毛織物中央配給統制株式会社,1943年
宮崎武夫:『蒙古横断—京都帝大調査隊手記』,朋文堂,1943年

財団法人善隣協会調査部:『蒙古』第10巻第1号,1943年1月
財団法人善隣協会調査部:『蒙古』第10巻第5号,1943年5月
財団法人善隣協会調査部:『蒙古』第10巻第6号,1943年6月
財団法人善隣協会調査部:『蒙古』第10巻第7号,1943年7月
財団法人善隣協会調査部:『蒙古』第11巻第1号,1944年1月
在張家口大日本帝国大使館事務所:『蒙疆調査資料92号 蒙古牧業政策の沿革並現況』,1944年
金井章次:『満蒙行政瑣談』,創元社,1944年
山田武彦・関谷陽一:『蒙疆農業経済論』,日光書院,1944年
徳田球一:『わが思い出』,東洋書館,1955年
日本毛織社史編修室編:『日本毛織六〇年史』,日本毛織社,1957年
伊東光太郎:『日本羊毛工業論』,東洋経済新報社,1957年
日本羊毛輸入同業会編集:『羊毛輸入同業会と我国羊毛輸入七十余年の歩み』,1961年
日本国際政治学会太平洋戦争原因研究部編:『太平洋戦争への道(4)日中戦争(下)』,朝日新聞社,1962年
歴史学研究会編:『太平洋戦争史(3)日中戦争(Ⅱ)』,青木書店,1972年
堀場雄一:『支那事変戦争指導史』,時事通信社,1962年
島田俊彦:『太平洋戦争への道(3)日中戦争(上)』,朝日新聞社,1962年
満蒙同胞後援会:『満蒙終戦史』,河出書房新社,1962年
星野直樹:『見果てぬ夢―満州国外史』,ダイヤモンド社,1963年
大久保利謙:『日本全史』(第10巻・近代Ⅲ),東京大学出版会,1964年
松井忠雄:『内蒙三国誌』,原書房,1966年
栗原健編:『対満蒙政策史の一面』,原書房,1966年
防衛庁防衛研修所戦史室著:『戦史叢書 北支の治安戦(1)』,朝雲新聞社,1968年
防衛庁防衛研修所戦史室著:『戦史叢書 北支の治安戦(2)』,朝雲新聞社,1971年
日本モンゴル協会:『日本とモンゴル』第6巻9号,1971年12月号
満洲国史刊行会:『満洲国史』「総論」,満蒙同胞援護会,1970年,同「各論」

1971年
片倉衷:『戦陣随録』,経済往来社,1972年
今西錦司:『今西全集第二巻草原行　遊牧論そのほか』,講談社,1974年
芦明輝:《蒙古自治运动始末》,中华书局,1980年
財団法人善隣協会:『善隣協会史—内蒙古における文化活動』,日本モンゴル協会,1981年
浅田喬二編:『日本帝国主義下の中国—占領地経済の研究』,遊楽書房,1981年
日本国際政治学会編:『日豪関係の史的展開』,有斐閣,1981年
稲垣武:『昭和二〇年八月二〇日—内蒙古・邦人四万奇跡の脱出—』,PHP研究所,1981年
馬場明:『日中関係と外交機構の研究:大正・昭和期』,原書房,1983年
橋本寿朗:『経済恐慌期の日本資本主義』,東京大学出版会,1984年
札奇斯欽:《我所知道的德王和当時的内蒙古(1)》,東京外国大学アジア・アフリカ言語文化研究所,1985年
札奇斯欽:《我所知道的德王和当時的内蒙古(2)》,東京外国語大学アジア・アフリカ言語文化研究所,1994年
浅田喬二・小林英夫編:『日本帝国主義の満洲支配』,時潮社,1986年
刘国新《七七事变前日本的内蒙古工作及失败》《近代史研究》,1986年第5期
五原事件青史刊行会編:『五原事件青史』,蒙古警友会(金沢),1986年
内蒙古大学編:《内蒙古近代史论丛》第三辑,内蒙古人民出版社,1987年
梅棹忠夫:『梅棹忠夫著作集・第二巻・モンゴル研究』,中央公論社,1990年
郝维民主编:《内蒙古近代通史》,内蒙古大学出版社,1991年
蒙疆(中央)学院史編纂委員会:『蒙疆(中央)学院史』,安城学園,1992年
森久男:「蒙古軍政府の研究」,『愛知大学国際問題研究所紀要』第97号,1992年9月
森久男:「関東軍の内蒙工作と蒙疆政権の成立」,『近代日本と植民地』第1巻「植民地帝国日本」,岩波書店,1992年

柴田善雅:「蒙疆占領地における通貨金融政策の展開」,『アジア経済』34巻6号,1993年6月

中国人民政治协商会议内蒙古自治区委员会文史资料研究委员会编:《德穆楚克栋鲁普自述》内蒙古文史资料第13辑,1984年

德王著・森久男訳:『德王自伝』,岩波書店,1994年

朴橿著・許東粲訳:『日本の中国侵略とアヘン』,第一書房,1994年

忒莫勒:「蒙古文化馆到蒙古文化研究所」,《呼和浩特文史资料》第10辑,1995年8月

山本有造:『「満洲国」の研究』,緑陰書房,1995年

芦明辉:《德王其人》,远方出版社,1998年

白拉都格其・金海・賽航编著:《蒙古民族通史　第五卷》,内蒙古大学出版社,2002年

曹永年・肖瑞玲・于永编著:《内蒙古通史　第4卷》,内蒙古大学出版社,2007年

祁健民:「近代内モンゴル自治運動と蒙疆政権の性質について」,『現代中国研究』5号,1999年9月

森久男:「蒙疆軍事史研究序説」,『オイコノミカ』第36巻第2号,1999年11月

王智新編:『日本の殖民地教育研究・中国からの視点』,社会評論社,2000年

森久男:『德王の研究』,創土社,2000年

中生勝美編:『植民地人類学の展望』,風響社,2000年

中嶋万蔵:『德王とともに・・わたしと蒙古』,私家版,大阪,2000年

中国蒙古史学会:《蒙古史研究》第6辑,内蒙古大学出版社,2000年

祁健民:《二十世纪三四十年代的晋察绥地区》,天津人民出版社,2002年

田中剛:「「蒙疆政権」の留学生事業とモンゴル人留学生」,『歴史研究』,(大阪教育大学)38号,2001年

森久男・江口圭一:「蒙疆専売制度史序説」,『愛知大学国際問題研究所紀要』116号,2001年9月

森久男:「察東特別自治区の研究」,『現代中国』第75号,2001年10月

本庄比佐子・内山雅生・久保亨編:『興亜院と戦時中国調査』,岩波書店,2002年

広川佐保:『蒙地奉上―「満洲国」の土地政策』,汲古書院,2005年

小長谷有紀・原山 煌等編:『善隣協会の日々・都竹武年雄氏談話録』,桃山学院大学総合研究所,2006年

任其怿:《日伪时期内蒙古社会的几个奴化与殖民化现象》,《内蒙古社会科学》,2007年第6期

内田知行・柴田善雅編:『日本の蒙疆占領 1937—1945』,研文出版,2007年

徐志民:《近代日本政府对伪蒙疆政权留日学生政策探微》,《抗日战争研究》,2008年第2期

丁晓杰:《日伪时期华北绵羊改进会及活动述论》,《中国农史》,2007年第3期

丁晓杰:《蒙疆羊毛同业会始末考》,《内蒙古社会科学》,2007年第5期

丁晓杰:《伪蒙疆政权的绵羊改良活动》,《史学月刊》,2007年第10期

丁晓杰:《蒙古绵羊协会始末》,《古今农业》,2007年第4期

丁晓杰:《抗战时期日本东亚绵羊协会活动述论》,《社会科学研究》,2007年第6期

丁晓杰:《伪蒙疆时期的家畜防疫政策论析》,《中国农业大学学报》,2007年第6期

丁晓杰:《伪蒙疆蒙古皮毛股份有限公司始末》,《宁夏社会科学》,2008年第1期

丁晓杰:《日本的对外扩张战争与牧羊业》,《世界历史》,2008年第1期

丁晓杰:《日本的殖民统治与朝鲜的牧羊业》,《史学集刊》,2008年第1期

丁晓杰:《日本在蒙疆政权时期实行的贸易统制政策研究》,《史林》,2008年第3期

丁晓杰:「蒙疆政権期における畜産調査及びその資料」,『中国21』,愛知大学現代中国学会,東方書店,2009年5月

丁晓杰:《日本东洋拓殖株式会社在伪蒙疆的经营计划及活动述论》,《抗日战争研究》,2010年第1期

丁晓杰:《二战前日本在中国绵羊改良失败原因探析》,《社会科学战线》,2010

年第 6 期

丁晓杰:《日本大东亚省西北研究所及其调查活动》,《社会科学研究》,2010年第 1 期

丁晓杰:《伪蒙疆政权时期的马产振兴计划及赛马业》,《内蒙古社会科学》,2011 年第 4 期

丁晓杰:《日伪时期华北产业科学研究所的设立及活动》,《史学月刊》,2012年第 3 期

丁晓杰:《抗战时期日本的"振兴"西北贸易对策》,《中国经济史研究》,2011年第 3 期

丁晓杰:《日本在伪蒙疆政权时期的家畜收购输出统制》,《宁夏社会科学》,2010 年第 5 期

丁晓杰:《水川伊夫生平三事考》,《近代史研究》,2009 年第 2 期

宝音朝克图:《伪蒙疆政权的物资统制政策》,《内蒙古大学学报》,2000 年第 1 期

金海:《日本在内蒙古的殖民统治的确立及对蒙古民族运动对策》,《蒙古史研究》第 7 辑,内蒙古大学出版社,2003 年

金海:《日本占领时期蒙古族新闻出版活动述论》,《中央民族大学学报》,2008年第 4 期

金海:《1931—1945 年间日本与蒙古喇嘛教》,《内蒙古大学学报》,2000 年第 6 期

金海:《日本占领时期内蒙古历史研究》,内蒙古人民出版社,2005 年